단기 특강

문학

정답과 해설은 EBS*i* 사이트(www.ebs*i*.co.kr)에서 다운로드 받으실 수 있습니다.

교재 내용 문의
교재 및 강의 내용 문의는
EBS*i* 사이트(www.ebs*i*.co.kr)의 학습 Q&A 서비스를
활용하시기 바랍니다.

교재 정오표 공지
발행 이후 발견된 정오 사항을
EBS*i* 사이트 정오표 코너에서 알려 드립니다.
교재 → 교재 자료실 → 교재 정오표

교재 정정 신청
공지된 정오 내용 외에 발견된 정오 사항이 있다면
EBS*i* 사이트를 통해 알려 주세요.
교재 → 교재 정정 신청

고등학교 0학년 필수 교재

고등예비과정

국어, 영어, 수학, 한국사, 사회, 과학 6책

모든 교과서를 한 권으로,
교육과정 필수 내용을 빠르고 쉽게!

국어 · 영어 · 수학 내신 + 수능 기본서

올림포스

국어, 영어, 수학 16책

내신과 수능의 기초를 다지는 기본서
학교 수업과 보충 수업용 선택 No.1

국어 · 영어 · 수학 개념+기출 기본서

올림포스 전국연합학력평가 기출문제집

국어, 영어, 수학 10책

개념과 기출을 동시에 잡는 신개념 기본서
최신 학력평가 기출문제 완벽 분석

한국사 · 사회 · 과학 개념 학습 기본서

개념완성

한국사, 사회, 과학 19책

한 권으로 완성하는 한국사, 탐구영역의 개념
부가 자료와 수행평가 학습자료 제공

수준에 따라 선택하는 영어 특화 기본서

영어 POWER 시리즈

Grammar POWER 3책
Reading POWER 4책
Listening POWER 2책
Voca POWER 2책

원리로 익히는 국어 특화 기본서

국어 독해의 원리

현대시, 현대 소설, 고전 시가, 고전 산문,
독서 5책

국어 문법의 원리

수능 국어 문법, 수능 국어 문법 180제 2책

기초 수학 닥터링부터 고난도 문항까지

올림포스 닥터링

수학, 수학 Ⅰ, 수학 Ⅱ, 확률과 통계, 미적분 5책

올림포스 고난도

수학, 수학 Ⅰ, 수학 Ⅱ, 확률과 통계, 미적분 5책

최다 문항 수록 수학 특화 기본서

수학의 왕도

수학(상), 수학(하), 수학 Ⅰ, 수학 Ⅱ,
확률과 통계, 미적분 6책

개념의 시각화 + 세분화된 문항 수록
기초에서 고난도 문항까지 계단식 학습

단기간에 끝내는 내신

단기 특강

국어, 영어, 수학 8책

얇지만 확실하게, 빠르지만 강하게!
내신을 완성시키는 문항 연습

단기 특강

문학

Contents

EBS 단기 특강 문학 **차례**

1부 시 문학

2부 소설 문학

3부 수필 · 극 문학

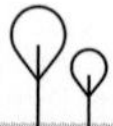

작품 목록

● → ← ★

Structure

이 책의 특징

- 2015개정교육과정을 적용하였으며, 우리 교재 한 권으로 '문학' 과목을 쉽고 빠르게 학습할 수 있도록 구성하였습니다.
- 국어 영역 '문학'에 대한 유형 및 문제 해결 전략을 체계적으로 익힐 수 있도록 제시하여, 문학 공부를 시작하는 학습자가 '문학' 과목의 기본을 익히고 문제 해결의 기초를 다질 수 있도록 구성하였습니다.
- '문학'을 시, 소설, 수필 · 극으로 나누어 문항 유형을 제시한 후, 교과서에 수록된 작품과 실전 문제를 통해 적용하는 훈련을 할 수 있도록 구성하였습니다.
- 단기간에 체계적으로 학습할 수 있도록 전체를 총 13강으로 나누었으며, 시, 소설, 수필 · 극 장르별 학습할 수 있도록 구성하였습니다.
- 교재에 수록된 작품별로 문학 교과서 10종과 국어 교과서 수록 여부를 정리하였습니다.

유형 학습

국어 영역에서 꼭 알아야 되는 출제 유형에 대한 이해와 관련 개념 학습이 가능하도록 하였습니다.

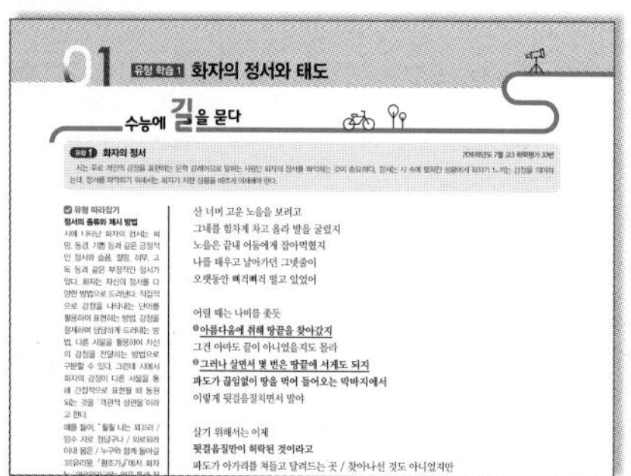

01 유형 학습 1 화자의 정서와 태도

수능에 길을 묻다

❶ 수능에 길을 묻다

수능, 모의평가, 학력평가의 기출 문제를 바탕으로 장르별 대표 유형과 기본 개념, 체계적 문제 해결 전략을 확인합니다. (일부 문항의 경우, 좀 더 적확한 유형을 보여 주기 위해, 신규 출제 및 변형하여 제시한 문항도 있습니다.)

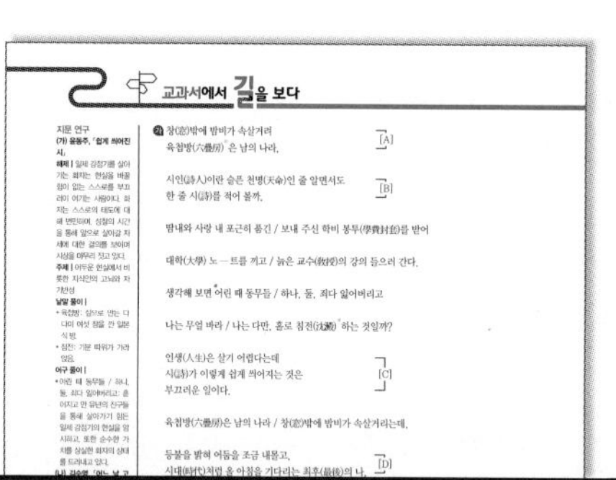

교과서에서 길을 보다

❷ 교과서에서 길을 보다

문학 교과서에 수록된 작품을 통해 유형 학습에서 익힌 내용을 확인 · 응용해 봅니다.

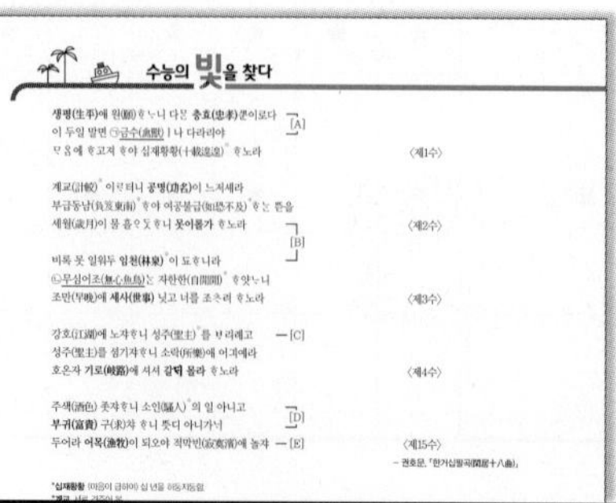

수능의 빛을 찾다

❸ 수능의 빛을 찾다

대표 유형을 응용한 문제들을 풀어 보며 문제 해결 능력을 키웁니다.

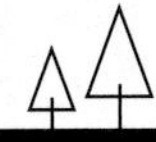

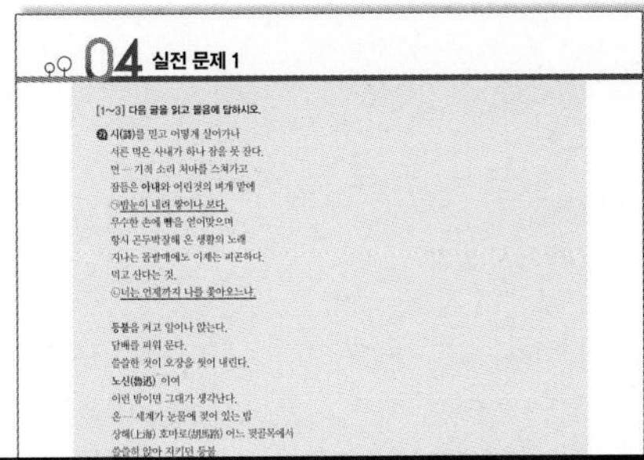

실전 문제

- 시 문학, 소설 문학, 수필 · 극 문학별로 다양한 작품을 고루 접하고 실전 감각을 익힐 수 있도록 구성하였습니다.
- 최근의 출제 경향을 반영한 문항을 유형별로 다양하게 풀어 봄으로써 종합적으로 학습할 수 있도록 하였습니다.

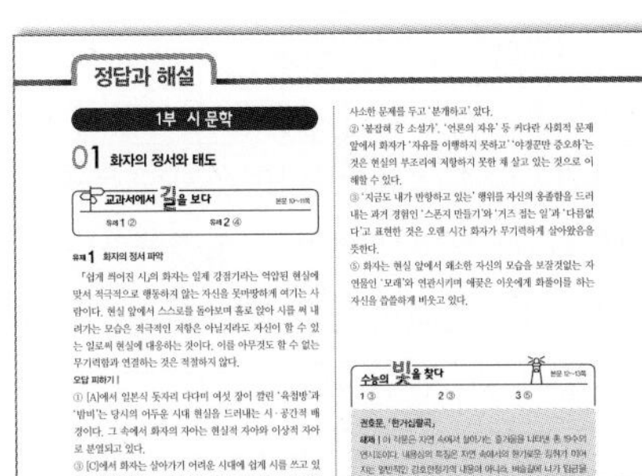

정답과 해설

풀어 본 내용을 스스로 점검할 수 있도록 자세하고 친절한 해설을 수록하였습니다.

일러두기

- 우리 교재에 수록된 작품은 가급적 원전의 표기를 따르되, 현행 교과서 표기를 함께 참고하였습니다.
- 고전 문학 작품은 현대어로 윤문하여 수록한 경우가 있고, 현대 문학 작품도 오늘날의 맞춤법에 맞게 고쳐서 수록한 경우가 있습니다.

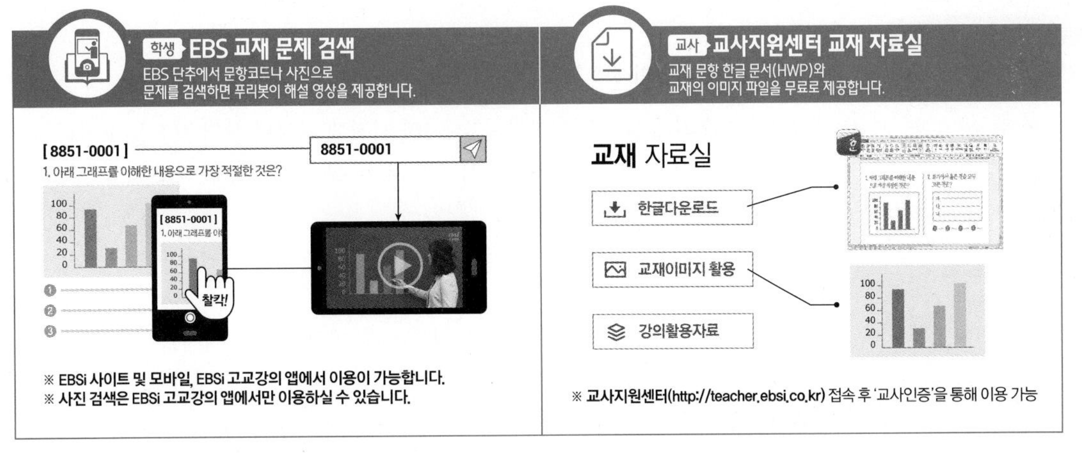

수능에 길을 묻다

유형 1 화자의 정서

2016학년도 7월 고3 학력평가 33번

시는 주로 개인의 감정을 표현하는 문학 갈래이므로 말하는 사람인 화자의 정서를 파악하는 것이 중요하다. 정서는 시 속에 펼쳐진 상황에서 화자가 느끼는 감정을 의미하는데, 정서를 파악하기 위해서는 화자가 처한 상황을 바르게 이해해야 한다.

산 너머 고운 노을을 보려고
그네를 힘차게 차고 올라 발을 굴렀지
노을은 끝내 어둠에게 잡아먹혔지
나를 태우고 날아가던 그넷줄이
오랫동안 삐걱삐걱 떨고 있었어

어릴 때는 나비를 좇듯
❶ **아름다움에 취해 땅끝을 찾아갔지**
그건 아마도 끝이 아니었을지도 몰라
❷ **그러나 살면서 몇 번은 땅끝에 서게도 되지**
파도가 끊임없이 땅을 먹어 들어오는 막바지에서
이렇게 뒷걸음질치면서 말야

살기 위해서는 이제
뒷걸음질만이 허락된 것이라고
파도가 아가리를 쳐들고 달려드는 곳 / 찾아나선 것도 아니었지만
끝내 발 디디며 서 있는 땅의 끝,
그런데 이상하기도 하지
❸ **위태로움 속에 아름다움이 스며 있다는 것이**
땅끝은 늘 젖어 있다는 것이
그걸 보려고 / 또 몇 번은 여기에 이르리라는 것이

– 나희덕, 「땅끝」

✅ 유형 따라잡기

정서의 종류와 제시 방법

시에 나타난 화자의 정서는 희망, 동경, 기쁨 등과 같은 긍정적인 정서와 슬픔, 절망, 허무, 고독 등과 같은 부정적인 정서가 있다. 화자는 자신의 정서를 다양한 방법으로 드러낸다. 직접적으로 감정을 나타내는 단어를 활용하여 표현하는 방법, 감정을 절제하며 담담하게 드러내는 방법, 다른 사물을 활용하여 자신의 감정을 전달하는 방법으로 구분할 수 있다. 그런데 시에서 화자의 감정이 다른 사물을 통해 간접적으로 표현될 때 동원되는 것을 '객관적 상관물'이라고 한다.

예를 들어, "훨훨 나는 꾀꼬리 / 암수 서로 정답구나 / 외로워라 이내 몸은 / 누구와 함께 돌아갈꼬(유리왕, 「황조가」)"에서 화자는 '외로워라'라는 말을 통해 직접적으로 자신의 감정을 말하고 있으며, 정다운 모습으로 화자의 외로움을 심화시키는 '꾀꼬리'는 객관적 상관물이 된다.

유형 1 윗글에 대한 이해로 가장 적절한 것은? ⓒ 8851-0001

① '아름다움에 취해 땅끝을 찾아갔지'는 어린 시절에 겪었던 삶의 좌절을 표현한 것이다.
② '그러나 살면서 몇 번은 땅끝에 서게도 되지'는 삶의 어려움을 극복하고 얻는 보람을 표현한 것이다.
③ '파도가 끊임없이 땅을 먹어 들어오는 막바지에서'는 삶의 시련과 이를 극복한 성취감을 표현한 것이다.
④ '뒷걸음질만이 허락된 것이라고'는 삶의 시련을 이겨 내려는 의지를 표현한 것이다.
⑤ '위태로움 속에 아름다움이 스며 있다는 것이'는 삶의 고통 속에서 깨달은 삶의 아름다움을 표현한 것이다.

문제 해결 전략

화자의 정서와 주제 의식

화자는 과거에 '땅끝'을 찾아가며 ❶과 같은 환상을 품었다(①). 하지만 시간이 흐른 화자에게 '땅끝'은 ❷처럼 절망을 느끼게 하는 공간이다(②). '땅끝'이라는 절박한 상황에서 쫓기듯 뒷걸음질 치던 화자(③, ④)는 ❸처럼 삶에서의 의미를 깨닫는다. ❸에서는 역설적 표현을 통해 '위태로움' 속에서 '아름다움'을 찾을 수 있다는 인식을 드러내고 있다.

⑤ 답

유형 2 화자의 태도

2018학년도 7월 고3 학력평가 40번

화자의 태도는 시 속의 화자가 자신이 처한 상황에 대응하고 있는 자세를 말하는 것으로, 시의 전체적인 주제와 직결된다. 화자의 태도를 파악하기 위해서는 시에서 화자의 말투를 일컫는 어조, 화자의 정서를 주의 깊게 살펴보아야 한다.

청산(靑山)은 에워 들고 **녹수(綠水)**ᄂᆞᆫ 도라가고 / 석양(夕陽)이 거들 ᄣᅢ예 신월(新月)이 소사난다
안전(眼前)의 **일존주(一尊酒)*** 가지고 시ᄅᆞᆷ 프자 ᄒᆞ노라 〈제1수〉

강산(江山)의 눈이 닉고 **세로(世路)**의 ᄂᆞᆺ치 서니 / 어ᄃᆡ 뉘 문(門)의 이 허리 굽닐손고
일존주 삼척금(三尺琴) 가지고 **백년소일(百年消日)**호리라 〈제3수〉

ᄂᆡ 말도 **ᄂᆞᆷ**이 마소 ᄂᆞᆷ의 말도 ᄂᆡ 아닌ᄂᆡ / **고산(孤山) 불고정(不孤亭)**의 조하 늙ᄂᆞᆫ 몸이로쇠
어듸셔 망녕의 **손**이 검다 셰다 ᄒᆞ나니 〈제4수〉

생애도 **고초(苦楚)**ᄒᆞ고 세미(世味)* 도 **담박(淡泊)**ᄒᆞ다*
❶**흰 술** ᄒᆞᆫ두 잔의 프른 글귀 ᄲᅮᆫ이로쇠
❷옥경헌(玉鏡軒)* 평생행장(平生行狀)이 이 밧긔ᄂᆞᆫ 업세라 〈제7수〉

칠현(七絃)이 냉냉(冷冷)ᄒᆞ니 녜 소ᄅᆡᄂᆞᆫ 잇다마ᄂᆞᆫ
종기(鍾期)*을 못 맛나니 이 곡조(曲調) 게 뉘 알이
벽공(碧空)의 **일륜명월(一輪明月)**이 ᄂᆡ 버진가 ᄒᆞ노라 〈제9수〉

– 장복겸, 「고산별곡(孤山別曲)」

*일존주 한 통의 술. *세미 세상 사는 맛. *담박ᄒᆞ다 멋스럽지 못하다. *옥경헌 작가 소유의 전각의 이름이며 아호임.
*종기 중국 춘추 시대 인물로 자신의 친구인 백아의 거문고 실력이 뛰어남을 알아봄.

유형 2 〈보기〉를 참고하여 윗글을 감상한 것으로 적절하지 않은 것은? ▷ 8851-0002

보기

강호한정을 노래한 시조에서 사대부들은 세속적 삶을 멀리하고 물질적 빈곤 속에서도 자연과 함께 정신적 풍요를 누리며 만족해하는 모습을 드러낸다. 「고산별곡」에서도 작가는 평생 관직에 몸담지 않고 자연에 은거하며 풍류를 즐기는 자신의 삶에 대한 만족감을 노래하고 있다. 그러나 한편으로는 출사의 기회를 얻지 못한 채 특별히 이루어 놓은 일 없이 만년에 접어들었다는 작가의 안타까움도 작품 속에 담겨 있다.

① 〈제1수〉에서 화자는 '청산', '녹수' 등을 통해 자연 속에서 살아가는 모습을 드러내면서도 만년에 느끼는 시름을 '일존주'로 달래려 하고 있어.
② 〈제3수〉에서 화자는 '세로'의 삶과 달리 '백년소일'하는 '강산'에서의 삶을 긍정하며 자연에 은거하는 삶을 이어가고자 하는 의지를 드러내고 있어.
③ 〈제4수〉에서 화자는 'ᄂᆞᆷ', '손'의 평가와 상관없이 '고산 불고정'에서 지내는 삶을 통해 현재의 생활에 대한 만족감을 드러내고 있어.
④ 〈제7수〉에서 화자는 '고초'하고 '담박'했던 생애를 긍정하면서도 '흰 술'에 만족해야 하는 현재의 삶에 대해 안타까워하고 있어.
⑤ 〈제9수〉에서 화자는 자신을 알아주는 사람을 만나지 못한 아쉬움을 드러내며 '일륜명월'을 통해 자신의 마음을 달래고 있어.

유형 따라잡기

시에 등장하는 태도의 여러 가지 종류

정서가 시에 나타난 화자의 심리 상태를 뜻한다면, 태도는 화자가 시적 상황이나 대상을 어떠한 자세로 받아들이는지, 어떻게 대응하는지를 뜻한다. 시 속에는 화자가 보여 주는 여러 가지 태도가 등장한다.

- 관조적 태도: 고요한 마음으로 자신의 내면이나 외부 세계를 멀찍이서 담담하게 바라보는 태도
- 달관적 태도: 만물에 대해 깨달은 듯이 세상의 크고 작은 일에 연연하지 않는 태도
- 의지적 태도: 부정적 상황을 극복하기 위해 화자가 확고한 신념이나 결의를 드러내는 태도 ('-리라', '-자'와 같은 말투를 통해 드러나는 경우가 많음.)
- 냉소적 태도: 시적 대상이나 현실, 자기 자신을 못마땅해하며 차갑게 비웃는 태도

문제 해결 전략

내용별 화자의 태도 파악

화자는 제7수에서 자신의 생애가 고통스럽고, 세상을 사는 맛이 무미건조하다고 여기고 있는데, 이어지는 ❶에서의 '흰 술 ᄒᆞᆫ두 잔'과 '프른 글귀'는 ❷에 등장하는 화자의 평생과도 같은 '옥경헌'과 연결된다. 자연 속에서 풍류를 즐기며 살아가는 화자가 고요한 생활 속에서 '흰 술'을 벗 삼아 살아가는 현재의 삶을 안타까워한다는 설명은 적절하지 않다. 제9수의 '종기을 못 맛나니'에서 자신을 알아줄 이가 없어 화자는 외로워하지만, '일륜명월'을 자신의 벗으로 삼음으로써 아쉬움을 달래는 모습이 나온다.

정답 ④

지문 연구

(가) 윤동주, 「쉽게 씌어진 시」

해제 | 일제 강점기를 살아가는 화자는 현실을 바꿀 힘이 없는 스스로를 부끄러이 여기는 사람이다. 화자는 스스로의 태도에 대해 번민하며, 성찰의 시간을 통해 앞으로 살아갈 자세에 대한 결의를 보이며 시상을 마무리 짓고 있다.

주제 | 어두운 현실에서 비롯한 지식인의 고뇌와 자기반성

낱말 풀이 |

* 육첩방: 짚으로 만든 다다미 여섯 장을 깐 일본식 방.
* 침전: 기분 따위가 가라앉음.

어구 풀이 |

• 어린 때 동무들 / 하나, 둘, 죄다 잃어버리고: 흩어지고 만 유년의 친구들을 통해 살아가기 힘든 일제 강점기의 현실을 암시하고, 또한 순수한 가치를 상실한 화자의 상태를 드러내고 있다.

(나) 김수영, 「어느 날 고궁을 나오면서」

해제 | 1960년대를 살아가는 화자는 독재 정권의 부정이나 사회적 모순에는 맞서 싸우려 하지 않고 방관자적 태도로 일관하는 스스로를 자조적으로 바라본다. 화자는 자신이 사소한 일에 대해서만 분개하는 소시민과 같은 삶을 살고 있다며 처절하게 자신을 비판하고 있다.

주제 | 권력의 부정에 침묵하고 부조리에 순응하는 소시민적 삶에 대한 반성

낱말 풀이 |

* 야경꾼: 밤 사이 화재나 범죄가 없도록 살피고 지키는 사람.
* 너어스들: 간호사들.

가 창(窓)밖에 밤비가 속살거려
육첩방(六疊房)* 은 남의 나라, [A]

시인(詩人)이란 슬픈 천명(天命)인 줄 알면서도
한 줄 시(詩)를 적어 볼까, [B]

땀내와 사랑 내 포근히 품긴 / 보내 주신 학비 봉투(學費封套)를 받어

대학(大學) 노—트를 끼고 / 늙은 교수(教授)의 강의 들으러 간다.

생각해 보면 어린 때 동무들 / 하나, 둘, 죄다 잃어버리고

나는 무얼 바라 / 나는 다만, 홀로 침전(沈澱)* 하는 것일까?

인생(人生)은 살기 어렵다는데
시(詩)가 이렇게 쉽게 씌어지는 것은
부끄러운 일이다. [C]

육첩방(六疊房)은 남의 나라 / 창(窓)밖에 밤비가 속살거리는데,

등불을 밝혀 어둠을 조금 내몰고,
시대(時代)처럼 올 아침을 기다리는 최후(最後)의 나, [D]

나는 나에게 작은 손을 내밀어
눈물과 위안(慰安)으로 잡는 최초의 악수(幄手). [E]

– 윤동주, 「쉽게 씌어진 시」

나 왜 나는 조그만 일에만 분개하는가.
저 왕궁 대신에 왕궁의 음탕 대신에
㉠오십 원짜리 갈비가 기름 덩어리만 나왔다고 분개하고
옹졸하게 분개하고 설렁탕집 돼지 같은 주인년한테 욕을 하고 / 옹졸하게 욕을 하고

한 번 정정당당하게 / ㉡붙잡혀 간 소설가를 위하여
언론의 자유를 요구하고 월남 파병에 반대하는 / 자유를 이행하지 못하고
이십 원을 받으러 세 번씩 네 번씩 / 찾아오는 야경꾼* 만 증오하고 있는가.

옹졸한 나의 전통은 유구하고 이제 내 앞에 정서로
가로놓여 있다. / 이를테면 이런 일이 있었다.
부산에 포로 수용소의 제십사 야전 병원에 있을 때

정보원이 너어스들[*]과 스폰지를 만들고 거즈를 개키고 있는 / 나를 보고 포로 경찰이 되지 않는다고 남자가 뭐 이런 일을 하고 있느냐고 놀린 일이 있었다. / 너어스들 옆에서

㉢<u>지금도 내가 반항하고 있는 것은 이 스폰지 만들기와 / 거즈 접고 있는 일과 조금도 다름없다.</u>
개의 울음소리를 듣고 그 비명에 지고 / 머리에 피도 안 마른 애놈의 투정에 진다.
떨어지는 은행나뭇잎도 내가 밟고 가는 가시밭

아무래도 나는 비켜서 있다. 절정 위에는 서 있지
않고 암만해도 조금쯤 옆으로 비켜서 있다.
그리고 조금쯤 옆에 서 있는 것이 조금쯤 / 비겁한 것이라고 알고 있다!

㉣<u>그러니까 이렇게 옹졸하게 반항한다.</u>
이발쟁이에게 / 땅주인에게는 못하고 이발쟁이에게
구청 직원에게는 못하고 동회 직원에게도 못하고
야경꾼에게 이십 원 때문에 십 원 때문에 일 원 때문에 / 우습지 않느냐 일 원 때문에

㉤<u>모래야 나는 얼마큼 작으냐.</u>
바람아 먼지야 풀아 난 얼마큼 작으냐. / 정말 얼마큼 작으냐…….

– 김수영, 「어느 날 고궁을 나오면서」

어구 풀이 |
- 옹졸한 나의 전통은 유구하고: 화자는 자신의 옹졸함이 오래도록 지속되어 왔음을 표현하고 있다.
- 아무래도 나는 비켜서 있다. 절정 위에는 서 있지 / 않고: 행간 걸림을 통해 부정한 현실에 정면으로 맞서지 않고 회피하는 화자 자신의 옹졸한 태도를 강조하고 있다.

유제 1 〈보기〉를 바탕으로 (가)의 [A]~[E]를 감상한 것으로 적절하지 <u>않은</u> 것은? ▶ 8851-0003

보기

「쉽게 씌어진 시」는 일제 강점기에 윤동주가 일본에서 유학하며 쓴 시이다. 시에서 화자는 현실에 안주하려는 자아와 현실을 극복하려는 자아로 분리되어 있다. 하지만 자아 성찰을 통해 무기력한 삶을 반성하고 긍정적 변화를 기대하는 과정에서 현실적 자아와 이상적 자아의 갈등은 해소되고 두 자아는 통합에 이르게 된다.

① [A]에서 화자는 자아가 통합되지 못하고 분열되는 시 · 공간적 배경을 표현하고 있다.
② [B]에서 화자는 시대 상황 앞에서 아무것도 할 수 없는 무기력함을 표현하고 있다.
③ [C]에서 화자는 현실에 안주하고 있는 자신에 대한 화자의 반성을 표현하고 있다.
④ [D]에서 미래의 화자는 이상적 자아로서 앞날에 대한 기대감을 표현하고 있다.
⑤ [E]에서 화자는 두 자아의 불일치로 인한 내적 갈등이 해소되며 안정을 찾고 있다.

유제 2 (나)의 ㉠~㉤에 대한 이해로 적절하지 <u>않은</u> 것은? ▶ 8851-0004

① ㉠ : 화자는 사소한 문제에 애꿎은 분노를 쏟아 내고 있다.
② ㉡ : 화자는 현실의 부조리에 대해 저항하지 못한 채 살고 있다.
③ ㉢ : 화자는 현재 자신의 모습이 과거와 다르지 않음을 고백하고 있다.
④ ㉣ : 화자는 문제점에 대한 자각을 통해 태도의 변화를 다짐하고 있다.
⑤ ㉤ : 화자는 설의적 표현을 통해 자신의 행동을 자조적으로 바라보고 있다.

생평(生平)애 원(願)ᄒᆞᄂᆞ니 다ᄆᆞᆫ **충효(忠孝)**ᄲᅮᆫ이로다 ┐[A]
이 두일 말면 ㉠금수(禽獸)ㅣ나 다라리야 ┘
ᄆᆞ음에 ᄒᆞ고져 ᄒᆞ야 십재황황(十載遑遑)* ᄒᆞ노라 〈제1수〉

계교(計較)* 이러터니 **공명(功名)**이 느저셰라
부급동남(負笈東南)* ᄒᆞ야 여공불급(如恐不及)*ᄒᆞᄂᆞᆫ ᄠᅳᆮ을
세월(歲月)이 물 흘으듯ᄒᆞ니 **못이롤가** ᄒᆞ노라 ┐ 〈제2수〉
[B]
비록 못 일워두 **임천(林泉)***이 됴ᄒᆞ니라 ┘
㉡무심어조(無心魚鳥)ᄂᆞᆫ 자한한(自閒閒)* ᄒᆞ얏ᄂᆞ니
조만(早晩)애 **세사(世事)** 닛고 너를 조ᄎᆞ려 ᄒᆞ노라 〈제3수〉

강호(江湖)에 노쟈ᄒᆞ니 성주(聖主)*를 ᄇᆞ리례고 — [C]
성주(聖主)를 셤기쟈ᄒᆞ니 소락(所樂)애 어긔예라
호온자 **기로(岐路)**애 셔셔 **갈듸 몰라** ᄒᆞ노라 〈제4수〉

주색(酒色) 좃쟈ᄒᆞ니 소인(騷人)*의 일 아니고 ┐[D]
부귀(富貴) 구(求)챠 ᄒᆞ니 ᄠᅳ디 아니가ᄂᆡ ┘
두어라 **어목(漁牧)**이 되오야 적막빈(寂寞濱)애 놀쟈 — [E] 〈제15수〉

– 권호문, 「한거십팔곡(閑居十八曲)」

***십재황황** (마음이 급하여) 십 년을 허둥지둥함.
***계교** 서로 견주어 봄.
***부급동남** 책을 지고 동남으로 스승을 찾아다님.
***여공불급** (남들이) 하라는 대로 어떤 일을 이루지 못할까 마음을 졸임.
***임천** 숲과 샘. 자연을 가리킴.
***자한한** 스스로 한가함.
***성주** 임금.
***소인** 선비.

---

1 **윗글의 [A]~[E]에 대한 감상으로 적절하지 않은 것은?** ▶ 8851-0005

① [A] : 의문문의 형식을 활용하여 자신이 생각하는 바를 부각하고 있다.
② [B] : 앞의 내용에 이어지는 생각을 표출하며 심경의 변화를 드러내고 있다.
③ [C] : 계절감을 지닌 시어를 활용하여 현재 상황에 대한 만족감을 드러내고 있다.
④ [D] : 유사한 문장 구조의 반복을 통해 화자가 부정적으로 인식하는 바를 강조하고 있다.
⑤ [E] : 청유형 종결 어미를 통해 자연에서 살겠다는 자신의 의지를 드러내고 있다.

2 ㉠과 ㉡에 대한 이해로 적절한 것은? ▶ 8851-0006

① ㉠은 화자가 시기하는 대상이며, ㉡은 화자가 동경하는 대상이다.
② ㉠은 화자가 포용하려는 대상이며, ㉡은 화자가 외면하고자 하는 대상이다.
③ ㉠은 화자가 못마땅하게 생각하는 대상이며, ㉡은 화자가 지향하는 대상이다.
④ ㉠은 화자의 감흥을 떨어뜨리는 대상이며, ㉡은 화자의 삶이 반영된 대상이다.
⑤ ㉠은 화자의 심리적 갈등을 유발하는 대상이며, ㉡은 그것을 해소하는 대상이다.

3점 문항 따라잡기

3 〈보기〉를 참고하여 윗글을 감상한 것으로 적절하지 않은 것은? ▶ 8851-0007

보기

유교적 가치를 중시하는 사대부는 신념과 포부를 가지고 세상에 나가 뜻을 펼치는 일을 중요하게 여겼지만, 벼슬길에 나가지 않더라도 좌절하지 않았다. 벼슬살이에 연연하지 않고 자연 속에서 조화롭게 살아가며 후진을 양성하고 올바른 도리를 제시하는 선비를 '선생'으로 대우하기도 하였다. 권호문의 「한거십팔곡」은 선비가 속세를 떠나 자연에 은거하고자 하는 마음과 정치에 참여하려는 욕구 사이에서의 번민을 해소하는 과정을 담고 있다.

① 〈제1수〉에서 '생평' 동안 '충효'를 원한다는 데서 사대부로서 유교적 가치를 중시하는 태도가 드러나는군.
② 〈제2수〉에서 '공명'을 '못이룰가' 걱정하는 데서 세상에 나가 정치에 참여하고 싶어 하는 태도를 파악할 수 있군.
③ 〈제3수〉에서 '세사'를 잊겠다는 말은 '임천'과 같은 자연 속에 머무르려는 자세를 가졌기 때문이겠군.
④ 〈제4수〉에서 '갈띄 몰라' 하며 '기로'에 서 있다는 말은 현실에의 참여와 자연에서의 은거를 두고 갈등하고 있기 때문이겠군.
⑤ 〈제15수〉에서 '부귀'를 좇지 않고 '어목'이 되겠다는 데서 청렴한 마음으로 벼슬길에 나아가겠다는 포부가 드러나는군.

수능에 길을 묻다

유형 1 시어의 의미

2017학년도 수능 6월 모의평가 36번

문학 작품에 쓰인 언어는 일상 언어와 달리 여러 가지 의미를 함축하고 있다. 따라서 시어를 해석할 때에 하나의 시어가 작품의 맥락 안에서 다른 시어와 상호 작용을 통해 어떻게 의미를 넓혀 나가는지를 이해하는 것이 중요하다.

✅ 유형 따라잡기

시어의 함축성

시는 짧은 형식 안에 의미를 담는 문학 갈래이다. 그러므로 시어는 일상적으로 쓰이는 지시적 의미에 더해 맥락상 새로운 뜻이나 정서가 더해져 다채로운 의미를 담고 있다. 하나의 시어가 단일한 의미로 고정되지 않고 여러 가지로 해석될 수 있다는 의미에서, 일상 언어와 시어는 '1 : 다(多, 많을 다)'의 관계로 표현이 가능하다. 시어의 함축적 의미를 파악하기 위해서는 시어가 시 속에서 더 얻게 된 의미가 무엇인지를 파악해야 하므로 전후 문맥과 시적 상황을 적절히 추론하며 읽어 나가야 한다.

우리가 물이 되어 만난다면
가문 어느 집에선들 좋아하지 않으랴.
우리가 키 큰 나무와 함께 서서
㉠우르르 우르르 비 오는 소리로 흐른다면.

흐르고 흘러서 저물녘엔
저 혼자 깊어지는 강물에 누워
❶죽은 나무뿌리를 적시기도 한다면.
아아, 아직 처녀인
부끄러운 바다에 닿는다면.

그러나 지금 우리는
불로 만나려 한다.
❷벌써 숯이 된 뼈 하나가
세상에 불타는 것들을 쓰다듬고 있나니

만 리 밖에서 기다리는 그대여
저 불 지난 뒤에
흐르는 물로 만나자.
㉡푸시시 푸시시 불 꺼지는 소리로 말하면서
올 때는 인적 그친
넓고 깨끗한 하늘로 오라.

– 강은교, 「우리가 물이 되어」

유형 1 ㉠과 ㉡에 대한 설명으로 가장 적절한 것은? ▶ 8851-0008

① ㉠은 물의 결핍감을, ㉡은 불의 충족감을 비유한다.
② ㉠은 비의 부정적 의미를, ㉡은 소리의 긍정적 의미를 함축한다.
③ ㉠은 비에 대한 불안감을, ㉡은 소리에 대한 불안감을 반영한다.
④ ㉠은 물의 생동하는 힘을, ㉡은 불이 소멸하는 상황을 형상화한다.
⑤ ㉠은 상승하는 물의 움직임을, ㉡은 하강하는 불의 움직임을 구체화한다.

문제 해결 전략

시어의 의미

'물'은 '불'과 대비되는 존재이다. '불'은 ❷처럼 파괴와 소멸, 죽음의 이미지를 드러낸다. '물'은 '키 큰 나무'의 곁에서 큰 소리를 내며 흘러가 ❶과 같이 생명력을 불어넣는다. ㉠은 '물'의 생동하는 힘을 형상화한 것이다. 반면 ㉡은 사물을 소멸시키는 '불'이 제힘을 다하고 '푸시시' 하며 꺼지는 모습을 표현한 것이다. '불'이 소멸하는 상황을 형상화하며, 대립과 갈등이 사라지고 있는 모습을 의미한다.

㉮ ④

유형 2 시어의 기능 2018학년도 수능 35번

시어는 일상의 언어로는 표현하기 힘든 정서나 생각을 표현하기 위해 우리의 다양한 감각을 환기하고자 한다. 감각적인 시어를 머릿속에 떠올려 보며 시를 읽으면, 시어가 작품 속에서 어떠한 역할을 하고 있는지를 파악하는 데 도움이 된다.

반(半) 밤중 혼자 일어 묻노라 이내 꿈아
❶만 리(萬里) 요양(遼陽)* 을 어느덧 다녀온고
반갑다 학가(鶴駕)* 선객(仙客)을 친히 뵌 듯ᄒᆞ여라 〈제1수〉

조정을 바라보니 무신(武臣)도 하 만하라
❷신고(辛苦)ᄒᆞᆫ 화친(和親)을 누를 두고 ᄒᆞᆫ 것인고
슬프다 조구리(趙廐吏)* 이미 죽으니 참승(參乘)홀* 이 업세라 〈제6수〉

구렁에 났는 ㉠풀이 봄비에 절로 길어
❸아는 일 업스니 긔 아니 조흘쏘냐
우리는 너희만 못ᄒᆞ야 시름겨워 ᄒᆞ노라 〈제8수〉

조그만 이 한 몸이 ❹하늘 밖에 떨어지니
오색 구름 깊은 곳에 어느 것이 서울인고
바람에 지나는 ㉡검불* 갓ᄒᆞ야 갈 길 몰라 ᄒᆞ노라 〈제9수〉

– 이정환, 「비가(悲歌)」

*요양 청나라의 심양.
*학가 세자가 탄 수레. 또는 세자. 여기서는 병자호란에서 패배하여 심양에 잡혀간 소현 세자를 가리킴.
*조구리 조씨 성을 가진 마부. 충신을 가리킴.
*참승홀 높은 이를 호위하여 수레에 같이 탈.
*검불 마른 나뭇가지나 낙엽 따위.

☑ 유형 따라잡기

시어와 시어를 꾸며 주는 말

시어가 시 속에서 어떠한 기능을 하는지 파악하기 위해서는 시어 자체가 주는 이미지뿐만 아니라 앞뒤로 그 시어를 꾸며 주는 말과 설명하는 말을 유심히 살펴야 한다.

"우리가 눈발이라면 / 허공에서 쭈빗쭈빗 흩날리는 / 진눈깨비는 되지 말자. / 세상이 바람 불고 춥고 어둡다 해도 / 사람이 사는 마을 / 가장 낮은 곳으로 / 따뜻한 함박눈이 되어 내리자.(안도현, 「우리가 눈발이라면」)"에서 '진눈깨비'는 '허공에서 쭈빗쭈빗 흩날리는'이라는 수식어, '되지 말자'라는 서술어와 어울려 시에서의 역할이 구체화되고, '함박눈'은 '따뜻한', '가장 낮은 곳으로' 내린다는 의미, '되어 내리자'라는 서술어와 합쳐져 그 기능을 뚜렷하게 파악할 수 있다.

유형 2 ㉠과 ㉡을 비교한 내용으로 가장 적절한 것은? 8851-0009

① ㉠과 ㉡은 모두 화자가 경외감을 가지고 바라보는 소재이다.
② ㉠과 ㉡은 모두 세월의 흐름을 나타내어 인생의 무상함을 느끼게 하는 소재이다.
③ ㉠은 화자의 울분을 심화하는 소재로, ㉡은 화자의 울분을 완화하는 소재로 활용되고 있다.
④ ㉠은 현재의 상황에 대한 인식의 계기가, ㉡은 과거의 사건에 대한 회고의 계기가 된 소재이다.
⑤ ㉠은 화자의 처지와 대비되는 소재로, ㉡은 화자의 처지와 동일시되는 소재로 제시되고 있다.

문제 해결 전략

시어의 기능

화자는 병자호란 이후 ❶에 볼모로 잡혀간 세자를 생각하는 신하이다. 제6수에서 화자는 병자호란의 결과에 대해 개탄하고 있다. 오랑캐로 여겼던 청나라와 ❷처럼 고생하며 어렵게 굴욕적 화친을 맺었기 때문이다. 제8수의 '풀'은 그러한 역사적 사실을 모르는 존재이기에 화자는 풀을 부러워하며 ❸과 같이 '긔 아니 조흘쏘냐'라고 표현하였다. 제9수에서 '갓ᄒᆞ야'와 함께 쓰이는 '검불'은 ❹와 같은 처지에 놓여 '갈 길 몰라' 하는 화자의 처지와 동일시되는 대상이다.

⑤ 정답

지문 연구

(가) 신경림, 「농무」

해제 | 1970년대의 농촌 현실을 드러내는 작품이다. 농촌 공동체의 해체, 농민들의 소외감이 화자를 포함한 '우리'의 탄식을 통해 형상화되고 있다. 시상이 전개되면서 농무는 점점 고조되지만, 그 분위기는 즐거움이 아니라 한탄과 분노이다.

주제 | 도시화 과정에서 소외되며 한과 분노가 서린 농민들의 삶

어구 풀이 |

- 분이 얼룩진 얼굴: '농무'를 위해 얼굴에 칠한 것 또는 암담한 현실로 인한 울분과 우울함이 나타나는 것을 뜻하는 중의적 표현이다.
- 비룟값도 안 나오는 농사: 농사를 열심히 지어 봤자 별 소득을 올리지 못하는 농촌의 현실. 산업화 과정에서 나타난 모순을 단적으로 드러내는 표현이다.

(나) 백석, 「모닥불」

해제 | '모닥불'은 여러 잡동사니가 모여 만들어진 것이다. 그 앞에 모두가 동등하게 둘러앉아 따뜻함을 느끼는 평화로운 현재의 모습이 1, 2연에서 드러난다. 하지만 3연에서 갑자기 할아버지가 유년 시절에 겪은 불행한 일에 대해 이야기하면서 작품을 종결시켜 여운을 남기고 있다.

주제 | 모닥불을 통해 떠올린 공동체적 삶의 모습과 평등 의식

어구 풀이 |

- 모두 모닥불을 쪼인다: 다양한 사람들과 동물들까지도 모두 동등한 입장으로 모닥불을 쪼이고 있는 모습을 드러내고 있다.

가 징이 울린다 ㉠막이 내렸다
오동나무에 전등이 매어 달린 가설무대
구경꾼이 돌아가고 난 텅 빈 운동장
우리는 분이 얼룩진 얼굴로
학교 앞 소줏집에 몰려 술을 마신다
답답하고 고달프게 사는 것이 원통하다
꽹과리를 앞장세워 장거리로 나서면
따라붙어 악을 쓰는 건 쪼무래기들뿐
처녀 애들은 기름집 담벽에 붙어 서서
철없이 킬킬대는구나
보름달은 밝아 어떤 녀석은
꺽정이처럼 울부짖고 또 어떤 녀석은
서림이처럼 해해대지만 이까짓
산 구석에 처박혀 발버둥 친들 무엇하랴
비룟값도 안 나오는 농사 따위야
아예 여편네에게나 맡겨 두고
쇠전*을 거쳐 도수장* 앞에 와 돌 때
우리는 점점 ㉡신명이 난다
한 다리를 들고 날라리*를 불거나
고갯짓을 하고 어깨를 흔들거나

– 신경림, 「농무」

*쇠전 소를 사고파는 장.
*도수장 도살장. 고기를 얻기 위하여 소나 돼지 따위의 가축을 잡아 죽이는 곳.
*날라리 악기 '태평소'를 달리 이르는 말.

나 새끼오리*도 헌신짝도 소똥도 갓신창*도 개니빠디*도 너울쪽*도 짚검불도 가랑잎도 머리카락도 헝겊 조각도 막대꼬치도 기왓장도 닭의 깃도 개 터럭도 타는 모닥불

재당도 초시도 문장(門長) 늙은이도 더부살이 아이도 새사위도 갓사둔*도 나그네도 주인도 할아버지도 손자도 붓장사도 땜쟁이도 큰 개도 강아지도 모두 모닥불을 쪼인다

모닥불은 어려서 우리 할아버지가 어미아비 없는 서러운 아이로 불상하니도 몽둥발이가 된 슬픈 역사가 있다

– 백석, 「모닥불」

*새끼오리 새끼줄.
*개니빠디 개의 이빨.
*갓사둔 새 사돈.
*갓신창 가죽신 바닥에 댄 창.
*너울쪽 널빤지.

유제 1 (가)의 ㉠과 ㉡에 대한 설명으로 가장 적절한 것은? ▶ 8851-0010

① ㉠은 세상살이의 덧없음을 나타내고, ㉡은 농부들의 활력을 상징한다.
② ㉠은 활동을 위한 준비를 나타내고, ㉡은 생동감 있는 모습을 표현한다.
③ ㉠은 농촌 생활의 무료함을 나타내고, ㉡은 활기찬 농촌의 분위기를 반영한다.
④ ㉠은 화려한 축제가 끝났음을 나타내고, ㉡은 한과 울분의 분출을 역설적으로 표현한다.
⑤ ㉠은 농민의 허탈한 감정을 나타내고, ㉡은 현실 문제를 극복하기 위한 노력을 상징한다.

유제 2 (나)의 시상 전개 과정에서 '모닥불'에 대해 이해한 것으로 적절하지 <u>않은</u> 것은? ▶ 8851-0011

① '모닥불'이 되기 전에는 하찮은 잡동사니였던 것들이 모닥불이 되어 세상에 온기를 전하는 역할을 하는군.
② 1연과 2연에서 보조사 '도'는 '모닥불'을 이루는 여러 가지를 보다 긴밀한 관계로 묶어 주는 역할을 하는군.
③ '모닥불'은 할아버지처럼 부모의 보호 없이 소외되어 자랐던 개인의 슬픔을 떠올리는 매개체의 역할을 하는군.
④ '모닥불'은 그 주변을 원으로 둘러앉아 함께 온기를 느끼는 사람들 모두를 평등한 관계로 만드는 역할을 하는군.
⑤ '모닥불'은 할아버지와 관련된 서러운 기억을 소각함으로써 동시대인들이 겪었던 슬픔을 정화하는 역할을 하는군.

배경지식 넓히기

백석 시인과 나열

백석 시인은 시에서 반복과 나열과 부연, 즉 어떤 사실이나 정황 등을 줄줄이 이어 나가는 엮음의 구문을 즐겨 사용하였다. 전통 시가 중 사설시조에서의 주된 표현 기법이기도 한 엮음의 구문은 백석 시인의 여러 작품에서 정교한 시적 장치로서 기능한다. 「모닥불」에서는 사물들을 길게 나열하는 표현이 등장하는데, 일견 단순해 보이는 이 표현 기법은 시의 의미를 생생히 드러내는 데 커다란 역할을 하고 있다.

특히 백석 시인의 작품 「여우난골족」은 낯선 진술 형태와 엮음의 구문이라는 독특한 형식이 어우러져 그의 개성이 잘 드러나는 작품으로 평가받는다. 유년 화자의 눈으로 명절날의 모습을 표현한 「여우난골족」에서 시인은 나열과 부연을 통해 시간이 정지된 듯 장면을 세밀하게 묘사하면서, 우리의 전통 풍속 안에 깃든 들뜨고, 북적거리고, 풍성하고 흥겨운 정취를 효과적으로 드러내었다.

가 가난이야 한낱 남루에 지나지 않는다.
저 눈부신 햇빛 속에 **갈매빛*의 등성이**를 드러내고 서 있는
여름산 같은
우리들의 타고난 살결, 타고난 마음씨까지야 다 가릴 수 있으랴.

청산이 그 무릎 아래 지란(芝蘭)을 기르듯
우리는 **우리 새끼들을 기를 수밖엔 없다.**
목숨이 가다 가다 농울쳐 휘어드는
오후의 때가 오거든
내외들이여 그대들도
더러는 앉고
더러는 차라리 그 곁에 누워라.

지어미는 지애비를 물끄러미 우러러보고
지애비는 지어미의 이마라도 짚어라.

어느 가시덤풀 쑥굴헝에 놓일지라도
우리는 늘 옥돌같이 **호젓이 묻혔다고 생각할 일**이요
청태(靑苔)*라도 자욱이 끼일 일인 것이다.

– 서정주, 「무등(無等)을 보며」

***갈매빛** 짙은 초록색. ***청태** 푸른 이끼.

나 추석날 천릿길 고향에 내려가
너무 늙어 앞도 잘 보지 못하는
할머니의 ㉠손톱과 발톱을 깎아 드린다.
어느덧 ㉡산국화 냄새 나는 팔순 할머니
팔십 평생 행여 풀여치 하나 밟을세라
안절부절 허리 굽혀 살아오신 할머니
추석날 천릿길 고향에 내려가
할머니의 손톱과 발톱을 깎아 주면서
㉢언제나 변함없는 대밭을 바라본다.
돌아가신 할아버님이 그렇게 소중히 가꾸신 대밭
대밭이 죽으면 집안과 나라가 망한다고
㉣가는 해마다 거름 주고 오는 해마다 거름 주며
죽순 하나 뽑지 못하게 하시던 할아버님
할아버님의 흰 옷자락을 그리워하며
㉤그 시절 도깨비들이 춤추던 대밭을 바라본다.
너무 늙어 앞도 잘 보지 못하는

할머니의 손톱과 발톱을 깎아 주면서
강강술래 나는 논이 되고 싶었다
강강술래 나는 밭이 되고 싶었다.

– 김준태, 「강강술래」

---

1 **(가)와 (나)의 공통점으로 가장 적절한 것은?** ▶ 8851-0012

① 과거와 현재를 병치하여 화자가 처한 상황을 부각하고 있다.
② 감각의 전이를 통해 여러 가지 감각을 동시에 자극하고 있다.
③ 상징적 시어를 사용하여 바람직한 삶의 태도를 암시하고 있다.
④ 주로 평서형 종결 어미를 사용하여 시적 긴장감을 조성하고 있다.
⑤ 영탄적 어조를 통해 시적 대상에 대한 예찬적 태도를 나타내고 있다.

2 **(나)의 ㉠~㉤에 대한 설명으로 적절하지 않은 것은?** ▶ 8851-0013

① ㉠: 구체적인 행동을 통해 할머니에 대한 화자의 애정을 드러낸다.
② ㉡: 후각적 심상을 통해 할머니의 수수한 아름다움을 형상화한다.
③ ㉢: 반복적인 습관을 통해 할머니께서 할아버님을 그리워하는 마음을 드러낸다.
④ ㉣: 어구의 반복을 통해 대밭을 가꾸는 할아버님의 정성을 강조한다.
⑤ ㉤: 환상과 현실이 중첩된 표현을 통해 사라진 과거의 모습에 대한 그리움을 형상화한다.

3점 문항 따라잡기

3 **〈보기〉는 (가)를 쓴 시인과의 가상 인터뷰 중 일부이다. 인터뷰 내용을 고려하여 (가)를 감상한 것으로 적절하지 않은 것은?** ▶ 8851-0014

보기

질문자: 여러 작품 중 「무등을 보며」를 특별히 아끼시는 이유가 있나요?
시인: 제 무덤 앞에 시비가 생긴다면 「무등을 보며」를 새기고 싶습니다. 6·25 전쟁의 상처가 아직 아물기도 전인 1954년, 모두가 궁핍하게 살아가고 있었죠. 밥 먹듯 끼니를 거르던 어느 더운 여름날, 따가운 햇볕을 그대로 받고서도 의연히 서 있는 푸르른 무등산이 눈에 들어오지 않겠습니까. 그 고고한 모습을 보며 가족과 함께라면 버틸 수 있다는 마음으로 힘든 시절을 잘 지나올 수 있었어요. 그래서 「무등을 보며」가 제게 커다란 의미가 된 것이 아닐까 생각합니다.

① '갈매빛의 등성이'는 시인이 무등산을 바라보며 정신적 자세를 가다듬었기에 등장한 시어인 것 같아.
② '우리 새끼들을 기를 수밖엔 없다.'에는 어려운 현실 속에서도 가족을 소중히 여겼던 마음이 담겨 있는 것 같아.
③ '오후의 때'는 목숨을 부지하기 힘들 정도로 궁핍함이 극에 달했던 시인의 상황을 의미하는 것 같아.
④ '호젓이 묻혔다고 생각할 일'에는 의연한 태도로 고통의 시간을 극복하려 했던 마음이 담겨 있는 것 같아.
⑤ '청태라도 자욱이 끼일 일'은 세월이 흐르면서 견뎌야 하는 고통의 무게가 차츰 커지고 있음을 상징하는 것 같아.

수능에 길을 묻다

유형 1 내적 준거에 의한 감상

2019학년도 수능 6월 모의평가 33번

시어, 운율, 이미지, 어조, 화자의 정서와 태도 등은 총체적으로 합쳐져 작품을 이루고, 시상이 전개된다. 시를 올바르게 감상하고 이해하기 위해서는 내용에 포함된 여러 가지 요소들을 긴밀하게 연결시키며 읽어야 한다.

❶이 몸이 녹아져도 옥황상제 처분이요
이 몸이 싀여져도 옥황상제 처분이라
녹아지고 싀여지어 혼백(魂魄)조차 흩어지고
공산(空山) 촉루(髑髏)* 같이 임자 업시 구닐다가
곤륜산(崑崙山) 제일봉의 만장송(萬丈松)이 되어 이셔
바람비 뿌린 소리 님의 귀에 들리기나
윤회(輪廻) 만겁(萬劫)ᄒᆞ여 금강산(金剛山) 학(鶴)이 되어
일만 이천봉에 ᄆᆞ음껏 솟아올라
❷ᄀᆞ을 ᄃᆞᆯ ᄇᆞᆰ근 밤에 두어 소리 슬피 우러
님의 귀에 들리기도 옥황상제 처분이로다
ᄒᆞᆫ(恨)이 뿌리 되고 눈물로 가지 삼아
님의 집 창밧긔 외나모 매화(梅花) 되어
설중(雪中)에 혼자 피어 침변(枕邊)* 에 시드는 듯
❸월중(月中) 소영(疎影)* 이 님의 옷에 빗취어든
어엿븐 이 얼굴을 너로다 반기실가
동풍이 유정(有情)ᄒᆞ여 암향(暗香)을 불어 올려
고결(高潔)ᄒᆞᆫ 이내 생애 죽림(竹林)에나 부치고져
빈 낙대 빗기 들고 빈 ᄇᆡ를 혼자 띄워
백구(白溝) 건네 저어 건덕궁(乾德宮)에 가고지고

– 조위, 「만분가」

*공산 촉루 텅 빈 산의 해골.
*침변 베갯머리.
*월중 소영 달빛에 언뜻언뜻 비치는 그림자.

유형 따라잡기

문학 작품의 감상 방법

문학 작품을 감상하는 방법에는 여러 가지가 있다. 작품을 수용할 때 이를 고려하면 작품을 보다 폭넓게 이해할 수 있다.

- 내재적 접근 방법: 작품 속 시어, 운율, 이미지, 어조 등 내적 요소를 중심으로 감상하는 방법
- 외재적 접근 방법
  - 반영론: 작품이 시대 현실을 비추는 거울과도 같은 역할을 한다고 보고 사회상과 관련지어 작품을 감상하는 방법
  - 표현론: 창작의 주체인 작가의 체험과 사고의 산물로서 작품을 이해하는 관점으로 작가의 생애, 삶의 태도, 창작 의도 등과 관련지어 작품을 감상하는 방법
  - 효용론: 작품이 독자에게 예술적 가치를 전달하여 감동을 선사했을 때 의미가 있는 것으로 보고, 독자에게 미치는 영향을 중심으로 작품을 감상하는 방법

문제 해결 전략

내적 준거에 의한 감상

작가는 화자를 천상에서 하계로 추방된 처지로 설정하였다. 화자는 억울한 심정을 담아 옥황상제에게 ❶처럼 호소한다. 그중 '만장송'과 '매화'는 자신의 곧은 마음을 드러내기 위해 활용한 사물이다. 화자는 자신의 마음을 다양한 심상('바람비 뿌린 소리', '월중 소영')을 통해 임에게 전달하고자 한다. ❷와 ❸은 자신이 '학', '매화'가 되어 임을 만난다는 가정에서 제시된 배경으로 화자의 슬픔을 심화한다. 'ᄀᆞ을 ᄃᆞᆯ ᄇᆞᆰ근 밤'과 '월중'은 임과 재회한 순간을 드러내는 것이 아니다.

⑤ 정답

유형 1 윗글에 대한 감상으로 적절하지 않은 것은? 8851-0015

① '임자 업시 구닐'던 '이 몸'이 '학'이 되어 솟아오르게 함으로써 상승의 이미지를 구현하고 있다.
② '만장송'과 '매화'라는 소재를 활용하여 임을 향한 화자의 마음을 표상하고 있다.
③ '바람비 뿌린 소리'와 '두어 소리'의 청각적 이미지를 활용하여 임에게 알리고 싶은 화자의 심정을 나타내고 있다.
④ '매화'의 '뿌리'와 '가지'를 활용하여 'ᄒᆞᆫ'의 정서를 형상화하고 있다.
⑤ 'ᄀᆞ을 ᄃᆞᆯ ᄇᆞᆰ근 밤'과 '월중'이라는 시간적 배경을 통해 임과 재회한 순간을 드러내고 있다.

유형 2 외적 준거를 통한 이해

2019학년도 수능 6월 모의평가 30번

하나의 문학 작품을 이해할 때에는 작품 내부를 살펴 파악할 수 있는 내용과 더불어 작품을 둘러싼 시대적 배경, 사회적 문제, 시인의 태도를 연관시켜 해석하는 과정도 중요하다. 외적 준거를 통한 이해는 작품에 대한 심층적 이해를 도와준다.

❶득음은 못하고, 그저 시골장이나 떠돌던
소리꾼이 있었다, 신명 한 가락에 / 막걸리 한 사발이면 그만이던 흰 두루마기의 그 사내
꿈속에서도 폭포 물줄기로 내리치는 / 한 대목 절창을 찾아 떠돌더니
오늘은, ❷왜새* 울음 되어 우항산 솔밭을 다 적시고
우포늪 둔치, 그 눈부신 봄빛 위에 ❸자운영 꽃불 질러 놓는다 [A]
살아서는 근본마저 알 길 없던 혈혈단신
텁텁한 얼굴에 달빛 같은 슬픔이 엉켜 수염을 흔들곤 했다 [B]
늙은 고수라도 만나면
어깨 들썩 산 하나를 흔들었다
필생 동안 그가 찾아 헤맸던 소리가
적막한 늪 뒷산 솔바람 맑은 가락 속에 있었던가 [C]
소목 장재 토평마을 양파들이 시퍼런 물살 몰아칠 때
일제히 깃을 치며 동편제* 넘어가는
저 왜새들 [D]
완창 한 판 잘 끝냈다고 하늘 선회하는
그 소리꾼 영혼의 심연이
우포늪 꽃잔치를 자지러지도록 무르익힌다 [E]

– 배한봉, 「우포늪 왜새」

*왜새 왜가리의 별명.
*동편제 판소리의 한 유파.

유형 2 〈보기〉를 참고하여 [A]~[E]를 이해한 내용으로 적절하지 않은 것은?

8851-0016

보기

이 시의 화자는 '우포늪'에서 왜새 울음소리를 들으며, 득음을 못한 채 생을 마감했던 한 '소리꾼'을 상상적으로 떠올리고 있다. 화자는 왜새 울음소리에서 고단하고 외로웠던 소리꾼이 평생을 추구했던 절창을 연상함으로써, 우포늪의 생명력이 소리꾼의 영혼을 절창으로 이끌었음을 표현하고자 했다. 자연과 인간이 어우러진 세계에서 창조되는 예술의 경지와 우포늪의 아름다움을 조화롭게 형상화한 것이다.

① [A] : 화자는 왜새 울음소리와 우포늪의 풍경을 연결 지어 소리꾼이 추구했던 절창을 상상적으로 떠올리고 있다.
② [B] : 득음의 경지를 찾아 떠돌았던 소리꾼의 얼굴에 묻어나는 삶의 비애를 감각적으로 표현하고 있다.
③ [C] : 소리꾼이 평생 추구했던 절창을 우포늪에서 찾아낸 화자의 정서를 드러내고 있다.
④ [D] : 화자가 상상적으로 떠올린 세계를 우포늪 일대의 현실적 공간과 결부하고 있다.
⑤ [E] : 날아가는 왜새와 완창을 한 소리꾼을 대비하여 자연과 인간이 통합된 예술의 형상을 사실적으로 보여 주고 있다.

유형 따라잡기

외적 준거로서 제시되는 〈보기〉

외적 준거를 통한 이해를 돕기 위해 작품을 둘러싼 시대적 배경, 당대 사회의 모습, 시인의 삶을 〈보기〉를 통해 제시하며 해결을 요구하는 문항이 종종 출제된다. 이때에는 우선 〈보기〉에 제시된 정보를 꼼꼼히 읽어 명확하게 이해하는 것이 중요하다. 그리고 ①~⑤의 선지에 제시된 내용이 〈보기〉를 통해 이끌어 낼 수 있는 정보인지, 작품 속에서 그 정보의 근거를 찾을 수 있는지를 살펴 정확하게 옳고 그름을 판별할 수 있어야 한다. 제시된 외적 준거와 함께 작품을 읽는 것은 작품 속 여러 가지 요소를 〈보기〉라는 렌즈를 통해 새롭게 관찰하는 것과 같으며, 그 과정을 통해 작품 이해의 폭을 넓힐 수 있다.

문제 해결 전략

외적 준거를 통한 이해

〈보기〉를 통해 시에서 ❶의 이미지는 화자가 ❷를 듣고 상상하여 머릿속에서 만든 것임을 파악할 수 있다. 화자는 이를 ❸과 같은 우포늪 둔치 속 아름다운 자연물과도 연결시키고 있다. '왜새'와 '소리꾼'은 모두 청각적 심상을 환기한다는 공통점이 있다. 화자는 현실의 왜새 소리를 듣고, 외로웠던 소리꾼이 평생을 추구했던 절창을 상상하며, 자연과 인간이 조화를 이루는 모습을 표현한다. 구체적으로는 [E]에서 '하늘 선회하는' 왜새 울음소리를 '소리꾼 영혼의 심연'이라는 표현을 통해 드러내고 있다. 사실과 상상을 엮은 표현을 통해 자연과 인간이 어우러지는 생명 공동체의 중요성을 강조하는 작품을 '사실적으로 보여 주고 있다.'라고 진술하는 것은 적절하지 않다.

⑤ 정답

지문 연구

(가) 작자 미상, 「서경별곡」

해제 | 여성 화자의 목소리로 서경과 대동강이라는 구체적 배경을 언급하며 이별의 정한을 읊은 전체 3연의 고려 가요이다. 화자는 이별의 상황을 묵묵히 참고 받아들이는 태도를 보이기보다는 적극적으로 이별을 거부하고 임과의 사랑을 가로막는 것들에 대해 원망을 드러낸다. 반복되는 후렴구의 사용은 전체적으로 리듬감을 살리고 있다.

주제 | 자신의 의지와 관계없이 이별의 상황을 맞이한 여인의 정한

어구 풀이 |

- 여히므론 아즐가 여히므론 질삼뵈 ᄇᆞ리시고: '임과 헤어지기보다는 (차라리) 길쌈하던 베를 버리더라도'라는 의미이다. 자신의 모든 것과도 같은 '질삼뵈'를 버리고서라도 임을 따라가고 싶다는 적극적인 화자의 모습이 드러나는 구절이다. '아즐가'는 흥을 돋우기 위한 어절이다.
- 네 가시 럼난디 몰라서: '너의 아내가 바람이 난지 모르고'라는 의미로, 화자는 임이 대동강 건너로 자신을 떠나가도록 옮겨 줄 뱃사공을 향해 애꿎게도 원망을 퍼붓고 있다.

(나) 홍랑, 「묏버들 갈히 것거 ~」

해제 | 이별한 임에 대한 변함없는 사랑과 임이 자신을 잊지 않기를 바라는 마음을 노래한 작품이다. 화자는 자신의 분신인 '묏버들'을 매개로 임의 곁에 머물고 싶은 솔직한 감정을 섬세하고 감각적으로 표현하고 있다.

주제 | 자연물을 통해 드러낸 임을 향한 연모의 정

가 서경(西京)이 아즐가 서경이 셔울히마르는*
위 두어렁셩 두어렁셩 다링디리 [A]
닷곤ᄃᆡ 아즐가 닷곤ᄃᆡ 쇼셩경 고외마른*
위 두어렁셩 두어렁셩 다링디리
여ᄒᆡ므론 아즐가 여ᄒᆡ므론 질삼뵈 ᄇᆞ리시고
위 두어렁셩 두어렁셩 다링디리 [B]
괴시란ᄃᆡ* 아즐가 괴시란ᄃᆡ 우러곰* 좃니노이다
위 두어렁셩 두어렁셩 다링디리

구스리 아즐가 구스리 바회예 디신ᄃᆞᆯ*
위 두어렁셩 두어렁셩 다링디리
긴힛ᄃᆞᆫ 아즐가 긴힛ᄃᆞᆫ 그츠리잇가* 나ᄂᆞᆫ
위 두어렁셩 두어렁셩 다링디리
즈믄 ᄒᆡᄅᆞᆯ 아즐가 즈믄 ᄒᆡᄅᆞᆯ 외오곰 녀신ᄃᆞᆯ*
위 두어렁셩 두어렁셩 다링디리 [C]
신(信)잇ᄃᆞᆫ 아즐가 신잇ᄃᆞᆫ 그츠리잇가 나ᄂᆞᆫ
위 두어렁셩 두어렁셩 다링디리

대동강 아즐가 대동강 너븐디 몰라셔
위 두어렁셩 두어렁셩 다링디리 [D]
ᄇᆡ 내여 아즐가 ᄇᆡ 내여 노ᄒᆞᆫ다 샤공아
위 두어렁셩 두어렁셩 다링디리
네 가시 아즐가 네 가시 럼난디 몰라셔 / 위 두어렁셩 두어렁셩 다링디리
녈 ᄇᆡ예 아즐가 녈 ᄇᆡ예 연즌다* 샤공아 / 위 두어렁셩 두어렁셩 다링디리
대동강 아즐가 대동강 건너편 고즐*여 / 위 두어렁셩 두어렁셩 다링디리
ᄇᆡ 타 들면 아즐가 ᄇᆡ 타 들면 것고리이다* 나ᄂᆞᆫ / 위 두어렁셩 두어렁셩 다링디리

– 작자 미상, 「서경별곡」

*__셔울히마르는__ 서울이지만.
*__괴시란ᄃᆡ__ 사랑해 주신다면.
*__디신ᄃᆞᆯ__ 떨어진들.
*__외오곰 녀신ᄃᆞᆯ__ 외로이 살아간들.
*__고즐__ 꽃을.
*__쇼셩경 고외마른__ 소성경(서경)을 사랑하지만.
*__우러곰__ 울며울며('곰'은 앞말을 강조함.).
*__긴힛ᄃᆞᆫ 그츠리잇가__ 끈이야 끊어지겠습니까.
*__녈 ᄇᆡ예 연즌다__ 다니는 배에 실었느냐.
*__것고리이다__ 꺾을 것입니다.

나 묏버들 갈ᄒᆡ 것거* 보내노라 님의손ᄃᆡ*
자시ᄂᆞᆫ 창(窓)밧긔 심거 두고 보쇼셔
밤비예 새닙곳 나거든 날인가도 너기쇼셔

– 홍랑

*__갈ᄒᆡ 것거__ 가려 꺾어.
*__님의손ᄃᆡ__ 님에게.

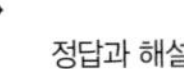

정답과 해설 5쪽

다 님이 오마 ᄒᆞ거ᄂᆞᆯ 져녁밥을 일* 지어 먹고

중문(中門) 나셔 대문(大門) 나가 지방 우희* 치ᄃᆞ라 안자 이수(以手)로 가액(加額)ᄒᆞ고* 오ᄂᆞᆫ가 가ᄂᆞᆫ가 건넌산(山) ᄇᆞ라보니 거머횟들* 셔 잇거ᄂᆞᆯ 져야 님이로다 보션 버서 품에 품고 신 버서 손에 쥐고 곰븨님븨* 님븨곰븨 천방지방 지방천방 즌 듸 ᄆᆞ른 듸* ᄀᆞ희지 말고 워렁충창 건너가셔 정(情)엣 말 ᄒᆞ려 ᄒᆞ고 겻눈을 흘긧 보니 상년(上年)* 칠월(七月) 열사흔날 ᄀᆞᆯ가 벅긴 주추리 삼대 ᄉᆞᆯ드리 도 날 소겨다

모쳐라 밤일싀 만졍* 힝혀 낫이런들 ᄂᆞᆷ 우일 번 ᄒᆞ괘라

– 작자 미상

*일 일찍.
*이수로 가액ᄒᆞ고 이마에 손을 얹고.
*곰븨님븨 엎치락뒤치락 급히 구는 모양.
*상년 지난해.
*지방 우희 문지방 위에.
*거머횟들 검어희뜩. 검은 빛과 흰 빛이 뒤섞인 모양.
*즌 듸 ᄆᆞ른 듸 질척한 곳 마른 곳.
*모쳐라 밤일싀 만졍 마침 밤이기에 망정이지.

(다) 작자 미상, 「님이 오마 ᄒᆞ거ᄂᆞᆯ ~」
해제 | 그리워하는 임을 어서 만나고 싶어 하는 마음을 해학적으로 표현한 작품이다. 특히 중장에서 초조한 마음을 과장스러운 행동으로 구체화하여 나타냈다.
주제 | 임을 애타게 기다리는 마음
어구 풀이 |
- ᄂᆞᆷ 우일 번 ᄒᆞ괘라: '남을 웃길 뻔하였구나.'라는 의미로, 임을 그리며 초조한 마음에 허둥대던 자신의 행동을 스스로 겸연쩍어하는 모습이 드러난다.

유제 1 (가)의 [A]~[D]에 대한 설명으로 적절하지 않은 것은? ▶ 8851-0017

① [A]에서 화자는 자신이 머무르고 있는 공간인 서경에 대해 강한 애착을 가지고 있다.
② [B]에서 화자는 임을 위해서라면 자신에게 중요한 것도 버릴 수 있다는 의지를 보여 주고 있다.
③ [C]에서 화자는 임과 재회하는 상황을 가정하여 관계가 영원하기를 바라는 마음을 드러내고 있다.
④ [D]에서 화자는 강을 건너려는 임에 대한 원망을 임을 태우고 갈 뱃사공에게 표출하고 있다.
⑤ [A]~[D]에서 내용과는 관련이 없는 행이 포함되어 있다.

유제 2 〈보기〉와 (나), (다)의 내용을 참고했을 때, 〈보기〉의 빈칸에 들어갈 학생의 말로 적절하지 않은 것은? ▶ 8851-0018

보기

선생님: 두 시조 (나)와 (다)의 창작 시기는 각각 16세기와 18세기로 추정되며, (다) 작품이 시기상 앞선 (나) 작품의 내용과 형식을 계승하고 있습니다. 둘 사이의 공통점은 (나)의 전통을 (다)가 이어받아 수용한 것으로, 차이점은 (나)가 지니는 특징을 두고 (다)에서 변화를 꾀한 것으로 파악할 수 있습니다. 그러면 두 작품 사이의 공통점과 차이점을 통해 수용과 변화의 예시를 구체적으로 살펴볼까요?

학생: 선생님, ______________________

① 전체를 초장, 중장, 종장 세 부분으로 나눌 수 있는 것은 (나)의 형식을 (다)에서 수용적으로 계승한 것으로 보입니다.
② 중장의 길이가 눈에 띄게 길어진 것은 (다)가 (나)의 형식에서 변화를 꾀한 것으로, 전통을 창조적으로 계승한 것 아닐까요?
③ (나)와 (다)에서 과장된 표현으로써 임을 향한 자신의 태도를 나타낸 것은 전통을 수용적으로 계승한 것으로 볼 수 있습니다.
④ (나)와 (다)에서 사랑의 감정을 주제로 대상을 향한 그리운 마음을 표현한 것은 내용 면에서 수용적 계승이 이루어진 것입니다.
⑤ (나)의 은근한 표현과 달리 (다)에서 해학적으로 자신의 심정을 자유롭게 표현한 것은 전통을 창조적으로 계승한 것이라고 생각합니다.

가 아베요 아베요
내 눈이 ㉠티눈인 걸
아베도 알지러요.
등잔불도 없는 제사상에
축문*이 당한기요.
눌러 눌러
㉡소금에 밥이나마 많이 묵고 가이소.
윤사월 보릿고개
아베도 알지러요.
간고등어 한 손이믄
아베 소원 풀어 드리련만
저승길 배고플라요.
소금에 밥이나마 많이 묵고 묵고 가이소.

여보게 만술 아비
㉢니 정성이 엄첩다.*
이승 저승 다 다녀도
인정보다 귀한 것 있을락꼬.
망령(亡靈)도 응감(應感)하여, 되돌아가는 저승길에
니 정성 느꺼느꺼 세상에는 **굵은 밤이슬**이 온다.

– 박목월, 「만술(萬述) 아비의 축문(祝文)」

*__축문__ 제사 때에 읽어 천지신명(天地神明)께 고하는 글.
*__엄첩다__ '대견하다'의 경상도 방언.

나 조금 전까지 거기 있었는데
어디로 갔나,
밥상은 차려 놓고 어디로 갔나,
넙치지지미 **맵싸한 냄새**가
코를 맵싸하게 하는데
어디로 갔나,
이 사람이 갑자기 왜 말이 없나,
내 목소리는 **메아리가 되어**
되돌아온다.
내 목소리만 내 귀에 들린다.
㉣이 사람이 어디 가서 잠시 누웠나,
옆구리 담괴가 다시 도졌나, 아니 아니
이번에는 그게 아닌가 보다.
한 뼘 두 뼘 어둠을 적시며 비가 온다.

혹시나 하고 나는 밖을 기웃거린다.
나는 풀이 죽는다.
㉤빗발은 한 치 앞을 못 보게 한다.
왠지 느닷없이 그렇게 퍼붓는다.
지금은 어쩔 수가 없다고,

– 김춘수, 「강우(降雨)」

---

1 **(가)와 (나)의 표현상 특징에 대한 설명으로 적절한 것은?** ▶ 8851-0019

① (가)와 (나)는 모두 전통적 율격을 바탕으로 시상을 전개하고 있다.
② (가)와 (나)는 모두 화자의 교체를 통한 어조의 변화가 나타나고 있다.
③ (가)와 (나)는 모두 의문형 종결 어미를 활용하여 화자의 정서를 드러내고 있다.
④ (가)는 (나)와 달리 의인화된 대상을 설정하여 자신의 심정을 강조하고 있다.
⑤ (나)는 (가)와 달리 방언을 구사하여 향토적 정감을 환기하고 있다.

2 **㉠~㉤에 대한 설명으로 적절하지 않은 것은?** ▶ 8851-0020

① ㉠: '만술 아비'가 축문을 준비하지 못한 까닭이 드러나 있다.
② ㉡: 대상에게 미안한 마음을 가지는 '만술 아비'의 처지가 드러나 있다.
③ ㉢: 대상의 궁핍한 처지에 대한 이해와 위로의 심정이 드러나 있다.
④ ㉣: 부재하는 대상과 언젠가 재회할 것이라는 기대의 감정이 드러나 있다.
⑤ ㉤: 대상의 부재를 확인한 이후 화자가 느끼는 감정이 시각적으로 드러나 있다.

3점 문항 따라잡기

3 **〈보기〉를 통해 (가)와 (나)를 이해한 것으로 적절하지 않은 것은?** ▶ 8851-0021

보기

대상의 존재감은 종종 대상이 곁에 있을 때보다 대상이 부재할 때 더욱 절실히 느껴진다. 상실로 인한 슬픔과 고통의 상황에서 우리는 대상과 정서를 공유하는 느낌을 구하기 위해 애쓰며, 때로는 자연물이나 다른 존재에서 감응의 증거를 찾은 듯 느끼기도 한다. 하지만 소통에서 실패했을 때는 기대감이 무너진 만큼 그 절망감이 더욱 커지게 된다.

① (가)의 '만술 아비'와 (나)의 '나'는 대상의 부재라는 상황 속에서 대상과 소통하기 위해 노력을 기울인다.
② (가)의 '만술 아비'가 '아베도 알지러요.'를 반복하는 것은 '아베'의 이해를 구하기 위해서이다.
③ (가)의 '굵은 밤이슬'은 다른 세계의 존재인 '망령'을 통해 대상의 부재로 인한 '만술 아비'의 절망감을 드러낸다.
④ (나)의 '나'가 '밥상'에서 '맵싸한 냄새'를 맡은 것은 부재하는 대상이 곁에 있는 것처럼 받아들이기 때문이다.
⑤ (나)의 '메아리가 되어' 되돌아오는 목소리를 통해 '나'는 소통에서 실패했음을 깨닫고 좌절과 체념을 느낀다.

04 실전 문제 1

[1~3] 다음 글을 읽고 물음에 답하시오.

(가) 시(詩)를 믿고 어떻게 살아가나
서른 먹은 사내가 하나 잠을 못 잔다.
먼 ― 기적 소리 처마를 스쳐가고
잠들은 **아내**와 어린것의 벼개 맡에
㉠밤눈이 내려 쌓이나 보다.
무수한 손에 뺨을 얻어맞으며
항시 곤두박질해 온 생활의 노래
지나는 돌팔매에도 이제는 피곤하다.
먹고 산다는 것,
㉡너는 언제까지 나를 쫓아오느냐.

등불을 켜고 일어나 앉는다.
담배를 피워 문다.
씁쓸한 것이 오장을 씻어 내린다.
노신(魯迅)* 이여
이런 밤이면 그대가 생각난다.
온 ― 세계가 눈물에 젖어 있는 밤
상해(上海) 호마로(胡馬路) 어느 뒷골목에서
쓸쓸히 앉아 지키던 등불
등불이 나에게 속삭어린다.
여기 하나의 상심(傷心)한 사람이 있다.
여기 하나의 굳세게 살아온 인생이 있다.

― 김광균, 「노신」

***노신** 중국의 작가 루쉰(1881~1936)을 우리 한자음으로 읽은 이름.

(나) 세상은 ㉢또 한 고비 넘고
잠이 오지 않는다
꿈결에도 식은땀이 등을 적신다
몸부림치다 와 닿는
둘째놈 애린 손끝이 천 근으로 아프다
세상 그만 내리고만 싶은 나를 애비라 믿어
이렇게 잠이 평화로운가
바로 뉘고 이불을 다독여준다
이 나이토록 ㉣배운 것이라곤 원고지 메꿔 밥 비는 재주
쫓기듯 붙잡는 **원고지 칸**이
마침내 못 건널 **운명의 강**처럼 넓기만 한데

정답과 해설 7쪽

달아오른 불덩어리
초라한 몸 가릴 방 한 칸이
망망천지에 없단 말이냐

웅크리고 잠든 **아내**의 등에 얼굴을 대본다
밖에는 바람 소리 사정없고
ⓜ며칠 후면 남이 누울 방바닥
잠이 오지 않는다

– 김사인, 「지상의 방 한 칸 – 박영한 님의 제(題)를 빌려」

1 **(가)와 (나)의 표현상 공통점으로 적절한 것은?** ▷ 8851-0022

① 모순 형용을 통해 역동적인 시적 분위기를 조성한다.
② 색채의 선명한 대조를 통해 표현 효과를 높이고 있다.
③ 담담한 어조로 현실에 대한 비판 의식을 드러내고 있다.
④ 의문형 종결 어미를 활용하여 화자의 현실 인식을 드러내고 있다.
⑤ 시간의 이동에 따라 시상이 전개되며 미래의 전망을 제시하고 있다.

2 **〈보기〉를 바탕으로 (가)와 (나)를 감상한 것으로 적절하지 않은 것은?** ▷ 8851-0023

보기

문학가는 종종 가난과 가까운 직업군으로 인식되곤 한다. 작품 속에서 시인은 자신을 화자로 등장시키며, 가난을 문자 그대로 물질적 풍요를 누리지 못하는 빈곤의 의미로 형상화하는 경우가 있다. 더불어 가난은 때로 문학가가 자신을 성찰하는 계기로 작품 속에 등장하며, 힘겨웠던 시간을 통해 시인은 문학에 대한 의지를 다시금 되새기기도 한다.

① (가)와 (나)의 화자는 '아내'와 자식을 둔 가장으로서 생활의 어려움을 겪고 있다.
② (가)와 (나)의 화자는 가난으로 인해 '시', '원고지'와 함께하는 자신의 삶을 되돌아보고 있다.
③ (가)의 화자는 '등불' 앞에서 '노신'이라는 존재를 떠올리며 가난 때문에 흔들렸던 자신의 의지를 다지고 있다.
④ (나)의 화자는 '원고지 칸'을 '운명의 강'으로 여기며 가난을 정신적으로 극복하려는 태도를 보이고 있다.
⑤ (나)의 화자는 '잠이 오지 않는다'를 첫 부분과 끝부분에 배치하며 빈곤이 해결되기가 어려울 것임을 암시하고 있다.

3 **㉠~ⓜ에 대한 설명으로 적절하지 않은 것은?** ▷ 8851-0024

① ㉠: 시간적 배경을 알림과 동시에 화자의 고뇌를 암시한다.
② ㉡: 의인화를 통해 미래에 대한 다짐을 생생하게 표현한다.
③ ㉢: 화자가 유사한 문제 상황을 이전에도 겪었음이 파악된다.
④ ㉣: 자신의 처지에 대한 화자의 자조적 태도가 드러난다.
⑤ ⓜ: 화자가 느끼고 있는 심정의 구체적인 원인이다.

[4~6] 다음 글을 읽고 물음에 답하시오.

(가) 눈이 오는가 **북쪽**엔
함박눈 쏟아져 내리는가

험한 벼랑을 굽이굽이 돌아간
백무선(白茂線)* **철길** 위에
느릿느릿 밤새어 달리는
화물차의 검은 지붕에

연달린 산과 산 사이
너를 남기고 온
작은 마을에도 **복된 눈** 내리는가

잉크병 얼어드는 이러한 밤에
어쩌자고 잠을 깨어
그리운 곳 차마 그리운 곳

눈이 오는가 북쪽엔
함박눈 쏟아져 내리는가

– 이용악, 「그리움」

***백무선** 함경북도 백암에서 두만강의 삼림 지대를 가로질러 무산을 잇는 철도.

(나) 전신이 검은 **까마귀,**
까마귀는 까치와 다르다.
마른 가지 끝에 높이 앉아
먼 **설원**을 굽어보는 저
형형한* **눈,**
고독한 이마 그리고 날카로운 부리.
얼어붙은 지상에는
그 어디에도 **낟알 한 톨** 보이지 않지만
그대 차라리 **눈발을 뒤지다** 굶어 **죽을지언정**
결코 까치처럼
인가의 안마당을 넘보진 않는다.
검을 테면
철저하게 검어라. 단 한 개의 깃털도
남기지 말고……
겨울 되자 온 세상 수북이 눈은 내려

저마다 하얗게 **하얗게 분장하지만**
나는
빈 가지 끝에 홀로 앉아
말없이
먼 지평선을 응시하는 한 마리
검은 까마귀가 되리라.

– 오세영, 「자화상 2」

*__형형한__ 광채가 반짝반짝 빛나며 밝은.

4 (가)와 (나)에 대한 설명으로 가장 적절한 것은? ▶ 8851-0025

① (가)는 (나)와 달리 시상이 전개되면서 화자의 어조가 격정적으로 바뀌고 있다.
② (가)는 (나)와 달리 수미상관의 구성을 활용하여 구조적 안정감을 드러내고 있다.
③ (나)는 (가)와 달리 사물의 속성을 분석하여 앞날의 상황을 관조적으로 전망하고 있다.
④ (가)와 (나)는 모두 대화체를 사용하여 독자가 시적 상황에 몰입하도록 유도하고 있다.
⑤ (가)와 (나)는 모두 설의적 표현을 반복적으로 사용하여 현실 비판적 태도를 강조하고 있다.

5 〈보기〉를 바탕으로 (가)를 감상한 것으로 적절하지 않은 것은? ▶ 8851-0026

보기

이용악은 한반도 북부 함경도 지방 출신의 시인으로, 그의 시는 일제 강점기 우리 민족의 비극적 삶과 고난을 반영하고 있다. 한곳에 정착하여 살기 힘들어 만주, 간도 등지로 국경을 넘나들며 살아야 했던 유랑민의 불안정한 삶, 그럼에도 늘 품고 있던 고향에 대한 걱정과 그리움은 그의 시에 주로 등장하는 이미지와 정서이다.

① '북쪽'을 떠올리는 시인의 정서는 '함박눈 쏟아'지는 이미지를 통해 시각적으로 형상화되고 있군.
② '그리운 곳'의 풍경에 가로 놓인 '백무선 철길'은 문명에 대한 시인의 비판적 태도를 부각하고 있군.
③ '작은 마을'에 내리는 '눈'을 '복된' 것으로 표현하며 고향의 안녕을 바라는 시인의 바람을 투영하고 있군.
④ '내리는가'와 같은 종결 표현을 반복적으로 사용하여 '연달린 산과 산 사이'를 향한 시인의 그리움을 심화하고 있군.
⑤ '어쩌자고'와 '차마'를 통해 시인은 고향에 다다를 수 없는 자신의 처지에 대한 안타까움을 드러내고 있군.

6 (나)의 시어에 대한 설명으로 적절하지 않은 것은? ▶ 8851-0027

① '얼어붙은 지상'은 '까마귀'가 '낟알 한 톨'도 찾기 힘들 정도로 헤쳐 나가기 힘든 부정적인 현실을 의미하는군.
② '눈발을 뒤지다'를 통해 '까마귀'는 암담한 현실에서 '죽을지언정' 스스로의 힘으로 살아남으려는 의지를 보이는군.
③ '인가의 안마당'은 차가운 겨울 속 '설원'과 대비되는 공간으로 화자에게는 안식처를 의미하겠군.
④ '철저하게 검어라.'는 수북이 내린 '눈'과 색채의 대비를 이루며 화자가 지향하는 바를 드러내는군.
⑤ '하얗게 분장하지만'은 '눈'이 사물 위에 하얗게 쌓이는 데서 착안하여 진실을 가린다는 의미로 쓰였군.

[7~9] 다음 글을 읽고 물음에 답하시오.

(가) 푸른 하늘에 닿을 듯이
세월에 불타고 우뚝 남아 서서
차라리 **봄**도 **꽃**피진 말아라

낡은 거미집 휘두르고
끝없는 꿈길에 **혼자** 설레이는
마음은 아예 뉘우침 아니라

검은 그림자 쓸쓸하면
마침내 호수(湖水) 속 **깊이** 거꾸러져
차마 **바람**도 흔들진 못해라

– 이육사, 「교목(喬木)*」

***교목** 줄기가 곧고 굵으며 높게 자라는 큰 나무.

(나) 모든 것은 나의 안에서
물과 피로 육체를 이루어 가도,

너의 밝은 은(銀)빛은 **모나고** 분쇄(粉碎)되지 않아,

드디어 무형(無形)하리만큼 부드러운
나의 **꿈과 사랑**과 나의 비밀을,
살에 박힌 파편(破片)처럼 쉬지 않고 찌른다.

모든 것은 연소(燃燒)되고 **취(醉)하여** 등불을 향하여도,
너만은 물러 나와 호올로 눈물을 맺는 달밤……

너의 차가운 **금속성(金屬性)**으로
오늘의 무기를 다져 가도 좋을,

그것은 가장 동지적(同志的)이고 격렬한 싸움!

– 김현승, 「양심의 금속성」

7 (가)와 (나)의 공통점으로 적절한 것은? ▶ 8851-0028

① 대상과 합일을 이루고자 하는 소망이 담겨 있다.
② 첨예한 갈등 상황에서 포용과 조화를 강조하고 있다.
③ 어떠한 상황에서도 신념을 지키겠다는 의지가 드러나 있다.
④ 현실에 순응하려는 모습에 대한 반성적 태도가 나타나 있다.
⑤ 자연물을 관조적으로 바라보며 삶의 교훈을 이끌어 내고 있다.

8 〈보기〉를 바탕으로 (가)를 감상한 것으로 적절하지 않은 것은? ▶ 8851-0029

보기

이육사는 젊은 시절 일제가 우리 민족을 억누르고 착취하는 현실을 벗어나 광복을 찾기 위해 무장 투쟁에 자신의 몸을 바치며 수차례 투옥과 출옥을 반복한다. 그럼에도 그는 자신의 신념을 굽히지 않았으며 누구보다도 광복에 대해 간절한 열망을 가졌던 독립투사로, 그의 시는 한결같이 나아간 그의 일생과 닮아 정제된 형식미와 안정된 운율감을 보인다.

① 시의 계절적 배경인 '꽃' 피는 '봄'은 시인이 열망한 광복이 이루어진 상태를 드러낸다.
② '세월에 불타고', '낡은 거미집'은 시대 상황과 관련된 시인의 고난을 상징하는 시어이다.
③ '바람'은 시의 제목이기도 한 '교목'을 흔드는 것으로써 외부로부터의 부정적 영향력, 일제의 착취를 의미한다.
④ 각 연의 두 번째 행에 있는 '우뚝', '혼자', '깊이'와 같은 부사어는 광복이라는 목표 앞에 결의에 찬 시인의 의지를 드러내고 있다.
⑤ 각 연의 마지막이 부정어로 끝나고 있는데 이는 앞에 놓인 고난의 상황에도 저항 정신을 굽히지 않겠다는 뜻으로 파악할 수 있다.

9 〈보기〉를 참고하여 (나)를 감상한 것으로 적절하지 않은 것은? ▶ 8851-0030

보기

시어와 일상어는 다르지 않다. 시인도 일상어로 시를 쓴다. 다만 시인이 선택한 일상어는 시어가 되면서 그 속에 또 다른 의미를 함축하게 된다. 독자는 시어를 이해할 때 일상어의 의미에서 출발하여 시인이 함축한 것을 찾아야 한다.

① '모나고'는 둥글지 못하고 까다롭다는 의미이지만 이 시에서는 화자의 내면에 미치는 선명한 자극을 의미한다.
② '꿈과 사랑'은 대개 지향해야 할 대상을 의미하지만 이 시에서는 날카로운 양심을 통해 단련되어야 하는 연약한 요소를 의미한다.
③ '모든 것'은 자신 속에 포함되어 있는 전부라는 의미이지만 이 시에서는 '너'를 제외한 다른 것들을 의미한다.
④ '취하여'는 정신이 흐려지는 상태라는 의미이지만 이 시에서는 옳은 것을 자신의 것으로 만드는 과정을 의미한다.
⑤ '금속성'은 대개 냉혹하고 비인간적이라는 속성을 의미하지만 이 시에서는 화자가 가져야 하는 양심이 엄정해야 함을 의미한다.

05 실전 문제 2

[1~3] 다음 글을 읽고 물음에 답하시오.

(가)

生死路(생사로)ᄂᆞᆫ
예 이샤매 저히고
나ᄂᆞᆫ 가ᄂᆞ다 말ㅅ도
몯다 닏고 가ᄂᆞ닛고
어느 ᄀᆞᅀᆞᆯ 이른 ᄇᆞᄅᆞ매
이에 저에 **ᄠᅥ딜 닙다이**
ᄒᆞᄃᆞᆫ 가재 나고
가논 곧 모ᄃᆞ온뎌
아으 彌陀刹(미타찰)*애 맛보올 내
道(도) 닷가 기드리고다

[현대어 풀이]

생사 길은
예 있으매 두려워하여
나는 간다 말도
못다 이르고 가는가.
어느 가을 이른 바람에
이에 저에 **떨어질 잎같이**
한 가지에 나고
가는 곳 모르는구나.
아으 미타찰에 만날 나
도 닦아 기다리련다.

– 월명사 지음 / 양주동 해독, 「제망매가」

***미타찰** 불교도들의 이상향인 극락.

(나) 유리(流離)에 차고 슬픈 것이 어른거린다.
열없이 붙어서서 입김을 흐리우니
길들은 양 언 날개를 파닥거린다.
지우고 보고 지우고 보아도
새까만 밤이 밀려 나가고 밀려와 부딪치고,
물먹은 별이, 반짝, 보석처럼 박힌다.
밤에 홀로 유리를 닦는 것은
외로운 황홀한 심사이어니,
고운 폐혈관이 찢어진 채로
아아, 너는 **산새처럼 날아**갔구나!

– 정지용, 「유리창」

1 **(가)와 (나)의 표현상 공통점으로 가장 적절한 것은?** 8851-0040

① 도치법을 활용하여 화자가 추구하는 삶을 제시하고 있다.
② 반복법을 활용하여 화자의 행위를 강조하여 드러내고 있다.
③ 역설법을 활용하여 화자의 복잡한 내면의 심리를 보여 주고 있다.
④ 감탄사를 활용하여 화자의 태도나 정서를 집약적으로 드러내고 있다.
⑤ 의인법을 활용하여 대상을 친근하게 여기는 화자의 태도를 드러내고 있다.

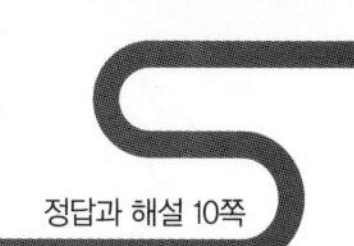

2 **〈보기〉를 바탕으로 (가), (나)를 감상한 것으로 적절하지 않은 것은?** 8851-0041

보기

혈육의 죽음은 대상에 대한 그리움과 슬픔 등 화자의 내면에 복합적인 감정을 유발하고, 이는 다시 만나기를 바라는 소망과 기다림의 태도로 이어진다. (가)는 누이의 요절을, (나)는 아들의 죽음을 소재로 한 것으로, 비유적인 표현을 활용하여 시적 대상을 드러내면서 화자의 슬픔을 감각적으로 형상화하고 있다.

① (가)의 '몯다 닏고 가ᄂᆞ닛고'에는 누이를 상실한 화자의 두려움이, (나)의 '외로운 황홀한 심사'에는 아들의 죽음을 초월한 화자의 황홀함이 드러나 있다.
② (가)의 '떠딜 닙다이'는 누이의 죽음을, (나)의 '산새처럼 날아'간 것은 아들의 죽음을 비유적인 표현을 활용하여 드러낸 것이다.
③ (가)의 '가논 곧 모ᄃᆞ온뎌'에는 누이가 떠난 곳을 모르겠다는 화자의 허망함이, (나)의 '물먹은 별이, 반짝, 보석처럼 박힌다.'에는 죽은 아이에 대한 화자의 그리움과 슬픔이 드러나 있다.
④ (가)의 '어느 ᄀᆞᄉᆞᆯ 이른 ᄇᆞᄅᆞ매'는 너무 이른 나이에 죽은 누이를, (나)의 '고운 폐혈관이 찢어진 채'는 아들이 죽게 된 원인을 드러낸 것이다.
⑤ (가)의 '道(도) 닷가 기드리고다'에는 슬픔을 극복하려는 화자의 기다림이, (나)의 '밤에 홀로 유리를 닦는 것'에는 죽은 아이와 만나려고 하는 화자의 간절한 노력이 드러나 있다.

3 **〈보기〉를 바탕으로 (가)를 이해한 것으로 적절하지 않은 것은?** 8851-0042

보기

향가는 한국 문학사에서 맨 처음으로 확인되는 정형 시가로, 향찰로 표기되어 있으며 행의 수에 따라 4구체, 8구체, 10구체로 나뉜다. 4구체가 민요와 유사한 형식을 보이는 반면, 10구체는 3단 구성의 단연체 시가로서, 정형적 서정시로서의 형식미를 갖추고 있다. (가)는 신라 시대에 창작된 향가로 『삼국유사』에 "월명사는 죽은 누이를 위하여 '재(齋)'를 올리고 향가를 지어 제사를 지냈다. 월명사가 향가를 부르자 갑자기 광풍이 일어 지전(紙錢)을 서쪽으로 날려 버렸다."라는 배경 설화와 함께 전하는데, 작품 전체에는 불교적인 믿음이 깔려 있으며 주술적인 성격을 띤다.

① 10구체 형식의 향가이므로 정형 시가에 속하는 노래로 볼 수 있군.
② 월명사 개인의 서정을 노래하였다는 점에서 민요와 유사한 형식을 보이는 노래로 볼 수 있군.
③ 죽은 누이의 극락왕생을 염원하였다는 점에서 죽은 누이를 추모하는 성격의 노래로 볼 수 있군.
④ 향가를 지어 부르자마자 지전이 서쪽으로 날아갔다는 점에서 주술적인 성격을 띤 노래로 볼 수 있군.
⑤ 이승에서 헤어진 누이를 다시 만날 것을 기약한다는 점에서 불교적인 믿음이 깔려 있는 노래로 볼 수 있군.

[4~6] 다음 글을 읽고 물음에 답하시오.

가 내 가슴에 독을 찬 지 오래로다
아직 아무도 해(害)한 일 없는 새로 뽑은 독
벗은 그 무서운 독 그만 흩어 버리라 한다
나는 그 독이 선뜻 벗도 해할지 모른다 위협하고,

독 안 차고 살아도 머지않아 너 나 마저 가 버리면
억만 세대가 그 뒤로 잠자코 흘러가고
나중에 땅덩이 모지라져 모래알이 될 것임을
"허무한듸!" 독은 차서 무엇 하느냐고?

㉠아! 내 세상에 태어났음을 원망 않고 보낸
어느 하루가 있었던가, "허무한듸!" 허나
앞뒤로 덤비는 ⓐ이리 승냥이 바야흐로 내 마음을 노리매
내 산 채 짐승의 밥이 되어 찢기우고 할퀴우라 내맡긴 신세임을

㉡나는 독을 품고 선선히 가리라,
마감 날 **내 외로운 혼 건지기 위**하여.

– 김영랑, 「독을 차고」

나 ㉢해일처럼 굽이치는 백색의 산들,
제설차 한 대 올 리 없는 / 깊은 백색의 골짜기를 메우며
㉣굵은 눈발은 휘몰아치고,
쪼그마한 숯덩이만한 게 짧은 날개를 파닥이며……
굴뚝새가 눈보라 속으로 날아간다.

길 잃은 등산객들 있을 듯 / 외딴 두메마을 길 끊어놓을 듯
은하수가 펑펑 쏟아져 날아오듯 덤벼드는 눈,
다투어 몰려오는 **힘찬 눈보라의 군단,**
눈보라가 내리는 **백색의 계엄령.**

쪼그마한 숯덩이만한 게 짧은 날개를 파닥이며……
㉤날아온다 꺼칠한 굴뚝새가
서둘러 뒷간에 몸을 감춘다.
그 어디에 부리부리한 ⓑ솔개라도 도사리고 있다는 것일까.

길 잃고 굶주리는 산짐승들 있을 듯
눈더미의 무게로 소나무 가지들이 부러질 듯

다투어 몰려오는 힘찬 눈보라의 군단,
때죽나무와 때 끓이는 외딴집 굴뚝에
해일처럼 굽이치는 백색의 산과 골짜기에
눈보라가 내리는 / 백색의 계엄령.

– 최승호, 「대설주의보」

4 ㉠~㉤에 대한 설명으로 적절하지 않은 것은? ▶ 8851-0043

① ㉠: 감탄사를 사용하여 삶의 허무함을 인식한 화자의 정서를 나타내고 있다.
② ㉡: 의지적 어조를 통해 망설임 없이 가겠다는 화자의 태도를 드러내고 있다.
③ ㉢: 비유적 표현을 사용하여 눈 덮인 산의 모습을 묘사하고 있다.
④ ㉣: 대비적 표현을 사용하여 '굴뚝새'의 연약한 모습을 부각하고 있다.
⑤ ㉤: 도치법을 사용하여 현실에 저항하는 '굴뚝새'의 모습을 강조하고 있다.

5 〈보기〉를 바탕으로 (가)와 (나)를 감상한 것으로 적절하지 않은 것은? ▶ 8851-0044

보기

시어는 시어들이 환기하는 이미지를 통해 작가의 삶의 태도를 드러내거나 시대적 배경을 문학적으로 형상화한다. (가)에는 '독'이, (나)에는 '눈'이 주요 시어로 사용되었는데, 이 시어들이 환기하는 이미지는 시대적 배경과 조응하여 작가가 전달하고자 하는 메시지를 드러낸다. 일반적으로 '독'은 건강이나 생명에 해가 되는 성분을 말하고, '눈'은 하얀색이 주는 이미지로 인해 순수함, 깨끗함의 이미지를 떠오르게 한다. 하지만 (가)의 '독'은 일제 식민지 치하에서 작가의 삶의 태도를 드러내는 것으로, (나)의 '눈'은 군부 독재 정권이라는 암울한 시대적 상황을 형상화하는 것으로 쓰였다.

① (가)의 '독'은 '아직 아무도 해한 일 없는 새로 뽑은 독'으로 일제 식민지 치하에서도 흔들림 없는 작가의 결연한 의지를 형상화하고 있군.
② (가)의 '독'은 '내 외로운 혼 건지기 위'해 차고 있는 것으로 일제 식민지 치하에서 자신을 지키기 위한 것으로 쓰이고 있군.
③ (나)의 '눈'은 '은하수'의 하얀색 이미지로 형상화되어 순수함을 상실해 가는 현실의 모습을 떠올리게 하고 있군.
④ (나)의 '눈'은 '힘찬 눈보라의 군단'으로 형상화되어 군부 독재 이미지를 연상하게 하고 있군.
⑤ (나)의 '눈'은 '백색의 계엄령'으로 형상화되어 암울한 시대적 상황의 폭력성을 떠올리게 하고 있군.

6 ⓐ와 ⓑ에 대한 설명으로 가장 적절한 것은? ▶ 8851-0045

① ⓐ는 '나'에게 아첨하는 존재이고, ⓑ는 '굴뚝새' 위에 군림하는 존재이다.
② ⓐ는 '나'와 '벗'을 이간질시키는 존재이고, ⓑ는 '굴뚝새'를 도와주는 존재이다.
③ ⓐ는 '나'의 의지를 꺾으려 기회를 엿보는 존재이고, ⓑ는 '굴뚝새'가 두려워하는 존재이다.
④ ⓐ는 숨어서 '나'를 감시하는 존재이고, ⓑ는 '굴뚝새'의 곁에서 머물며 공생하는 존재이다.
⑤ ⓐ는 '나'의 꿈을 실현 가능하게 하는 존재이고, ⓑ는 '굴뚝새'의 꿈을 좌절하게 하는 존재이다.

[7~9] 다음 글을 읽고 물음에 답하시오.

가 **내 님믈 그리ᅀᆞ와** 우니다니
산(山) 졉동새 난 이슷하요이다
아니시며 거츠르신ᄃᆞᆯ 아으
㉠<u>잔월효성(殘月曉星)</u>*이 아ᄅᆞ시리이다
넉시라도 님은 ᄒᆞᆫᄃᆡ 녀져라 아으
벼기더시니* 뉘러시니잇가
과(過)도 허믈도 천만(千萬) 업소이다
ᄆᆞᆯ힛마리신뎌*
ᄉᆞᆯ읏브뎌* 아으
니미 나ᄅᆞᆯ ᄒᆞ마 니ᄌᆞ시니잇가
아소 님하 도람 드르샤 괴오소셔

– 정서, 「정과정」

***잔월효성** 새벽녘의 달과 별.
***벼기더시니** 어기시던 이가.
***ᄆᆞᆯ힛마리신뎌** 무리들의 말입니다.
***ᄉᆞᆯ읏브뎌** 사라지고 싶어라.

나 슬프나 즐거오나 올다 ᄒᆞ나 외다 ᄒᆞ나
내 몸의 ᄒᆡ올 일만 닫고 닫글 뿐이언뎡
그 밧긔 녀나믄 일이야 분별ᄒᆞᆯ 줄 이시랴. 〈제1수〉

내 일 망녕된 줄을 내라 ᄒᆞ야 모ᄅᆞᆯ손가
이 ᄆᆞᄋᆞᆷ 어리기도 님 위ᄒᆞᆫ 타시로쇠
아ᄆᆡ 아모리 닐러도 **님이 혜여 보쇼셔.** 〈제2수〉

추성(楸城) 진호루(鎭湖樓) 밧긔 우러 예ᄂᆞᆫ 져 시내야
므음 호리라 주야(晝夜)에 흐르ᄂᆞ다
님 향(向)ᄒᆞᆫ 내 뜯을 조차 그칠 뉘를 모로ᄂᆞ다. 〈제3수〉

[A]

뫼ᄒᆞᆫ 길고 길고 믈은 멀고 멀고
어버이 그린 뜯은 만코 만코 하고 하고
어듸서 외기러기ᄂᆞᆫ 울고 울고 가ᄂᆞ니. 〈제4수〉

어버이 그릴 줄을 처엄부터 아란마ᄂᆞᆫ
님군 향(向)ᄒᆞᆫ 뜯도 ㉡<u>하ᄂᆞᆯ</u>히 삼겨시니
진실(眞實)로 님군을 니ᄌᆞ면 긔 불효(不孝)인가 녀기롸. 〈제5수〉

– 윤선도, 「견회요」

7 **(가)와 [A]의 공통점으로 가장 적절한 것은?** 8851-0046

① 자연물을 활용하여 화자의 정서를 드러내고 있다.
② 상승적 이미지를 통해 화자의 태도를 부각하고 있다.
③ 유사한 통사 구조의 반복을 통해 리듬감을 형성하고 있다.
④ 의성어를 효과적으로 사용하여 대상을 실감 나게 묘사하고 있다.
⑤ 계절감을 주는 어휘를 활용하여 자연 친화적인 태도를 드러내고 있다.

8 **〈보기〉를 바탕으로 (가)와 (나)를 감상한 것으로 적절하지 않은 것은?** 8851-0047

보기

(가)와 (나)는 모두 정치적 세력에 의해 유배를 가게 된 작가가 유배지에서 임금을 그리워하며 부른 유배 문학이다. 유배 문학에는 일반적으로 임금에 대한 그리움과 임금에 대한 변함없는 신하로서의 충정이 드러나지만, 자신을 버린 임금에 대한 원망과, 자신을 모함한 세력에 대한 울분과 그로 인한 억울함이 드러나기도 한다. 이러한 작가의 정서 표출은 임금이 다시 자신을 불러 주기를 바라는 소망이 내재되어 있는 것으로 이해할 수 있다.

① (가)의 '내 님믈 그리ᅀᆞ와'에서는 임금에 대한 신하의 그리움이, (나)의 '님 향ᄒᆞᆫ 내 뜯을 조차 그칠 뉘를 모로ᄂᆞ다.'에서는 임금에 대한 변함없는 신하의 절개가 나타나는군.
② (가)의 '벼기더시니'와 (나)의 '아믜'는 자신을 헐뜯어 유배를 가게 한 정치적 세력을 의미하는군.
③ (가)의 '과도 허믈도 천만 업'다는 것과 (나)의 '이 ᄆᆞᄋᆞᆷ 어리기도 님 위ᄒᆞᆫ' 탓이라는 것에서 자신의 억울함에 대한 작가의 하소연이 드러나 있군.
④ (가)의 '니미 나ᄅᆞᆯ ᄒᆞ마 니ᄌᆞ시니잇가'에서는 자신을 잊은 임금에 대한 원망이, (나)의 '진실로 님군을 니ᄌᆞ면 긔 불효인가 녀기롸.'에서는 임금을 잊지 않겠다는 화자의 다짐이 드러나 있군.
⑤ (가)의 '아소 님하 도람 드르샤 괴오소셔'와 (나)의 '님이 혜여 보쇼셔.'에는 임금에게 자신을 다시 불러 달라고 직접적으로 요청하는 작가의 태도가 드러나 있군.

9 **㉠, ㉡에 대한 설명으로 가장 적절한 것은?** 8851-0048

① ㉠은 아름다움을 나타내는 대상이고, ㉡은 그리움의 대상이다.
② ㉠은 소망과 기원의 대상이고, ㉡은 화자를 위협하는 대상이다.
③ ㉠은 화자가 긍정하는 대상이고, ㉡은 화자가 비판하는 대상이다.
④ ㉠은 화자의 결백을 알아주는 대상이고, ㉡은 화자의 운명을 결정한 대상이다.
⑤ ㉠은 공간적 배경을 제시하는 대상이고, ㉡은 시간적 배경을 제시하는 대상이다.

06 유형 학습 1 서술상의 특징과 인물의 태도

수능에 길을 묻다

유형 1 서술상의 특징 2019학년도 수능 6월 모의평가 43번

소설은 서사성을 갖는 장르로, 소설의 서사성은 문장의 서술을 통해 표현된다. 누구의 시선으로 인물이나 사건이 제시되는지, 어떠한 어조나 문체상 특징이 소설의 내용이나 주제에 영향을 끼치고 있는지 주목해야 한다.

유형 2 인물의 태도 2019학년도 수능 6월 모의평가 44번

소설에서 인물은 사건과 행위의 주체로 작품의 내용을 이해하는 기본 요소이다. 전체의 흐름과 제시된 부분의 상황을 이해하면서 말이나 행동 등을 통해 드러나는 인물의 태도를 세밀하게 파악해야 한다.

[앞부분 줄거리] 어린 시절의 친구 은자를 주인공으로 한 소설을 발표했던 '나'는 어느 날 오랫동안 소식을 몰랐던 은자로부터 연락을 받는다.

❶다음날 아침 어김없이 은자의 전화가 걸려 왔다. 토요일이었다. 이제 오늘 밤과 내일 밤뿐이었다. 은자도 그것을 강조하였다.

"❷설마 안 올 작정은 아니겠지? 고향 친구 한번 만나 보려니까 되게 힘드네. 야, 작가 선생이 밤무대 가수 신세인 옛 친구 만나려니까 체면이 안 서데? 그러지 마라. ❸네 보기엔 한심할지 몰라도 오늘의 미나 박이 되기까지 참 숱하게도 넘어지고 또 넘어지고 했으니까."

그렇게 말할 만도 하였다. 고상한 말만 골라서 신문에 내고 이렇게 해야 할 것 아니냐, 저렇게 되면 곤란하다, 라고 말하는 게 능사인 작가에게 밤무대 가수 친구가 웬 말이냐고 볼멘소리를 해 볼 만도 하였다. 나는 아무런 대꾸도 할 수 없었다. 박은자에서 미나 박이 되기까지 그 애는 수없이 넘어지고 또 넘어진 모양이었다. 누군들 그러지 않겠는가. 부천으로 옮겨 와 살게 되면서 나는 그런 삶들의 윤기 없는 목소리를 많이 듣고 있었다. 딱히 부천이어서가 아니라 내가 부천 사람이어서 그랬을 것이었다. 창가에 붙어 앉아 귀를 모으고 있으면 지금이라도 넘어졌다가 다시 일어나고, 또 넘어지는 실패의 되풀이 속에서도 그들은 정상을 향해 열심히 고개를 넘고 있었다. 정상의 면적은 좁디좁아서 아무나 디딜 수 있는 곳이 아니라는 엄연한 현실도 그들에게는 단지 속임수로밖에 납득되지 않았다. 설령 있는 힘을 다해 기어올랐다 하더라도 결국은 내리막길을 마주해야 한다는 사실 또한 수긍하지 않았다. 부딪치고, 아등바등 연명하며 기어 나가는 삶의 주인들에게는 다른 이름의 진리는 아무런 소용도 없는 것이었다. 그들에게 있어 인생이란 탐구하고 사색하는 그 무엇이 아니라 몸으로 밀어 가며 안간힘으로 두들겨야 하는 굳건한 쇠문이었다. 혹은 멀리 보이는 높은 산봉우리였다.

〈중략〉

일 년에 한 번씩 타인의 낯선 얼굴을 확인하러 고향 동네에 가는 일은 쓸쓸함뿐이었다. 이제는 그 쓸쓸함조차도 내 것으로 남지 않게 될 것이었다. 누구라 해도 다시는 고향으로 돌아가지 못할 것이었다. 고향은 지나간 시간 속에 있을 뿐이니까. 누구는 동구 밖의 느티나무로, 갯마을의 짠 냄새로, 동네를 끼고 흐르는 긴 강으로 고향을 확인하며 산다고 했다. 내게 남은 마지막 표지판은 은자인 셈이었다. 보이는 것들은, 큰오빠까지도 다 변하였지만 상상 속의 은자는 언제나 같은 모습이었다. 은자만 떠올리면 옛 기억들이, 내게 남은 고향의 모든 숨소리가 손에 잡힐 듯이 다가오곤 하였다. 허물어지지 않은 큰오빠의 모습도 그 속에 온전히 남아 있었다. ❹내가 새부천 클럽에 가서 은자를 만나 버리고 나면 그때부터는 어떤 표지판에 기대어 고향을

✔ 유형 따라잡기

1. 서술 방식

① 서술 방식의 뜻: 작가가 의도한 주제를 형상화하는 진술 방법

② 서술 방식의 종류

- 서사: 일정한 시간 내에 발생하는 사건이나 인물의 행위에 초점을 맞춘 서술 방식
- 묘사: 대상의 외적인 모습이나 통합적인 인상을 그림으로 그리듯 구체적으로 재현하는 서술 방식
- 대화: 등장인물들이 주고받는 말로, 사건의 진행이나 인물의 성격을 드러내는 서술 방식
- 설명: 독자의 이해를 돕기 위해 서술자가 직접 개입하여 알려 주는 서술 방식

2. 등장인물

① 소설에서의 인물: 사건을 일으키는 행위의 주체

② 인물의 종류

- 주동 인물과 반동 인물: 주동 인물은 행위와 사건에서 중심에 놓이는 인물이며, 그와 대립 관계에 놓인 인물이 반동 인물이다.
- 평면적 인물과 입체적 인물: 평면적 인물은 작품에서 성격의 변화를 보이지 않으며, 성격의 변화를 보이는 인물이 입체적 인물이다.

찾아갈 수 있을 것인지 정말 알 수 없었다.

은자의 지금 모습이 어떤지 나는 전혀 떠올릴 수가 없다. 설령 클럽으로 찾아간다 하여도 그 애를 알아볼 수 있을지 자신할 수도 없었다. 내 기억 속의 은자는 상고머리에, 때 낀 목덜미를 물들인 박 씨의 억센 손자국, 그리고 터진 겨드랑이 사이로 내보이던 낡은 내복의 계집아이로 붙박여 있었다. 서른도 훨씬 넘은 중년 여인의 그 애를 어떻게 그려 낼 수 있는가. 수십 년 간 가슴에 품어 온 고향의 얼굴을 현실 속에서 만나고 싶지는 않다, 라고 나는 생각하였다. 만나 버린 뒤에는 내게 위안을 주었던 유년의 소설도, 소설 속의 한 시대도 스러지고야 말리라는 불안감을 떨쳐 버릴 수가 없었다. 그렇다 하더라도 이미 현실로 나타난 은자를 외면할 수 있을는지 그것만큼은 풀 수 없는 숙제로 남겨 둔 채 토요일 밤을 나는 원미동 내 집에서 보내고 말았다.

일요일 낮 동안 나는 전화 곁을 떠나지 못하였다. 이제 은자는 가시 돋친 음성으로 나의 무심함을 탓할 것이다. 그녀의 질책을 나는 고스란히 받아들일 작정이었다. 나는 그 애가 던져 올 말들을 하나하나 상상해 보면서 전화를 기다렸다. 오전에는 그러나 한 번도 전화벨이 울리지 않았다.

– 양귀자, 「한계령」

유형 1 윗글의 서술상 특징으로 가장 적절한 것은? ▷ 8851-0049

① 독백적 진술을 중심으로 인물의 내면 심리를 드러낸다.
② 동시에 벌어진 사건들을 삽화처럼 나열하여 이야기의 흐름을 지연시킨다.
③ 이야기 외부의 서술자가 인물의 행위를 해설하고 사건의 의미를 직접 제시한다.
④ 서술자가 다양한 인물로 바뀌면서 인물 간의 갈등을 다각적으로 조명한다.
⑤ 서술자가 의문과 추측의 진술을 통하여 다른 인물에 대한 반감을 드러낸다.

문제 해결 전략

서술상의 특징 파악
이 작품은 어린 시절 친구였던 '은자'의 전화를 받은(❶) '나'가 '은자'에 대한 기억과 생각으로부터 고향에서의 추억이나 삶에 대해 생각하며 ❹와 같이 담담하게 서술하고 있다. 따라서 독백적 진술로 내면 심리를 드러낸다는 진술은 적절하다.
① 정답

유형 2 윗글의 '나'와 '은자'에 대한 이해로 가장 적절한 것은? ▷ 8851-0050

① '은자'는 가수로서의 성공을, '나'는 작가로서의 성공을 확신하고 있다.
② '나'는 '은자'의 전화로부터 심리적 위안을 얻으며 갈등을 해소하고 있다.
③ '은자'는 '나'와의 재회를 기대하고 있고, '나'는 '은자'의 제안을 단호히 거절하고 있다.
④ '나'는 '은자'가 도도하다고 여기고 있고, '은자'는 '나'가 체면을 차린다고 여기고 있다.
⑤ '은자'는 현재의 자신을 '나'에게 보여 주려 하고 있고, '나'는 '은자'를 통해 옛 기억을 돌아보고 있다.

문제 해결 전략

인물의 태도 파악
❷, ❸ 등을 통해 '은자'가 자신의 현재 모습을 '나'에게 보여 주려 하고 있음을 알 수 있다. 또 '은자만 떠올리면 옛 기억들이, 내게 남은 고향의 모든 숨소리가 손에 잡힐 듯이 다가오곤 하였다.'에서 '나'가 '은자'를 통해 어린 시절과 고향에 대한 기억을 회상하고 있음을 알 수 있다.
⑤ 정답

지문 연구
염상섭, 「만세전(萬歲前)」
해제 | 이 작품은 동경 유학 중인 주인공(이인화)이 동경을 출발하여 서울에 이르는 여정을 통해 조선의 실상을 그린 소설이다. 식민지 지식인의 시선으로 바라본 식민지 조선의 실상이 사실적으로 그려지고 있으며, 여정을 통해 나약하고 무기력했던 한 지식인의 의식이 조금씩 성장해 가는 과정을 엿볼 수 있다.
주제 | 지식인의 눈으로 본 식민지 조선의 암담한 현실
낱말 풀이 |
* 육혈포: 탄알을 재는 구멍이 여섯 개 있는 권총.
* 인버네스: 소매가 없는 남성용 코트.

어구 풀이 |
- 말하자면 우리 두 사람은 ~ 앵무새 모양이었다.: 일본인들 앞에서 외국인인 조선 사람 둘이 일본어로 어색하게 대화를 하는 듯한 느낌을 갖는 대목이다. 주변의 시선이 자신들에게 쏠리는 것을 느끼며 부담감과 부끄러움 등 복잡한 심경을 느끼고 있다.
- 일복에 인버네스를 입은 ~ 앞을 탁 막는다.: 일본식 옷차림을 한 헌병 보조원이 배에서 내리는 조선인들을 무섭게 감시하고 있다가 '나'의 앞을 가로막는 대목이다. 이런 세밀한 묘사는 식민지의 실상을 매우 사실적으로 형상화하여 작가의 사실주의적인 경향을 엿볼 수 있게 한다.

나는 몸을 다 훔치고 옷 입는 터전으로 나왔다.

나는 사람, 드는 사람, 한참 복작대는 틈에서 부리나케 양복바지를 꿰며 섰으려니까, 어떤 보지 못하던 친구가 문을 반쯤 열고 중절모자를 쓴 대가리를 불쑥 디밀며, 황당한 안색으로 방 안을 휘휘 둘러보더니,

"실례올시다만, 여기 이인화란 이가 계십니까?" / 하고 묻는다.

"네에, 나요. 왜 그러우?"

나는 궐자의 앞으로 두어 발짝 나서며 이렇게 대답을 하였다. 궐자는 한참 찾아다니다가 겨우 만난 것이 반갑다는 듯이 빙글빙글 웃으며, 문을 활짝 열어젖히고 서서 이리 좀 나오라고 명령하듯이 소리를 친다. 학생복에 망토를 두른 체격이며, 제 딴은 유창하게 한답시는 일어의 어조가 묻지 않아도 조선 사람이 분명하다. 그래도 짓궂이 일어를 사용하고 도리어 자기의 본색이 탄로될까 보아 염려하는 듯한, 침착지 못한 행색이 나의 눈에는 더욱 수상쩍기도 하고 마음이 근질근질하기도 하였다.

[A]

나의 성명과 그 사람의 어조를 듣고, 우리가 조선 사람인 것을 짐작한 여러 일인의 시선은, 나에게서 그자에게, 그자에게서 나에게로 올지 갈지 하는 모양이었다. 말하자면 우리 두 사람은 일본 사람 앞에서 희극을 연작하는 앵무새 모양이었다.

"무슨 이야긴지 할 말 있건 예서 하구려."

그래도 나는 기연가미연가하여 역시 일어로 대답하였다.

"하여간 이리 좀 나오슈."

말씨가 벌써 그러한 종류의 위인인 것을 의심할 여지가 없다고 생각한 나는, 그 언사의 교만한 것이 첫째 귀에 거슬리어서 다소 불쾌한 어조로,

"그럼 문을 닫고 나가서 기다류."

하며 소리를 지르고, 다시 내 자리로 와서 주섬주섬 옷을 마저 입기 시작하였다.

〈중략〉

배는 부산 선창에 와서 닿았다.

"영치기영차, 영치기영차……!"

닻줄을 낚는 인부들 틈에서 누렇게 더러운 흰 바지저고리를 입은 조선 노동자가 눈에 띌 제, 나는 그래도 반가운 것 같기도 하고 인제는 제집에 돌아왔다는 안심으로 마음이 턱 놓이는 것 같기도 하였다. / 배에서 끌어내린 층층다리가 선창 위에 걸리니까, 앞장을 서서 올라오는 것은 흰 테를 두른 벙거지를 쓰고 외투를 입은 '순사보'와 육혈포* 줄을 어깨에 늘인 일본 순사하고, 누런 복장에 역시 육혈포의 검은 줄을 늘인 헌병들이다. 그리고 올라오는 길로 배에서 내려서는 어귀에 좌우로 지키고 서고, 그다음에는 이쪽저쪽으로 승객이 지나쳐 나가는 길의 중간에도 지키고 섰다. 이렇게 경관과 헌병이 소정한 자리에 서니까, 그제서야 일·이등 승객이 하나둘씩 풀리기 시작하였다. 교통 차단을 당한 우리들 삼등객은 배 속에 갇힌 포로 모양으로 매우 부러운 듯이 모든 광경을 바라만 보고 섰었다.

"삼 원이로군! 삼 원만 더 냈더면 한번 호강해 보는 걸!"

이런 소리가 복작대는 속에서 들린다. 삼 원만 더 내면 이등을 타는 것이다. 이번에는 우리들의 차례가 되었다. 나는 한중턱에서 천천히 걸어 나갔다. 무슨 죄나 진 듯이 층계에서 한 발을 내려디딜 때에는 뒤에서 외투 자락을 잡아다리는 것 같았다. 그러나 열 발짝을 못 떼어 놓아서 층계의 맨 끝에는 골독히 위만 치어다보고 섰는 네 눈이 있다. 그것은 육혈포도 차례에 못 간 순사보와 헌병 보조원의 눈이다. 그 사람들은 물론 조선 사람이다. / 나는 될 수 있는 대로 태연히 그들에게는 눈

을 거들떠보지도 않고 확실한 발자취로 최후의 층계를 내려섰다. ―될 수 있으면 일본 사람으로 보아 달라고 속으로 빌면서. 유학생으로, 조선 사람으로 알면 붙들리기 때문이다. 그러나 나의 그 태연한 태도라는 것은 도수장에 들어가는 소의 발자취와 같은 태연이었다.

"여보, 여보!"―물론 일본말로다.

나는 나의 귀를 의심하였다. 으레 한 번은 시달리려니 하는 겁을 집어먹었기 때문에 헛소리를 들은 듯싶었다. 나는 모르는 체하고 두서너 발짝 떼어 놓았다. 하니까 이번에는 좌우편에 쭉 늘어섰던 사람 틈에서, 일복(日服)에 인버네스*를 입은 친구가 우그려 쓴 방한모 밑에서 이상하게 번쩍이는 눈을 무섭게 뜨고 앞을 탁 막는다. 나의 등에서는 식은땀이 주르륵 흘렀다.

"저리 잠깐 갑시다."

[B] 인버네스는 위협하듯이 한마디 하고 파출소가 있는 방향으로 나를 끈다. 나는 잠자코 따라섰다. 멋도 모르는 지게꾼은 발에 채이도록 성화가 나서 "나리, 나리" 하며 쫓아온다. 그 소리에는 추위에 떠는 듯도 하고, 돈 한 푼 달라고 애걸하는 것같이 스러져 가는 애조가 섞여 있었다. 나는 고개만 흔들면서 가다가 파출소로 끌려 들어갔다.

파출소에 들어선 나는 하관에서 조사를 당할 때와는 다른 일종의 막연한 공포와 불안에 말이 어눌하여졌다. 더구나 일본서 그런 종류의 사람들에게 대하듯이 퉁명을 부릴 수 없다는 생각이 머리에 떠올라 와서 제풀에 자기를 위압하는 자기의 비겁을 속으로 웃으면서도, 어쩐지 말씨도 자연 곱살스러워지고 저절로 고개가 수그러지는 것을 깨달았다.

형사의 심문은 판에 박은 듯이 의외로 간단하였다. 나중에 가방에는 무엇이 들어 있느냐 하기에, 나는 하관에서 빼앗길 것은 다 빼앗겼으니까 볼 만한 것은 없겠지만, 그래도 미심쩍거든 열어 보라고 열쇠를 꺼내서 주려고 하였다. 아무리 형사라도 사람이란 우스운 것이다. 열쇠까지 내주니까 웃으면서 그만두라고 하며, 생색이나 내는 듯이 어서 나가라고 쾌쾌히 내쫓는다. 아마 하관서 온 형사에게 벌써 자세한 이야기를 듣고 있는 모양 같았다. 나는 겨우 마음이 놓여서 한숨을 휘 쉬고 나와서 우선 짐을 지게꾼에게 들려 가지고 정거장으로 가서 급히 맡겨 놓고 혼자 나섰다.

– 염상섭, 「만세전(萬歲前)」

유제 1 윗글의 서술상 특징으로 가장 적절한 것은? ⓒ 8851-0051

① 서술자의 경험에 따라 내면 심리를 드러내고 있다.
② 시간의 흐름을 강조하여 긴장감을 고조시키고 있다.
③ 대화를 통해 현실에 대한 비판적 인식을 표현하고 있다.
④ 간결한 문체를 사용하여 이야기의 속도감을 높이고 있다.
⑤ 장면 전환을 통해 서술자의 심리적 갈등을 부각하고 있다.

유제 2 [A]의 '나'와 [B]의 '나'에 대한 설명으로 가장 적절한 것은? ⓒ 8851-0052

① [A]의 '나'는 [B]의 '나'와 달리 주변의 시선을 의식하지 않고 있다.
② [B]의 '나'는 [A]의 '나'와 달리 솔직한 태도로 위기를 모면하려 하고 있다.
③ [A]의 '나'는 상대방의 태도에 불만스러워하고, [B]의 '나'는 만족하고 있다.
④ [A]의 '나'는 당당하게 행동하는 반면, [B]의 '나'는 지레 움츠러들고 있다.
⑤ [A]와 [B]의 '나' 모두 자신의 불쾌한 감정을 직접 드러내고 있다.

그들은 장터 모퉁이에서 아직도 따뜻한 온기가 남아 있는 팥시루떡을 사 먹었다. ㉠백화가 자기 몫에서 절반을 떼어 영달에게 내밀었다.

"더 드세요. 날 업구 왔으니 기운이 배나 들었을 텐데." / 역으로 가면서 백화가 말했다.

"어차피 갈 곳이 정해지지 않았다면 우리 고향에 함께 가요. 내 일자리를 주선해 드릴게."

"나야 삼포루 가는 길이지만, 그렇게 하지?"

㉡정 씨도 영달이에게 권유했다. 영달이는 흙이 덕지덕지 달라붙은 신발 끝을 내려다보며 아무 말이 없었다. 대합실에서 정 씨가 영달이를 한쪽으로 끌고 가서 속삭였다.

"여비 있소?" / "빠듯이 됩니다. 비상금이 한 천 원쯤 있으니까."

"어디로 가려우?" / "**일자리 있는 데면 어디든**지……."

스피커에서 안내하는 소리가 웅얼대고 있었다. 정 씨는 대합실 나무 의자에 피곤하게 기대어 앉은 백화 쪽을 힐끗 보고 나서 말했다.

"같이 가시지. 내 보기엔 좋은 여자 같군." / "그런 거 같아요."

"또 알우? 인연이 닿아서 말뚝 박고 살게 될지. 이런 때 아주 **뜨내기 신셀 청산해야**지."

㉢영달이는 시무룩해져서 역사 밖을 멍하니 내다보았다. 백화는 뭔가 쑤군대고 있는 두 사내를 불안한 듯이 지켜보고 있었다. 영달이가 말했다.

"어디 능력이 있어야죠." / "삼포엘 같이 가실라우?"

"어쨌든……." / 영달이가 뒷주머니에서 꼬깃꼬깃한 오백 원짜리 두 장을 꺼냈다.

"저 여잘 보냅시다." / 영달이는 표를 사고 삼립 빵 두 개와 찐 달걀을 샀다. 백화에게 그는 말했다.

"우린 뒤차를 탈 텐데……. 잘 가슈."

영달이가 내민 것들을 받아 쥔 백화의 눈이 붉게 충혈되었다. 그 여자는 더듬거리며 물었다.

"아무도…… 안 가나요?" / "우린 삼포로 갑니다. 거긴 내 고향이오."

영달이 대신 정 씨가 말했다. 사람들이 개찰구로 나가고 있었다. 백화가 보퉁이를 들고 일어섰다.

"정말, 잊어버리지…… 않을게요."

백화는 개찰구로 가다가 다시 돌아왔다. ㉣돌아온 백화는 눈이 젖은 채로 웃고 있었다.

"내 이름 백화가 아니에요. 본명은요…… 이점례예요."

여자는 개찰구로 뛰어나갔다. 잠시 후에 기차가 떠났다.

[중략 부분 줄거리] 백화와 헤어진 정 씨와 영달은 삼포를 향해 발걸음을 재촉한다.

정 씨 옆에 앉았던 노인이 두 사람의 행색과 무릎 위의 배낭을 눈여겨 살피더니 말을 걸어왔다.

"어디 일들 가슈?" / "아뇨, 고향에 갑니다."

"고향이 어딘데……." / "삼포라고 아십니까?"

"어, 알지. 우리 아들놈이 거기서 도자를 끄는데……."

"삼포에서요? 거 어디 공사 벌일 데나 됩니까? 고작해야 **고기잡이나 하고 감자나 매는데요.**"

"어허! 몇 년 만에 가는 거요?" / "**십 년.**" / 노인은 그렇겠다며 고개를 끄덕였다.

"말도 말우. 거긴 지금 **육지**야. 바다에 방둑을 쌓아 놓고, 추럭이 수십 대씩 돌을 실어 나른다고."

"뭣 땜에요?" / "낸들 아나. 뭐 관광호텔을 여러 채 짓는다면서 복잡하기가 말할 수 없데."

"동네는 그대로 있을까요?" / "그대로가 뭐요. 맨 천지에 **공사판 사람들에다 장까지 들어**섰는걸."

"그럼 나룻배도 없어졌겠네요."

"바다 위로 신작로가 났는데, 나룻배는 뭐에 쓰오. 허허, 사람이 많아지니 변고지. 사람이 많아지면 하늘을 잊는 법이거든."

작정하고 벼르다가 찾아가는 고향이었으나, 정 씨에게는 풍문마저 낯설었다. 옆에서 잠자코 듣고 있던 영달이가 말했다. / "잘됐군. 우리 거기서 공사판 일이나 잡읍시다."

그때에 기차가 도착했다. ㉤정 씨는 발걸음이 내키질 않았다. 그는 마음의 정처를 방금 잃어버렸던 때문이었다. 어느 결에 정 씨는 영달이와 똑같은 입장이 되어 버렸다.

기차가 눈발이 날리는 어두운 들판을 향해서 달려갔다.

– 황석영, 「삼포 가는 길」

---

1 윗글에서 알 수 있는 내용으로 가장 적절한 것은? ▷ 8851-0085

① 배경을 묘사하여 작품의 분위기를 형성하고 있다.
② 과거와 현재가 교차하며 사건의 양상이 전개되고 있다.
③ 사건이 진행됨에 따라 인물들의 갈등이 심화되고 있다.
④ 서술자가 내부에 존재하며 사건에 대해 서술하고 있다.
⑤ 인물들 간의 대비를 통해 삶에 대한 반성을 강조하고 있다.

2 ㉠~㉤에 대한 설명으로 적절하지 않은 것은? ▷ 8851-0086

① ㉠: 영달이의 배려에 대한 백화의 마음이 드러나고 있다.
② ㉡: 영달이와 함께 백화의 고향을 따라가려는 정 씨의 마음이 드러나고 있다.
③ ㉢: 백화로 인해 고민하는 영달이의 마음이 드러나고 있다.
④ ㉣: 정 씨와 영달이를 진심으로 대하고 있는 백화의 마음이 드러나고 있다.
⑤ ㉤: 자신의 기대와는 다른 현실에 대한 정 씨의 마음이 드러나고 있다.

3점 문항 따라잡기

3 〈보기〉를 바탕으로 윗글을 감상한 것으로 적절하지 않은 것은? ▷ 8851-0087

보기

이 작품은 1970년대 빠르게 진행된 산업화로 인해 삶의 터전으로부터 소외된 사람들의 삶을 다루고 있다. 이들은 경제 활동에서 멀어지거나 진정한 인간애를 느끼지 못하는 상황에서 우연히 만나게 되고, 서로를 위로하는 모습을 보이고 있다. 하지만 결국에는 경제 활동을 추구할 수밖에 없는 현실적인 모습을 보여 주는 것과 동시에, '옛 고향'이 간직한 순수함을 통해 자신들의 마음을 위로받고자 하는 모습도 함께 보여 주고 있다.

① '일자리 있는 데면 어디든' 가려는 영달이의 모습을 통해 경제 활동을 추구한다는 것을 알 수 있겠군.
② '뜨내기 신셀 청산해야' 한다는 정 씨의 말을 통해 삶의 터전에서 소외된 사람들의 모습을 알 수 있겠군.
③ '고기잡이나 하고 감자나 매는데요.'라는 정 씨의 말을 통해 고향이 옛 모습을 지니고 있는 것으로 생각하고 있음을 알 수 있겠군.
④ '십 년' 사이에 '육지'가 된 고향의 모습을 통해 산업화가 빠르게 진행되었음을 알 수 있겠군.
⑤ '공사판 사람들에다 장꺼지 들어'선 고향의 모습을 통해 고향이 서로를 위로하는 공간이라는 것을 알 수 있겠군.

07 유형 학습 2 인물의 심리와 서사의 이해

수능에 길을 묻다

유형 1 인물의 심리 2014학년도 수능 9월 모의평가 B형

사건의 흐름 속에서 인물의 심리를 이해하는 것은 사건에 대한 이해를 바탕으로 인물의 입장이나 생각까지 확장하는 방법이다. 사건에 관한 사실적 정보를 넘어 그에 대한 등장인물의 입장이나 생각을 파악해 본다.

유형 2 서사의 이해 2014학년도 수능 9월 모의평가 B형 35번

소설은 현실을 비유적·반어적으로도 서술할 수 있으므로 작품의 서사 방식을 이해하는 것은 작품 이해의 기본 전제이다. 작품 전체에서 사건이나 인물이 어떻게 설정되어 있는지, 이를 바탕으로 서술자가 등장인물의 언행이나 심리를 어떻게 바라보고 있는지 살펴본다.

국순(麴醇)의 자(字)는 자후(子厚)이다. 그 조상은 농서(隴西) 출신이다. 90대(代) 선조였던 모(牟)가 후직(后稷)을 도와 백성들을 먹여 공이 있었다. 『시경』에 '내게 밀과 보리를 주다'라고 한 것이 그것이다. 모(牟)가 처음에는 숨어 벼슬하지 않고 말하기를, "나는 반드시 밭을 갈아 먹으리라." 하며 밭이랑에서 살았다. 임금이 그의 자손이 있다는 말을 듣고 수레를 보내 부르며 각 고을에 명하여 후한 예물을 보내라 하고, 신하를 시켜 친히 그 집에 찾아가도록 해 결국 절구와 절굿공이 사이에 귀천 없는 교분을 맺고, 자신을 덮어 감추고 세상과 더불어 화합하게 되었다. 〈중략〉

순은 그릇과 도량이 크고 깊었다. ㉠출렁대고 넘실거림이 만경창파(萬頃蒼波) 같으며, 맑게 하려 해도 더는 맑아질 수 없고 뒤흔든대도 흐려지지 않았다. 그런 풍류 취향이 한 시대를 풍미하여 자못 사람의 기운을 일으켜 주었다.

일찍이 섭법사(葉法師)에게 나아가 온종일 담론하였는데, 자리에 있던 모든 이들이 탄복하여 쓰러지자, 드디어 이름이 알려지게 되었다. 호를 '국(麴) 처사'라 하매 공경대부로부터 머슴에 이르기까지 그 향기로운 이름을 접하는 이마다 모두 그를 흠모하였으며, 성대한 모임이 있을 때마다 순이 오지 아니하면 모두 슬퍼하여 말하기를,

"국 처사가 없으면 즐겁지 않다." / 했다. 그가 당시 세상에서 사랑받음이 이와 같았다.

산도(山濤)라는 이는 감식안이 있었는데, 일찍이 순을 보고는 감탄하여 말했다.

㉡"어떤 늙은 할미가 이토록 잘난 기린아를 낳았을꼬? 하지만 천하의 백성들을 그르치는 자도 필경 이 아이일 것이다."

관부(官府)에서 순을 불러 청주종사(靑州從事)*를 삼았으나, 마땅한 벼슬자리가 아니라 하여 다시 평원독우(平原督郵)*를 시켰다. 얼마 후 탄식하기를,

㉢'내가 이 얼마 되지 않는 녹봉을 받고, 이 따위 시골 아이들에게 허리를 굽힐 수 없다. 내 마땅히 술잔과 술상 사이에 곧추 서서 담론하리라.'

그 무렵 관상을 잘 보는 이가 있어 말했다.

"그대의 얼굴엔 불그레한 기운이 감돌고 있소. 뒤에 반드시 귀하게 되어 높은 벼슬을 얻게 될 것이니, 마땅히 좋은 자리를 기다렸다가 벼슬에 나아가시오."

[A] 진 후주(陳後主) 때에 임금이 그의 그릇을 남다르게 여겨 ❶장차 크게 쓸 뜻이 있다 하여 광록대부 예빈경의 자리로 옮겨 주었고, 공(公)의 작위에 오르게 하였다. 그리고 무릇 군신의 회의에는 임금이 꼭 순으로 참여케 하니, 그 나아가고 물러남과 그 수작이 거슬림이 없이 뜻에 들어맞았다.

㉣순이 권세를 얻게 되자, 어진 이와 사귀고 손님을 대접하며, 종묘에 제사를 받드는 등의

✓ 유형 따라잡기

1. 인물의 성격
- 전형적 인물: 사회 계층이나 직업, 또는 어느 시대를 대표하는 성격적 특성을 지닌 인물
- 개성적 인물: 자신만의 독특한 성격을 지닌 인물. 작품에 활력을 불어넣고 독자의 지루함을 달래 주기도 함.
- 직접 제시: 서술자가 인물의 성격을 직접 설명함. 요약적 제시, 분석적 제시라고도 함.
- 간접 제시: 인물의 대화나 행동을 보여 주어 독자가 인물의 성격을 판단하게 함.

2. 서사의 이해
- 우의적 기법: 직접 말하지 않고 다른 사물에 빗대어 비유적인 뜻을 나타내거나 풍자하는 방식
- 반어적 기법: 표현의 효과를 높이기 위하여 실제와 반대되는 뜻의 말을 하는 방식

일을 앞장서서 맡아 주관하였다. 임금이 밤에 잔치를 열 때도 오직 그와 궁인만이 곁에서 모실 수 있었을 뿐, 아무리 임금과 가까운 신하여도 참여할 수 없었다.

이후로 임금은 곤드레만드레 취하여 정사를 폐하게 되었다. 그러나 순은 입을 굳게 다문 채 그 앞에서 간언할 줄 몰랐다. 그리하여 예법을 지키는 선비들은 그를 마치 원수처럼 미워하게 되었다. 그러나 임금은 매양 그를 감싸고돌았다. / 순은 또 돈을 거둬들여 재산 모으기를 좋아하므로, 사람들이 그를 천하게 여겼다. 임금이 묻기를,

"경은 무슨 버릇이 있소?" / 하니, 순이 대답하기를,

"신(臣)은 돈을 좋아하는 습성이 있나이다."

했다. 임금이 크게 웃고 그에게 더 많은 관심을 기울이게 되었다.

[B] 한번은 조정에 들어가 임금 앞에 마주 대하고 아뢰었는데, 순이 본디 입에서 나는 냄새가 있었고, 이에 ❷ 임금이 싫어하며 말했다.
"경이 나이 들고 기운도 없어 나의 부림을 못 견디는구료!"

그러자 순은 마침내 관을 벗고 물러나면서 아뢰었다.

㉤"❸ 신(臣)이 높은 벼슬을 받고 남에게 물려주지 아니하면 망신이 될까 두렵습니다. 부디 집으로 돌아갈 수 있도록 해 주신다면 그것으로 만족하겠습니다."

왕의 명으로 좌우의 부축을 받아 집에 돌아온 순은 갑자기 병이 나 하룻밤 사이에 죽고 말았다.

〈하략〉

– 임춘, 「국순전」

***청주종사** 배꼽 밑까지 시원하게 넘어가는 좋은 술. '높은 벼슬'을 뜻함.
***평원독우** 명치 위에 머물러 숨이 막히는 좋지 않은 술. '낮은 벼슬'을 뜻함.

유형 1 [A]와 [B]의 '임금'에 대한 설명으로 가장 적절한 것은? ▶ 8851-0056

① [A]에서 임금은 순을 등용하여 가까이 두려고 하는 반면, [B]에서 임금은 순을 멀리하려 하고 있다.
② [A]의 임금은 순을 싫어하는 마음을 감추는 반면, [B]의 임금은 순을 싫어하는 마음을 드러내고 있다.
③ [A]의 임금은 높은 벼슬로 순의 공로를 치하하는 반면, [B]의 임금은 핑계를 대며 순을 경계하고 있다.
④ [A]의 임금과 [B]의 임금 모두 순의 나아가고 물러남에 만족하고 있다.
⑤ [A]의 임금과 [B]의 임금 모두 벼슬에 걸맞은 순의 역할을 기대하고 있다.

문제 해결 전략

인물의 심리 파악
[A]의 ❶에서 '임금'은 순을 크게 쓸 뜻을 품고 군신의 회의에 참여시키는 반면, [B]의 ❷에는 '임금'이 싫어하며 말했다고 하였다.

① 답

유형 2 ㉠~㉤에 대한 이해로 적절하지 않은 것은? ▶ 8851-0057

① ㉠은 국순의 성품을 바다에 비유한 것으로, 넓고 깊은 국순의 마음을 의미한다.
② ㉡은 국순의 장래를 예언한 것으로, 국순이 세상에 부정적 영향을 끼칠 것임을 경고한다.
③ ㉢은 불만족스러운 처지와 이를 넘어서려는 심경을 표현한 것으로, 국순의 자존심을 나타낸다.
④ ㉣은 국순이 높은 자리에 있으면서 맡았던 소임을 기술한 것으로, 친교 모임이나 공식적 행사에서 능력을 인정받은 국순의 면모를 부각한다.
⑤ ㉤은 퇴임하면서 국순이 한 말로, 선조의 뜻을 받들어 자신의 순수했던 성품을 되찾고자 스스로 물러난 국순의 의지를 드러낸다.

문제 해결 전략

서사의 이해
❸과 같이 임금께 아뢰고 있는 국순은 임금의 뜻을 받들고자 하거나 순수한 성품을 되찾고자 하는 것이 아니다. ❷와 같이 임금이 자신을 꺼려하는데도 벼슬에 연연해 물러나지 않고 있다가는 망신을 당하거나 혹독한 평가를 받을까 염려해서이다.

⑤ 답

이경이 거의 되었을 무렵, 달은 희미한 빛을 토하여, 그 빛이 지붕과 들보를 비추었다. 그때였다. 멀리 낭하에서 발자국 소리가 차츰 들려왔다. 그 소리는 먼 데서부터 차차 가까워졌다. 다 이르러 왔구나 싶을 때 보니 그것은 바로 최 여인이었다.

이생은 그녀가 이미 죽었다는 사실을 잘 알고 있었다. 하지만 그는 그녀를 너무나 사랑하였다. 그렇기 때문에 그녀의 존재를 의심하거나 괴이하게 여기지 않았다. 그래서 대뜸 물었다.

㉠"어디로 피난하여 목숨을 보전하였소?"

여인은 이생의 손을 움켜잡고 한바탕 통곡하더니, 이내 사정을 차례차례 이야기하였다.

"저는 본디 양가의 딸입니다. 어려서부터 어버이의 가르침을 받들어, 자수와 재봉과 같은 일에 힘쓰고, 시(詩) · 서(書)와 인의(仁義)의 방도를 배웠습니다. 오로지 규문의 법도만을 알았으니, 규문의 경역 바깥에서 배워야 할 일들을 어찌 알았겠습니까? 그런데 그대께서 붉은 살구꽃이 핀 담장 안을 한번 엿보시자 저는 스스로 푸른 바다에서 캐어 올린 구슬을 드렸지요. 꽃 앞에서 한 번 웃고는 평생의 은혜를 맺었고, 휘장 속에서 거듭 만나서는 백년해로한 경우보다 정분이 더하였습니다. 말이 여기에 미치게 되니 너무도 슬프고 너무도 부끄럽군요. 슬픔과 부끄러움을 어이 이기겠습니까!

저는 장차 그대와 함께 전원의 거처로 돌아가 백 년을 함께 늙으려 하였는데, 어찌 생각이나 했겠습니까. 뜻밖에도 갑자기 꺾이어 구렁에 몸뚱이가 구르게 되다니요! 하지만 끝내 이리와 시랑 같은 놈에게 몸을 내맡기지 않고, 진흙 창에서 육신이 찢김을 스스로 택하였어요. 그건 정말로 천성이 그렇게 한 것이지, 사람의 정으로는 차마 할 수 있는 일이 아니었지요. ㉡그러나 외진 골짝에서 한번 이별한 후로, 끝내 짝을 잃고 외따로 날아가는 새의 신세가 된 것이 한스러웠습니다. 집도 없어지고 어버이도 돌아가셔서 고단한 혼백을 의지할 곳 없기에 서글프지만, 절의는 귀중하고 목숨은 가벼우므로 쇠잔한 몸뚱이가 치욕을 면한 것만 다행이라고 여기지요. 누가 조각조각 찢어진 식은 재 같은 제 마음을 불쌍히 여겨 주겠습니까? 잘게 끊어진 썩은 창자를 그저 모아 두었을 따름이오라, 해골은 들판에 내던져졌고, 간담은 땅에 버려져 흙먼지를 덮어쓰고 있어요. 가만히 지난날의 즐거움을 헤아려 봅니다만, 오늘은 이렇게 서글프고 억울하군요.

이제 추연*이 피리를 불어 따스한 기운을 일으켰듯이 봄 절기가 적막한 골짜기에 돌아왔으니, 천녀의 혼이 이승으로 돌아왔듯이 저도 다시 이승으로 돌아오렵니다. 봉래산에서 일기(一紀, 12년) 만에 만나자는 약속이 이미 단단히 맺어져 있고, 취굴*에서 삼생*의 향기도 물씬 일어나네요. 바로 이런 때에 그간 오래 떨어져 있어야 했던 정을 되살려서, 이전의 맹세를 결코 저버리지 않겠노라고 약속드리지요. ㉢그 기약을 잊지 않아 주신다면, 저는 끝까지 잘 지내고자 해요. 도련님께서는 그렇게 해 주시겠어요?" / 이생은 기뻐하는 한편 또한 감격하여 말하였다.

"그건 정말 내가 바라는 바요."

두 사람은 다정하게 마주하며 속마음을 풀어놓았다. 그러다가 재산을 도적에게 약탈당하지 않았는가 하는 일에 말이 미쳤다. 여인은 말하였다.

"하나도 잃지 않았어요. 아무 산의 아무 골짜기에 묻어 두었지요." / 이생이 또 물었다.

"양쪽 집안 부모님의 해골은 어디에 있는지 아오?" / 여인은 말하였다.

"아무 곳에 그냥 버려져 있는 상태입니다."

두 사람은 쌓인 정을 이야기한 뒤 잠자리를 같이하여 즐거움을 극도로 누리길 옛날처럼 하였다.

이튿날 여인은 이생과 함께, 재물 묻어 둔 곳을 더듬어 찾아갔다. 과연 이생은 거기서 금 · 은 여러 덩어리와 얼마간의 재물을 얻었다. 그들은 또 양쪽 집 부모의 해골을 수습하고, 금과 재물을 팔

지문 연구

김시습, 「이생규장전」

해제 | 이 작품은 『금오신화』에 실린 것으로, 이승과 저승의 한계를 뛰어넘어 죽음을 초월한 남녀 간의 지극한 사랑을 다루고 있다. 전반부에서는 이생과 최 여인의 자유연애에 의한 사랑을, 후반부에서는 전란으로 깨어진 비극을 최 여인의 환생을 통해 극복하는 사랑을 다루고 있다. 이는 비극적 현실을 환상으로 극복하고자 하는 작가의 현실 극복 의지를 드러낸 것이다.

주제 | 죽음을 초월한 남녀 간의 사랑

낱말 풀이 |

* 추연: 중국 전국 시대 제나라의 사상가.
* 취굴: 중국의 서해에 있었다고 하는 신선의 거처.
* 삼생: 삼세(三世). 과거, 현재, 미래의 삼 세계.

어구 풀이 |

- 하지만 끝내 이리와 시랑 같은 ~ 찢김을 스스로 택하였어요.: 이리와 승냥이같이 포악하고 무례한 도적들에게 욕을 보이기보다는 차라리 처참한 죽음을 택하여 순결함을 지켰다는 내용이다.
- 천녀의 혼이 이승으로 돌아왔듯이: 당나라 사람 장일의 막내딸 천녀는 어릴 때 아버지가 왕주와의 혼인을 허락하였는데, 이후 다른 사람에게 시집보내려 하자 천녀의 육신은 병이 들어 눕고 혼백은 왕주를 따라 촉으로 도망을 갔다가 5년 후에 다시 육신과 합쳐져 원래의 천녀가 되었다는 내용이다.
- 고당에 무산 선녀: 초나라 해왕이 고당에서 선녀와 만나 사랑을 나누고 놀았다는 고사를 일컫는다.

아 각각 오관산 기슭에 합장하고는 나무를 심고 제사를 드렸는데, 하나하나 예를 극진히 갖추었다.

그 뒤 이생도 역시 벼슬을 구하지 않고 최 여인과 함께 그곳에서 살았다. 그러자 피난을 나가 살던 노복들도 역시 제 발로 찾아왔다. / 이생은 그 이후로는 인간사에 게을러졌다. 그래서 비록 친척과 빈객의 길흉사에 하례하고 조문해야 하는 경우가 있더라도, 문을 걸어 잠그고 밖에 나가지 않았다. 그는 항상 최 여인과 더불어 살며, 시구를 지어 최 여인의 화답을 구하거나 최 여인이 지은 시에 화답하면서, 금슬이 좋아 화락하게 지냈다. 그렇게 서너 해가 흘러갔다.

어느 날 저녁에 여인은 이생에게 말했다.

㉣"세 번이나 좋은 시절을 만났습니다만, 세상일은 어긋나기만 하네요. 즐거움을 다 누리기 전에 슬픈 이별이 갑자기 닥쳐오다니."

그렇게 말하고는 마침내 흑흑 울음을 터뜨렸다. 이생이 놀라 물었다.

㉤"어찌 이러오?" / 여인은 대답하였다.

"저승길의 운수는 피할 수가 없답니다. 천제께서 저와 그대의 연분이 아직 끊어지지 않았고 또 아무 죄장이 없음을 살피시어, 환체를 빌려주어, 그대와 함께 잠시 시름으로 애간장을 끊도록 하였던 것이지요. 하지만 오랫동안 인간 세상에 머물러 있으면서 이승 사람을 현혹시킬 수는 없지요."

최 여인은 몸종을 시켜 술을 올리게 하였다. 그러고는 옥루춘 한 곡을 노래하면서 이생에게 술을 권하였다.

[A]
전장의 창과 방패가 시야에 가득 어지러운 곳 / **옥구슬 부서지고 꽃잎**은 날며 원앙도 짝 잃었네.
낭자하게 흩어진 해골을 그 누가 묻어 주랴. / 피에 젖어 떠도는 영혼은 **하소연할 사람** 없어라.
고당에 무산 선녀 한번 내려온 뒤로 / **깨졌던 구리거울 다시 갈라**지니 마음만 쓰려라.
이제 작별하면 둘 다 아득하여 / **천상과 인간 사이**에 소식이 막히리라.

여인은 한 가락씩 노래를 부를 때마다 눈물을 삼켜 넘기느라 곡조를 제대로 이루지 못하였다.

– 김시습, 「이생규장전」

유제 1 ㉠~㉤에 대한 설명으로 적절하지 않은 것은? ▶ 8851-0058

① ㉠: 뜻밖의 만남에 상대방의 안부를 물으며 반가워하고 있다.
② ㉡: 이별 후 처량해진 자신의 처지를 자연물에 빗대어 나타내고 있다.
③ ㉢: 자신의 소망을 솔직하게 말하며 상대방의 동의를 기대하고 있다.
④ ㉣: 상대방과의 약속을 지키지 못하게 되어 세상을 원망하고 있다.
⑤ ㉤: 갑작스러운 상대방의 발언에 영문을 모른 채 놀라고 있다.

유제 2 [A]를 이해한 내용으로 적절하지 않은 것은? ▶ 8851-0059

① '전장의 창과 방패가 시야에 가득 어지러운 곳'은 자신이 죽음을 맞이하게 된 원인과 관련이 있군.
② '옥구슬 부서지고 꽃잎'이 난다는 것은 자신의 안타까운 죽음을 비유하는 것이로군.
③ '하소연할 사람'이 없다는 것은 자신의 사랑을 받아 줄 대상이 없음을 토로한 것이로군.
④ '깨졌던 구리거울 다시 갈라'진다는 것은 다시 이별해야 함을 암시하는 것이로군.
⑤ '천상과 인간 사이'는 생사를 달리하며 이별하는 처지를 비유하는 것이로군.

㉠이때 강남홍은 사부의 명으로 만왕을 구하러 오기는 했지만 부모의 나라를 저버릴 수가 없어서 조용히 옥적으로 장자방이 통소를 불어서 항우의 병사들인 강동(江東) 지역 자제들을 흩어 버린 일을 본받아 전투를 끝내려 했다. 그런데 뜻밖에 명나라 진영에서도 **옥적**으로 화답하는 것이었다. 곡조는 다르지만 음률은 차이가 나지 않고 기상은 다르지만 뜻은 다름이 없어, 마치 아침 햇살에 아름다운 봉황이 날아오르며 수컷이 노래를 부르자 암컷이 화답하는 듯하였다. 강남홍은 잠시 옥적을 멈추고 망연자실하여 고개를 숙이고 **한동안 생각**하였다.

'이 옥적은 본래 한 쌍이다. 하나는 문창성에게 있는데, 내가 귀국할 수 있는 기회가 여기에 있다고 들었다. 이제 대명국의 원수가 문창성의 정기가 아니라는 것을 어찌 알겠는가. 그러나 하늘이 옥적을 낳았으되 어찌 한 쌍만을 낳았을 것이며, 이제 한 쌍이 있는 것이라면 어찌 남과 북에서 그 짝을 잃어버리게 하였다가 서로 만나 합치게 되는 것이 이토록 늦었을까?' / 이어서 이렇게 생각하였다.

'이 옥적이 이미 짝이 있는 것이라면, 그것을 부는 사람은 반드시 짝일 것이다. 하늘이 굽어살피시고 명월이 밝게 비추어 주시니, 강남홍의 짝은 양 공자 한 분뿐이라, 혹시 조물주가 도우시고 보살께서 자비를 베푸셔서 우리 공자님께서 지금 명나라 진중에 원수로 와 계신 것일까? ㉡어제 진영 앞에서 이미 병법을 보고 오늘 밤 달빛 아래 다시 피리 소리를 들어 보니, 이 시대에 짝을 찾을 수 없는 뛰어난 인재다. 내 마땅히 **내일 싸움**을 걸어서 원수의 모습을 봐야겠구나.' 〈중략〉 / 강남홍은 권모설화마(捲毛雪花馬) 위에서 **부용검을 차고 활과 화살을 허리에 두**른 뒤, 진영의 문 앞에서 손삼랑에게 소리치게 하였다.

"어제의 싸움은 먼저 무예를 시험했던 까닭에 좀 봐주었지만, 오늘은 나를 당할 자 있다면 즉시 나오라. 만약 당할 수 없다면 괜히 출정하여 전쟁터 위에 백골을 더하지 말도록 하라."

좌익 장군 동초가 크게 노하여 창을 뽑아 들고 나왔다. 홍랑이 말고삐를 어루만지며 조금도 흔들림 없이 말했다.

"너는 돌격장이니 내 적수가 아니다. 빨리 다른 장수를 보내라."

동초가 크게 화를 내며 창을 휘둘러 맞붙으려 하는데, 강남홍이 웃으며 꾸짖는다.

㉢"네가 물러나지 않는다면 나는 네 창끝에 달린 상모(象毛)를 쏘아 떨어뜨리겠다. 네가 피할 수 있겠느냐?"

말이 끝나기도 전에 동초의 창끝에서 쨍그랑 옥 같은 소리가 나더니 상모가 말 앞에 떨어지는 것이었다. 강남홍이 다시 소리를 질렀다. / "내가 다시 네 왼쪽 눈을 맞히겠다. 피할 수 있겠느냐?"

말이 끝나기도 전에 활시위 소리가 났다. 동초는 말 위에 납작 엎드려 황망히 본진으로 돌아왔다.

뇌천풍이 바라보고 있다가 분노를 이기지 못하고 도끼를 휘두르며 나갔다. 강남홍이 웃으며 말했다.

㉣"노장(老將)은 노쇠한 정력을 함부로 낭비하지 마시오. 내가 마땅히 당신의 목숨을 빌려줄 테니 노장은 갑옷 위의 칼자국을 살펴보시고 내 솜씨를 보시구려." / 말을 마치기도 전에 부용검을 휘두르며 몇 합 맞붙어 싸웠다. 뇌천풍이 자신의 갑옷을 내려다보니 칼자국이 낭자했다. 그는 싸울 생각이 없어지면서 말을 돌려 돌아갔다.

명나라 진영의 여러 장수들이 서로 돌아보며 출전하려는 사람이 없었다. 양창곡이 크게 노하여 분연히 일어났다. 청총사자마(青驄獅子馬)에 걸터앉아 장팔탱천이화창(丈八撐天梨花槍)을 들고 붉은 도포에 금빛 갑옷을 입었다. 허리에는 활과 화살을 두르고 진영 앞에 나와 섰다. 소유경이 간하여 말했다.

"원수께서 황제의 명을 받들어 삼군을 지휘하시니, 국가의 안위(安危)가 원수 한 몸에 달려 있으며 종묘사직의 중대함이 진퇴에 달려 있습니다. 이제 필마단기(匹馬單騎) 혼자 몸으로 친히 화살과 돌을 무릅쓰고 한때의 분노로 승부를 내려 하시니, 이 어찌 몸을 보전하고 나라를 위하는 뜻이라 하겠습니까?"

㉤이때 양창곡은 소년의 날카로운 기상으로, 강남홍의 무예가 절륜한 것을 알고 한번 대항해 보고 싶어서 소유경의 간언을 듣지 않고 말을 달려 출전했다. 강남홍은 원수가 나오는 것을 보고 말을 돌려 칼을 휘두르며 그를 맞아 싸웠다. 그러나 일 합을 맞붙기 전에 강남홍의 총명으로 어찌 양창곡의 모습을 몰라보겠는가. 너무 기뻐 눈물이 먼저 흐르며 정신이 황홀하여 어찌할 바를 몰랐다. 그러나 지기지심(知己知心)을 가진 양창곡이라도 한밤중 **황천으로 영원히 떠난** 강남홍이 지금 만리절역(萬里絶域)에서 자기와 싸우는 오랑캐 장수가 되었으리라고 어

찌 생각이나 했겠는가. 양창곡이 창을 들어 강남홍을 찌르니, 그녀는 머리를 숙여 피하면서 쌍검을 던지고 땅에 떨어지며 낭랑하게 외쳤다.

[A]
"소장이 실수로 칼을 놓쳤습니다. 원수는 잠시 창을 멈추고 칼을 줍도록 해 주시오."
양창곡은 그 목소리가 귀에 익어서 창을 거두고 그 모습을 살폈다.
강남홍은 칼을 거두어 말에 오르더니 양창곡을 돌아보며 말했다.
"천첩 강남홍을 어찌 잊으실 수 있습니까? 첩은 당연히 상공을 따라야 하나, 제 수하의 노졸이 오랑캐의 진영에 있사오니, 오늘 밤 삼경에 군중에서 만나 뵙기를 기약하겠습니다."
말을 마치고 채찍질을 하여 오랑캐의 본진을 향하여 훌쩍 돌아갔다.

– 남영로, 「옥루몽(玉樓夢)」

---

1 ㉠~㉤에 대한 설명으로 적절하지 않은 것은? ⊙ 8851-0060

① ㉠: 어쩔 수 없이 출전하였으나 싸우지 않기를 원하고 있다.
② ㉡: 적이지만 상대방의 능력을 인정하며 감탄하고 있다.
③ ㉢: 급박한 상황에도 여유를 부리며 의사를 타진하고 있다.
④ ㉣: 상대방에게 관용을 베푸는 듯한 태도로 위협하고 있다.
⑤ ㉤: 자신을 걱정하는 말을 무시하고 싸움에 임하고 있다.

2 [A]를 이해한 내용으로 가장 적절한 것은? ⊙ 8851-0061

① 과거의 인연을 강조하여 현재 상황의 원인을 밝히는군.
② 자신의 정체를 알려 사건의 새로운 국면을 기대하게 하는군.
③ 거짓된 행동으로 전쟁터에서 도망해 새로운 갈등을 조장하는군.
④ 개인적 입장과 사회적 입장의 갈등을 언급하여 주제를 부각하는군.
⑤ 패전의 책임을 회피하려는 태도를 보여 인물의 성격을 형성하는군.

3점 문항 따라잡기

3 〈보기〉를 바탕으로 윗글을 감상한 내용으로 적절하지 않은 것은? ⊙ 8851-0062

보기

「옥루몽」은 천상계에서 꿈을 통해 속세로 진입한 남녀 주인공들이 만남과 이별을 반복하며 속세에서 천수를 누린 뒤 다시 천상계로 복귀하는 구조이다. 죽은 줄 알았던 인물을 다시 만나는 과정에서 매개체를 활용하여 상대방에 대한 그리움을 드러내기도 하고, 상대방이 자신을 알아보지 못하는 모습을 보고 기지를 발휘하여 다시 만날 수 있는 계기를 만들기도 한다. 이러한 과정을 통해 지상계의 '양창곡'과 '강남홍'은, 천상계에서 '문창성'과 '홍란성'으로 맺었던 인연을 이어 가게 된다.

① '옥적'은 지상계의 인물이 천상계에서의 인연을 떠올리게 하는 매개물이로군.
② '한동안 생각'으로 문창성을 떠올리는 것은 양창곡과 문창성이 같은 인물임을 알려 주는군.
③ 강남홍이 다짐하는 '내일 싸움'은 양창곡을 다시 만나는 계기가 되는군.
④ 양창곡은 '부용검을 차고 활과 화살을 허리에 두'른 적장이 강남홍임을 알아보지 못하는군.
⑤ '황천으로 영원히 떠난' 강남홍은 천상계의 홍란성으로 복귀하는 구조를 드러내는군.

08 유형 학습 3 소설의 종합적 감상 및 창작적 변용

수능에 길을 묻다

유형 1 종합적 감상 2016학년도 수능 B형 33번

작품을 종합적으로 이해하고 있는가를 확인하는 유형으로, 감상의 일정한 기준이 제시되면 이를 작품의 구체적 내용에 적용할 수 있어야 한다. 작품 감상의 기준으로 주어지는 〈보기〉는, 작품의 내재적 요소뿐만 아니라 창작 당시의 시대적 배경이나 문학사적 흐름, 작가의 생애 등 외재적 요소가 될 수도 있다.

유형 2 창작적 변용 2015학년도 수능 6월 모의평가 A, B형 36번(변형)

지문으로 제시된 작품의 내용과 의미를 이해한 후 장면의 일부를 희곡이나 시나리오와 같은 다른 장르로 변환했을 때 달라진 점이나 고려해야 할 사항을 생각할 수 있어야 한다. 달라진 내용으로 각색하기 위해 고려했을 사항들을 추론할 수 있어야 하기 때문에 내용의 이해와 적절한 감상을 종합적으로 파악한다.

☑ 유형 따라잡기

1. 문학 작품의 감상

- 작품의 여러 요소들을 종합하여 주제를 정확하게 파악해야 적절한 감상이 이루어질 수 있음.
- 문학 작품을 감상하는 방법
  - 문학 작품의 감상은 작품의 내재적 요소만을 고려할 수도 있고, 작품의 외재적 요소를 끌어들여 이루어질 수도 있다.
  - 내재적 요소에는 문체나 시점, 구조, 주제, 제재, 표현 기법 등이 해당된다.
  - 외재적 요소에는 작가의 체험, 사상, 감정 등과 연관 지어 감상하는 표현론적 관점, 창작 당시의 현실을 고려하는 반영론적 관점, 독자를 중심으로 작품이 주는 교훈이나 감동을 살피는 효용론적 관점이 있다.

2. 창작적 변용

해당 부분의 내용을 다른 장르로 바꾸기 위해서는 무엇보다 원작의 내용을 충실히 이해하고 있어야 한다. 그다음 장르를 바꾸면서 고려했을 사항들을 주의 깊게 살펴 달라진 점이나 두드러지는 점을 찾을 수 있어야 한다.

- 다른 표현으로 바꾸기: 서술 시점이나 서술 방식을 바꾸는 것. 결말을 바꾸거나 생략된 내용을 생성해 보는 것도 가능함.
- 다른 갈래로 바꾸기: 희곡이나 시나리오, 수필 등으로 형식을 바꾸는 것
- 다른 매체로 바꾸기: 문자 매체를 시각 매체 형태로 바꾸는 것. 매체의 특성에 따라 제시 방법이나 표현 방법을 바꾸는 것

불을 끈 다음에 아내가 다시 소곤거려 왔다.

"당신두 보셨죠? 오늘사 말고 영기 엄마 배가 유난히 더 불러 보였어요. 혹시 쌍둥이나 아닌가 싶어서 남의 일 같잖아요. 여덟 달밖에 안 된 배가 그렇게 만삭이니 원……."

"당신더러 대신 낳으라고 떠맡기진 않을 거야. 걱정 마."

나는 그날 밤 디킨스와 램의 궁둥이를 번갈아 걷어차는 꿈을 꾸었다. 내가 권 씨의 궁둥이를 걷어차고 권 씨가 내 궁둥이를 걷어차는 꿈을 꾸었다.

아내가 권 씨네에 대해서 갑자기 관심을 보이기 시작했다. 좀 더 정확히 얘기해서 권 씨 부인의 그 금방 쏟아질 것만 같은 아랫배에 관한 관심이었다. 말투로 볼 때 남자들이 집을 비우는 낮 동안이면 더러 접촉도 가지는 모양이었다. 예정일도 모르더라면서 아내는 낄낄낄 웃었다. 임산부가 자기 분만 예정일도 몰라서야 말이 되느냐고 핀잔했더니, 까짓것 알아도 그만 몰라도 그만, 어차피 때가 되면 배 아프며 낳기는 마찬가지라면서 태평으로 있더라는 것이었다.

권 씨는 여전히 일자리를 구하지 못한 채였다. 일정한 직장이 없으면서도 아침만 되면 출근 복장을 차리고 뻔질나게 밖으로 나가곤 했다. 몸에 붙인 기술도, 그렇다고 타고난 뚝심도 없으면서 계속해서 공사판 같은 데 나가 막일을 하는 눈치였다. "동주운아, 노올자아!" 하고 둘이 합창하듯이 길게 외치면서 일단 안방까지 들어오는 데 성공한 권 씨의 아이들은 끼니때가 되어도 막무가내로 버티면서 문간방으로 돌아가지 않는 적이 자주 있게 되었다. 문간방의 사정이 심상치 않다는 징조였다. 그렇다고 권 씨나 권 씨 부인이 우리에게 터놓고 도움을 청한 적은 한 번도 없었다. 다만 우리로 하여금 그런 꼴을 목격하고도 도울 마음을 먹지 않으면 도무지 인간이 아니게시리 상황을 최악의 선까지 잠자코 몰고 갈 뿐이었다. 애당초 이 순경이 기대했던 그대로 산타클로스 비슷한 꼴이 되어 쌀이나 연탄 따위를 슬그머니 문간방 부엌에다 넣어 주고 온 날 저녁이면 아내는 분하고 억울해서 밥도 제대로 못 먹었다. 임부나 철부지 애들을 생각한다면 그까짓 알량한 선심쯤 아무렇지도 않다는 주장이었다. 하지만 제게 딸린 처자식조차 변변히 건사 못 하는 한 얼간이 사내한테까지 자기 선심의 일부나마 미칠 일을 생각하면 괘씸해서 잠이 안 올 지경이라고 생병을 앓았다. 권 씨가 여간내기 아니라고 속삭이던 게 엊그제인 걸 벌써 잊고 아내는 셋방 잘못 내줬다고 두고두고 자탄하는 것이었다.

남편이 여전히 벌이가 시원찮은 상태에서 권 씨 부인은 어언 해산의 날을 맞게 되었다. 진통이 시작된 지 꽤 오래되는 모양이었다. 아내의 귀띔으로는 점심 무렵이 지나서부터 그런다고 했다. 학교에서 돌아와 저녁을 먹다가 나는 문간방에서 울리는 괴상한 소리를 들었다. 처음에는 되게 몸살을 하듯이 끙끙 앓는 소리로 시작되었다. 그러다가 느닷없이 몸의 어딘가에 깊숙이 칼이라도 받는 양 한 차례 처절하게 부르짖고는 이내 도로

잠잠해지곤 하면서 이러기를 몇 번이고 되풀이하는 것이었다. 나로서는 그것이 방을 세 내 준 이후로 처음 듣는 권 씨 부인의 목소리였다.

"당신이 한번 권 씰 설득해 보세요. 제가 서너 번 얘길 했는데두 무슨 남자가 실실 웃기만 하믄서 그저 염려 없다구만 그러네요."

병원 얘기였다.

"권 씨가 거절하는 게 아니고 돈이 거절하는 거겠지."

[A] 아내는 진즉부터 해산 준비가 전혀 되어 있지 않음을 더러는 흉보고 또 더러는 우려해 왔었다.

"남산만이나 한 배를 갖구서 요즘 세상에 그래 앨 집에서, 그것도 산모 혼잣힘으로 낳겠다니, 아무래두 꼭 무슨 일이 터질 것만 같애요. 달이 다 차도록 기저귓감 하나 장만 않는 여편네나 조산원 하나 부를 돈도 마련이 없는 사내나 어쩜 그리 짝짜꿍인지!"

서둘러 식사를 끝내고 나서 나는 권 씨를 마당으로 불러냈다. 듣던 대로 권 씨는 대뜸 아무 염려 말라면서 실실 웃었다. 마치 곤경에 빠진 나를 극진히 위로해 주는 투였다.

"둘째 때도 마누라 혼자서 거뜬히 해치웠거든요."

"우리가 염려하는 건 ❶<u>권 선생네가 아니라 바로 우리를 위해서요.</u> 물론 그럴 리야 없겠지만 만의 일이라도 일이 잘못될 경우 난 권 선생을 원망하겠소."

작자가 정도 이상으로 느물거린다 싶어 나는 엔간히 모진 소리를 남기고는 방으로 들어와 버렸다.

– 윤흥길, 「아홉 켤레의 구두로 남은 사내」

문제 해결 전략

종합적 감상

❶의 '권 선생네가 아니라 바로 우리를 위해서요.'라는 표현에는 상대방과 자신을 명확히 구별하는 개인주의적 태도가 드러난다. 이는 〈보기〉의 ❷와 같이 공동체적 유대감의 파괴와 개인주의의 팽배에 해당하는 태도라고 할 수 있다.

⑤ 정답

유형 1 〈보기〉를 바탕으로 윗글을 감상한 내용으로 적절하지 않은 것은? ⊙ 8851-0063

보기

1970년대 한국 소설에는 산업화 과정에서 ❷공동체적 유대감이 파괴되고 개인주의가 팽배하면서 그 사이에서 고민하게 되는 소시민이 나타난다. 물질적 가치를 중시하는 세태가 심화되고 계층 분화가 일어나면서 주변부로 밀려난 도시 빈민과 같은 소외 계층이 등장하는데, 이들도 소설의 주요한 제재로 반영되고 있다.

① '나'가 '권 씨네'를 의식하면서도 '권 씨네'의 상황에 거리를 두려는 것은 소시민의 내적 갈등을 보여 주는군.

② '권 씨'가 일정한 직업 없이 막일을 할 수밖에 없는 것은 계층이 분화하면서 생겨난 도시 빈민의 처지를 나타내는군.

③ '아내'가 '권 씨네'를 대하는 이중적 태도는 공동체 의식과 개인주의 사이에 놓인 소시민의 모습을 반영하는군.

④ '권 씨 부인'이 혼자 힘으로 해산을 하려는 모습은 궁핍한 삶에 내몰린 소외 계층의 처지를 반영하는군.

⑤ '나'가 '권 씨네'에 대해 염려하며 '우리를 위해서'라고 말한 것은 공동체적 유대감을 회복하려는 소시민의 욕망을 드러내는군.

유형 2 [A]를 〈보기〉의 시나리오로 각색하여 촬영한다고 할 때, 연출가가 고려할 내용으로 적절하지 않은 것은? ⊙ 8851-0064

보기

S# 70. 부엌

저녁. 아내와 마주 앉아 저녁밥을 먹다가.

남편 : (괴상한 소리에 놀라 아내를 쳐다본다.) ……?
아내 : (짜증 난다는 듯) 문간방에서 나는 소리예요. 점심 무렵이 지나서부터 계속이요. 권 씨는 계속 괜찮다고 하는데 당신이 한번 설득해 보세요.
남편 : ❸돈이 없어서 그런 거겠지.
아내 : 진통이 잦아지는 걸 보니까 곧일 것 같은데 어쩜 저렇게 천하태평들인지.

S# 71. 마당

밤. 활짝 열린 문으로 옹색한 권 씨의 살림살이.

남편 : 사정이야 어렵겠지만 병원에 가 봐야 하지 않겠어요?
권 씨 : (실실 웃으며) 둘째 때도 혼자서 낳았어요.
남편 : (격양된 목소리로) ❹잘못되기라도 하면 어쩌려구!

① S# 70에서 대사를 통해 권 씨 부인의 출산이 임박했다는 정보를 전달해야겠어.
② S# 71에서 인물 간의 갈등을 부각하기 위해 권 씨에게 태평한 태도를 부탁해야겠어.
③ S# 71에서 권 씨네 집안 사정을 보여 주기 위해 권 씨네 살림살이가 찍히도록 촬영해야겠어.
④ S# 70~71에서 관객의 긴장을 유발하기 위해 남편의 이중적 태도가 드러나는 대사를 넣어야겠어.
⑤ S# 70~71의 대사에서 태어날 아이에게 변고가 생길까 염려하는 분위기가 전달되도록 해야겠어.

문제 해결 전략

장르 바꾸기
〈보기〉의 ❸에서 윗글의 '나'에 해당하는 '남편'은 돈이 없어서 병원에 가지 못한다는 권 씨의 상황도 이해하고 있으며, ❹에서는 태어날 아기에게 변고가 생길까 염려하는 태도를 유지하고 있다.

정답 ④

지문 연구

작자 미상, 「흥보전」

해제 | 이 작품은 보은 설화가 바탕이 된 판소리 「흥보가」가 문자로 정착된 판소리계 소설이다. 표면적으로는 형 놀보와 동생 흥보라는 대조적인 인물을 설정하여 형제간의 우애와 권선징악을 주제로 다루고 있지만, 그 이면에는 조선 후기 부농과 빈농 사이의 경제적 갈등을 그리고 있다. 이는 조선 후기의 신분 변동에 따라 나타난 유랑 농민과 신흥 부농과의 갈등이 반영되어 있는 것이다.

주제 | 형제간의 우애와 권선징악, 빈부 간의 격차로 인한 갈등

낱말 풀이 |

* 삼순구식(三旬九食): 삼십 일 동안 아홉 끼니밖에 먹지 못한다는 뜻으로, 몹시 가난함을 이르는 말.
* 계정: 불평을 품고 떠드는 말과 행동.

어구 풀이 |

- 장자가 무엇하러 와 계시오?: 장자(長者)는 큰 부자를 점잖게 이르는 말이다. 흥보를 보며 큰 부자라고 일컬으며, 왜 매품을 팔러 왔느냐 하고 물어 웃음을 유발하는 장면이다.
- 내 가난 남과 달라 이 대째 ~ 얹은 지가 팔 년이로되.: 이 대째 내려오는 광주산 사발은 아주 좋은 식기를 일컫는 말로, 좋은 그릇에 음식을 담아 먹은 지가 팔 년이나 지났음을 언급하여 자신의 가난을 강조하는 말이다.

문간에 들어가니, 어떠한 사람들이 사오 인이 앉았거늘, 흥보 들어가며,

㉠"인사하오." / "에 마오."

"거기 뉘라 하오?"

"나 말씀이오? 조선 제일 가난 흥보를 모르시오." / 한 놈 나서며,

㉡"장자가 무엇하러 와 계시오?"

흥보 가슴이 끔쩍하여,

"거기는 무엇하러 왔소?"

"나는 평안도 사방동 동팔풍촌서 사는 솔봉 애비 모르시오. 이십오 대 가난으로 매품 팔러 왔소."

또 한 놈 나앉으며,

"나는 경상도 문경 땅의 제일 가난으로 사십육 대 호적 없이 남의 곁방살이로 내려오는 김딱직이란 말 듣도 못하였소."

한 놈 나앉으며,

"이번 매품은 먼저 온 순서대로 들어간다니 그리하옵세."

"저분 언제 왔소?"

㉢"나 온 지는 저 지난 장날 아침밥 먹기 전 동틀 때 왔소." / 한 놈 나앉으며,

"나는 온 지가 십여 일이라도 생나무 곤장 한 대 맞아 본 내 아들놈 없소."

흥보 이른 말이,

㉣"그리 말고 서로 가난 자랑하여 아무라도 제일 가난한 사람이 팔아 갑세."

그 말이 옳다 하고,

"저분 가난 어떠하오?"

㉤"내 가난 들어 보오. 집이라고 들어가면 사방 어디로도 들어갈 작은 곳이 없어, 닫는 벼룩 쪼그려 앉을 데 없고 삼순구식* 먹어 본 내 아들 없소."

한 놈 나앉으며,

"족히 먹고살 수는 있겠소. 저분 가난 어떠하오?"

"내 가난 들어 보오. 내 가난 남과 달라 이 대째 내려오는 광주산 사발 하나 선반에 얹은 지가 팔 년이로되, 여러 날 내려오지 못하고 아침저녁으로 눈물만 뚝뚝 짓고, 부엌의 노랑 쥐가 밥알을 주우려고 다니다가 다리에 가래톳이 서서 종기 터뜨리고 드러누운 지가 석 달 되었소. 좌우 들으신 바 내 신세 어떠하오?"

김딱직이 썩 나앉으며,

"거기는 참으로 장자라 할 수 있소. 내 가난 들어 보오. 조그마한 한 칸 초막 발 뻗을 길 전혀 없어, 우리 아내와 나와 둘이 안고 누워 있으면 내 상투는 울 밖으로 우뚝 나가고, 우리 아내 궁둥이는 담 밖으로 알궁둥이 보이니, 동네에서 숨바꼭질하는 아이들이 우리 아내 궁둥이 치는 소리 사월 팔일 관등 다는 소리 같고, 집에 연기 나지 않은 지가 삼 년째 되었소. 좌우 들으신 바 내 신세 어떠하오? 아무 목득의 아들놈도 못 팔아 갈 것이니."

이놈 아주 거기서 계정*을 먹더니라. 흥보 숨숨 생각하니, 자기에게는 어느 시절에 차례가 돌아올 줄 몰라,

"동무님, 내 매품이나 잘 팔아 가지고 가오. 나는 돌아가오."

– 작자 미상, 「흥보전」

유제 1 **〈보기〉를 바탕으로 윗글을 감상한 내용으로 가장 적절한 것은?** 8851-0065

> 보기
> 조선 후기 화폐 경제가 발달하면서 돈의 가치에 대한 인식이 이전과 달라졌다. 돈을 천시했던 과거와 달리 돈의 중요성과 필요성을 인정하게 된 것이다. 하지만 경제관념과 함께 물신주의나 배금주의로 사회의 부패는 가속화되었다.

① 서로 인사를 나누며 통성명하는 상황은 경제관념이 발달하고 있음을 보여 주는군.
② 초면임에도 서로 묻고 답하는 상황은 사회 부패가 가속화되고 있음을 보여 주는군.
③ 매품을 팔 순서를 정하는 대목은 물신주의가 팽배한 몰인정한 세태를 보여 주는군.
④ 자신의 가난을 자랑하듯 경쟁하는 대목은 화폐 경제가 발달하고 있음을 보여 주는군.
⑤ 매를 대신 맞고 돈을 받는다는 상황은 돈이 중요시되는 사회가 되었음을 보여 주는군.

유제 2 **윗글을 원작 그대로 극화하여 연극 무대에서 연기하려고 할 때, ㉠~㉤에 대해 배우에게 설명해 줄 말로 적절하지 않은 것은?** 8851-0066

① ㉠: "두 분이 호흡을 맞추어 대사를 이어 가서 관객들의 웃음을 자아낼 수 있게 해 주세요."
② ㉡: "반어법이 느껴지도록 해서 관객들이 웃을 수 있게 해 주세요."
③ ㉢: "진지한 어조와 심각한 표정을 통해 관객들의 웃음을 자아내 주세요."
④ ㉣: "대화의 맥락을 이해하지 못하는 어투로 관객들의 웃음을 자아내 주세요."
⑤ ㉤: "과장된 표현으로 이야기를 마무리하여 관객들이 웃을 수 있게 해 주세요."

배경지식 넓히기

조선 후기 사회 경제의 변화

조선 후기는 이앙법의 정착으로 농업이 발달하였으며 수공업과 광업의 발달로 도시 인구도 증가하였다. 자본력과 상업 조직망을 갖춘 상인 집단도 등장하여 상업 자본의 축적도 이루어졌다. 이러한 발달은 돈을 천시 여겼던 과거와는 다른 인식들을 갖게 하였다. 자본을 축적한 중인 이하의 계층에서는 자신의 자본을 바탕으로 신분을 높이고자 양반의 족보를 매매하기도 하였다.

지금으로부터 구 년 전, 그가 열일곱 살 되던 해 봄에(그의 나이는 실상 스물여섯이었다. 가난과 고생이 얼마나 사람을 늙히는가.) 그의 집안은 살기 좋다는 바람에 ㉠서간도로 이사를 갔었다. 쫓겨 가는 운명이거든 어디를 간들 신신하랴. 그곳의 비옥한 전야도 그들을 위하여 열려질 리 없었다. 조금 좋은 땅은 먼저 간 이가 모조리 차지하였고 황무지는 비록 많다 하나, 그곳 당도하던 날부터 아침거리 저녁거리 걱정이라, 무슨 형세로 적어도 일 년이란 장구한 세월을 먹고 입어 가며 거친 땅을 팔 수가 있으랴. 남의 밭천을 얻어 농사를 짓고 보니, 가을이 되어 얻는 것은 빈 주먹뿐이었다. 이태 동안을 사는 것이 아니라 억지로 버티어 갈 제, 그의 아버지는 우연히 병을 얻어 타국의 외로운 혼이 되고 말았다. 열아홉 살밖에 안 된 그가 홀어머니를 모시고 악으로 악으로 모진 목숨을 이어 가는 중, 사 년이 못 되어 영양 부족한 몸이 심한 노동에 지친 탓으로 그의 어머니 또한 죽고 말았다.

"모친꺼정 돌아갔구마. 돌아가실 때 흰죽 한 모금도 못 자셨구마."

하고 이야기하던 그는 문득 말을 뚝 끊는다. 그 눈이 번들번들함은 눈물이 쏟아졌음이리라.

나는 무엇이라고 위로할 말을 몰랐다. 한동안 머뭇머뭇 있다가 나는 차를 탈 때에 친구들이 사 준 ㉡정종 병마개를 빼었다. 찻잔에 부어서 그도 마시고 나도 마셨다. 악착한 운명이 던져 준 깊은 슬픔을 술로 녹이려는 듯이 연거푸 다섯 잔을 마신 그는 다시 말을 계속하였다. 그 후, 그는 부모 잃은 땅에 오래 머물기 싫었다. 신의주로, 안동현으로 품을 팔다가, ㉢일본으로 또 돈벌이를 찾아가게 되었다. 규슈 탄광에 있어도 보고, 오사카 철공장에도 몸을 담아 보았다. 벌이는 조금 나았으나 외롭고 젊은 몸은 자연히 방탕해졌다. 돈을 모으려야 모을 수 없고, 이따금 울화만 치받치기 때문에 한곳에 주접을 하고 있을 수 없었다. 화도 나고 고국산천이 그립기도 하여서 훌쩍 뛰어나왔다가 오래간만에 ㉣고향을 둘러보고 벌이를 구할 겸 서울로 올라가는 길이라 한다.

"고향에 가시니 반가워하는 사람이 있습디까?"

"반가워하는 사람이 다 뭔기오, 고향이 통 없어졌더마."

"그렇겠지요. 구 년 동안이면 퍽 변했겠지요."

"변하고 뭐고 간에 아무것도 없더마. 집도 없고, 사람도 없고, 개 한 마리도 얼씬을 않더마."

"그러면, 아주 폐농이 되었단 말씀이오?"

"흥, 그렇구마. 무너지다 만 담만 즐비하게 남았더마. 우리 살던 집도 터야 안 남았는기오만 찾아도 못 찾겠더마. 사람 살던 동리가 그렇게 된 것을 구경했는기오?"

하고 그의 짜는 듯한 목소리는 높아졌다.

"썩어 넘어진 서까래, 뚤뚤 구르는 주추는 꼭 무덤을 파서 해골을 헐어 젖혀 놓은 것 같더마. 세상에 이런 일도 있는기오? 백여 호 살던 동리가 십 년이 못 되어 통 없어지는 수도 있는기오, 후우!"

하고 그는 한숨을 쉬며 그때의 광경을 눈앞에 그리는 듯이 멀거니 먼 산을 보다가, 내가 따라 준 술을 꿀꺽 들이키고,

"참! 가슴이 터지더마, 가슴이 터져."

하자마자 굵직한 눈물 두어 방울 뚝뚝 떨어진다.

나는 그 ㉤눈물 가운데 음산하고 비참한 조선의 얼굴을 똑똑히 본 듯싶었다.

– 현진건, 「고향」

1 **윗글의 서술상 특징에 대한 설명으로 가장 적절한 것은?** ▶ 8851-0137

① 빈번한 장면 전환을 통해 긴박한 분위기를 드러내고 있다.
② 대화와 요약적 제시를 통해 인물이 살아온 삶이 드러나고 있다.
③ 장면마다 서술자를 달리하여 다양한 인간상들을 보여 주고 있다.
④ 인물의 심리가 변화하는 다양한 양상을 객관적으로 서술하고 있다.
⑤ 인과 관계 없이 발생하는 사건을 통해 삶의 우연성을 보여 주고 있다.

2 **윗글에 대한 설명으로 적절하지 않은 것은?** ▶ 8851-0138

① ㉠에서도 '그'와 가족의 생활 형편은 나아지지 않았다.
② ㉡에는 '그'의 힘겨운 삶에 대한 위로의 마음이 담겨 있다.
③ ㉢으로 간 이유는 '그'가 문제를 근본적으로 해결하기 위해서이다.
④ ㉣을 돌아보고 '그'는 위안은커녕 더 큰 절망과 안타까움에 빠진다.
⑤ ㉤은 '그'가 겪은 삶의 고단함과 현실에 대한 울분이 응축되어 있다.

3점 문항 따라잡기

3 **〈보기〉를 바탕으로 윗글을 이해한 것으로 적절하지 않은 것은?** ▶ 8851-0139

보기

일제 강점기인 1920년대를 배경으로 한 「고향」의 공간적 배경은 서울행 기차 안이다. '나'는 옆자리에 앉은 '그'와의 대화를 통해 '그'의 살아온 내력을 듣는다. 즉, '나'와 '그'가 기차 안에서 만난 것이 외부 이야기라면, '나'가 전해들은 '그'의 삶의 내력이 내부 이야기가 되는, 액자식 구성으로 볼 수 있다. 이 때문에 이 작품에는 1인칭 시점과 3인칭 시점이 혼재되어 나타난다.

① 액자식 구성의 특성 때문에 내부 이야기에는 '나'가 등장하지 않는군.
② '그'가 고향을 방문한 장면에서 일제 강점기 조선의 모습을 확인할 수 있겠군.
③ '나'와 '그'의 대화가 이루어지는 장면은 이 소설의 외부 이야기에 해당하겠군.
④ '그'의 살아온 내력을 요약하여 제시하는 부분에서는 3인칭 시점이 사용되었군.
⑤ 외부 이야기의 배경인 기차는 일제에 끌려다니는 우리 민족의 신세를 상징하는군.

09 실전문제 1

[1~3] 다음 글을 읽고 물음에 답하시오.

[앞부분 줄거리] 일구던 땅마저 빼앗기고 살 방도가 없어진 방 씨 부부는 고향을 떠나 서울에 도착하지만 마땅한 거처가 없어 다리 밑에서 움막 생활을 시작한다.

김 씨는 생각다 못해 바가지를 집어 든 것이다. 고향을 떠날 때 이웃집에서,

"서울 가면 이런 것도 산다는데."

하고 짐에 달아 주던, 잘 굳고 커다란 새 바가지였다.

그는 서울 와서 다리 밑을 처음 나선 것이다. 그리고 바가지를 들고 나서기는 생전 처음이었다. **다리가 후들후들**하였다. 꼭 일주야를 굶었고 어린것에게 시달린 그의 눈엔 다 밝은 하늘에서 뻔쩍뻔쩍하는 별이 보였다. 그러나 눈을 가다듬으면서 그는 부잣집을 찾았다. 보매 모두 부잣집 같았으나 모두 대문이 굳게 닫혀 있었다. 대문을 연 집, 그는 이것을 찾고 헤매기에 그만 뒤를 돌아다보지 못하고 이 골목 저 골목으로 앞으로만 나간 것이었다. 다행히 문을 연 집이 있었고, 그런 집 중에도 다 주는 것이 아니었지만 열 집에 한 집으로 식은 밥, 더운밥 해서 한 바가지를 얻었을 때는 돌아올 길을 잃어버리고 만 것이다. 이 길로 나가 보아도 딴 거리, 저 길로 나가 보아도 딴 세상, 어디로 가야 그 개천 그 다리가 나올는지 알 재주가 없었다. 기가 막히었다. 물어볼 행인은 많았으나, 개천 이름이나 다리 이름을 모르고는 헛일이었다. 해가 높아 갈수록 길에는 사람이 들끓었고 그럴수록 김 씨는 마음과 다리가 더욱 갈팡질팡하고 있을 때 한 노파가 친절한 손길로 김 씨의 등을 뚜드렸다.

"어딜 찾소?"

김 씨는 울음부터 왈칵 나왔다.

㉠<u>"염려할 것 없소. 내 서울 장안엔 모르는 데가 없소, 내 찾어 주지……."</u>

그 친절한 노파는 김 씨를 데리고 곧 그 앞에 있는 제집으로 들어가 뜨끈한 숭늉에 조반까지 먹으라 했다.

"염려 말고 좀 자시우. 그새 내 부엌을 좀 치고 같이 나갑시다."

김 씨는 서울도 사람 사는 데라 인정이 있구나 하고, 그 노파만 하늘같이 믿고 감격한 눈물을 밥상에 떨구며 사양하지 않고 밥술을 들었다. 그러나 굶은 남편과 어린것을 두고 제 목에만 밥이 넘어가지 않았다. 숭늉만 두어 모금 마시고 이내 술을 놓고 노파를 따라나섰다.

그러나 친절한 노파는 김 씨를 당치 않은 곳으로만 끌고 다녔다. 진고개로 백화점으로 개천이라도 당치 않은 개천으로만 한나절을 끌고 다니고는,

"오늘은 다리가 아프니 내일 찾읍시다."

하였다. 김 씨는 가슴이 찢어지는 것 같았으나, 그 친절한 노파의 힘을 버리고 혼자 나설 자신은 없었다. 밤을 꼬박 앉아 새우고 은근히 재촉을 하여 이튿날 아침에도 또 일찌거니 나섰으나 노파는 그저 당치 않은 데로만 끌고 다녔다.

노파는 애초부터 계획이 있었던 것이다. 김 씨의 멀끔한 얼굴과 살의 젊음을 그는 삶이 살진 암탉을 본 격으로 보았던 것이다.

'어떻게 돈냥이나 만들어 써 볼 거리가 되면…….'

이것이 그 노파가 김 씨를 발견하자 세운 뜻이었다.

김 씨는 다시 다리 밑으로 돌아올 리가 없었다. 방 서방은 눈에서 불이 났다.

"죽일 년이다! 이 어린것을 생각해선들 달아나다니! 고약한 년! 찢어 죽일 년."

하고 이를 갈았다.

방 서방은 이틀이나 굶은 아이를 보다 못해 안고 나서서, 매운 것, 짠 것 할 것 없이 얻는 대로 주워 먹였다. 날

은 갑자기 추워졌다. 어린애는 감기가 들고 설사까지 났다.

밤새도록 어두움 속에서 오줌똥을 받은 이불과 아범의 저고리 섶, 바지 자락은 얼어서 왈가닥거리고, 그 속에서도 어린애 몸은 들여다보는 눈이 뜨겁게 펄펄 달았다.

"어찌하나! 하느님, 이렇게 무심합니까?"

하고 중얼거려도 보았으나 새벽 찬바람만 윙 하고 뺨을 갈길 뿐이었다.

날이 밝기를 기다려 아이를 꾸려 안고 병원을 물어서 찾아갔다.

"이 애 좀 살려 주십시오."

"선생님이 아직 안 나오셨소. 그런데 왜 이렇게 되도록 두었소. 진작 데리고 오지?"

"돈이 있어야죠니까……."

"지금은 있소?"

"없습니다. 그저 살려만 주시면 그거야 제가 벌어서 갚지요. 그걸 안 갚겠습니까!"

㉡"다른 큰 병원에 가 보시우……."

방 서방은 이렇게 병원집 문간으로만 한나절을 돌아다니다가 그냥 다리 밑으로 돌아오고 말았다.

방 서방은 **또 배가 고**팠다. 그러나 앓는 것을 혼자 두고 단 한 걸음이 나가지지 않았다. 그래도 저녁때가 되어서는 그냥 밤을 새울 수는 없어 보지 않으리라는 듯이 눈을 딱 감고 일어서 나왔던 것이다.

방 서방이 얼마 만에 찬밥 몇 술을 얻어먹고, 부랴부랴 돌아왔을 때는 날이 아주 어두웠다. 다리 밑은 캄캄한데 한참 들여다보니 아이는 자리에서 나와 언 맨땅에 목을 늘어뜨리고 흐득흐득 느끼었다. 끌어안고 다리 밖으로 나가 보니 경련이 일어나 눈을 뒤집어쓰고 있는 것이었다.

"죽을 테면 진작 죽어라! 고약한 년! 네년이 이걸 **버리고** 가 얼마나 잘되겠니……."

방 서방은 몇 번이나,

"어서 죽어라!"

하고 아이를 밀어 던지었다가도 얼른 다시 끌어당겨 들여다보곤 했다. 그럴 때마다 아이의 숨소리는 자꾸 가빠만 갔다.

그러나 야속한 것은 잠, 어느 때쯤 되었을까, 깜빡 잠이 들었다가 놀라 깨었을 제는 그동안이 잠시 같았으나 주위에는 큰 변화가 생기었다. 날이 환하게 새고, 아이에게서는 그 가쁘게 일어나던 숨소리가 뚝 그쳐 있었다. 겨우 겨드랑 밑에만 미온이 남았을 뿐, 그 불덩어리 같던 얼굴과 손발은 어느 틈에 언 생선처럼 싸늘하였다.

– 이태준, 「꽃나무는 심어 놓고」

1 윗글에 대한 설명으로 가장 적절한 것은? 8851-0070

① 현재와 과거를 교차 서술하여 주제 의식을 부각하고 있다.
② 공간적 배경의 세밀한 묘사를 통해 갈등을 심화하고 있다.
③ 인물들 간의 대화를 통해 갈등 해결의 방향이 암시되고 있다.
④ 같은 사건을 서로 다른 입장에서 바라보며 해결책을 모색하고 있다.
⑤ 객관적이고 담담한 태도로 서술하여 사건의 비극성을 드러내고 있다.

2 **㉠과 ㉡에 대한 설명으로 가장 적절한 것은?** ▶ 8851-0071

① ㉠과 ㉡ 모두 거짓말로 상대방을 속이고 있다.
② ㉠과 ㉡ 모두 상대방을 위한 합리적인 대안을 제시하고 있다.
③ ㉠과 달리 ㉡은 도와줄 것을 거절하는 자신의 입장을 밝히고 있다.
④ ㉠에 비해 ㉡은 상대방에 대한 정보를 바탕으로 신뢰를 보이고 있다.
⑤ ㉡과 달리 ㉠은 자신의 경험을 바탕으로 상대방의 행동 변화를 강요하고 있다.

3 **〈보기〉를 바탕으로 윗글을 감상한 내용으로 적절하지 않은 것은?** ▶ 8851-0072

보기

단편 소설은 하나의 사건과 인식을 강화함으로써 삶의 본질에 접근하도록 한다. 단편 소설은 인물이 경험한 단일한 사건과 인식으로부터 삶의 본질을 포착하게 한다. 그 과정은 일상에 가려져 있거나 마비되어 있던 삶의 진실과 감각을 새롭게 불러일으키는 기능과 연결됨으로써 세계의 진면목을 발견·통찰할 수 있는 가능성을 열어 준다.

① 새 바가지를 들고 나서며 '다리가 후들후들'한 김 씨의 모습은 양심이 마비되어 있던 삶의 모습이 반영된 것이군.
② 아내가 아이를 '버리고' 갔다는 방 서방의 오해는 세상의 냉혹함에 대한 인물의 인식을 형성할 수 있군.
③ 병원집을 돌아다니다가 다리 밑으로 돌아오고 만 방 서방의 경험은 일상에 가려져 있던 세상의 비정함을 드러내는군.
④ 아이가 사경을 헤맴에도 불구하고 '또 배가 고'파 온 방 서방의 모습은 삶의 본질에 대해 생각해 보게 하는군.
⑤ 서울살이를 하며 몰락해 가는 가족의 모습은 세상의 냉혹함에 대해 통찰할 수 있는 계기가 될 수 있군.

[4~6] 다음 글을 읽고 물음에 답하시오.

주인과 나그네가 한가지로 술이 거나하니 취하였다. 주인은 미스터 방(方), 나그네는 주인의 고향 사람 백(白) 주사. / 주인 미스터 방은 술이 거나하여 감을 따라, 그러지 않아도 이즈음 의기 자못 양양한 참인데 거기다 술까지 들어간 판이고 보니, 가뜩이나 기운이 불끈불끈 솟고 하늘이 바로 돈짝만 한 것 같은 모양이었다.

"내 참, 뭐, 흰말이 아니라 참, 거칠 것 없어, 거칠 것. 흥, 어느 눔이 아, 어느 눔이 날 뭐라구 허며, 날 괄시헐 눔이 어딨어, 지끔 이 천지에. 흥 참, 어림없지, 어림없어."

누가 옆에서 저를 무어라고를 하며, 괄시를 한단 말인지, 공연히 연방 그 툭 나온 눈방울을 부리부리, 왼편으로 삼십 도는 넉넉 비뚤어진 코를 벌씸벌씸해 가면서 그래 쌓는 것이었다.

"㉠내 참, 이래 뵈두, 응, 동양 삼국 물 다 먹어 본 방삼(方三)복이우. 청얼 뭇허나, 일얼 뭇허나, 영어야 뭐 말할 것두 없구……."

하다가, 생각난 듯이 맥주 컵을 들어 벌컥벌컥 단숨에 다 마신다. 그러고는 시꺼먼 손등으로 입술을 쓱, 손가락으로 김치 쪽을 늘름 한 점, 그러던 버릇이, 미스터 방이요, 신사요, 방 선생으로도 불리어지는 시방도 무심 중 절로 나와, 손등으로 입술의 맥주 거품을 쓱 씻고 손가락으로 라조기 한 점을 집어다 으득으득 씹는다.

㉡"술은 참, 맥주가 술입넨다……."

어느 놈이 만일 무어라고 시비를 하거나 괄시를 한다면 당장 그 라조기를 씹듯이 으득으득 잡아 씹기라도 할 듯이 괄괄하던 결기가, 그러다 별안간 어디로 가고서 이번엔 맥주 추앙이 나오던 것이다.

"술두 미국 사람네가 문명했죠. 죄선 사람은 안직두 멀었어." / "멀구말구. 아직두 멀었지."

쥐 상호의 대추씨만 한 얼굴에 앙상한 노랑 수염 백 주사가, 병을 들어 주인의 빈 컵에다 따르면서, 그렇게 맞장구를 쳐 보비위를 한다.

"아, 백 상두 좀 드슈." / "난 과해."

"괜히 그리셔. 백 상 주량을 다아 아는데. 만난 진 오랐어두." / "다아 젊었을 적 말이지, 지금은……."

"올에 참 몇이시지?" / "갑술생 마흔여덟 아닌가!"

㉢"그럼 나보담 열한 살 위시군. 그래두 백 상은 안 늙으신 심야. 허허허허."

"안 늙는 게 다 무언가. 머리 신 걸 보게!"

"건 조백이시지."

백 주사는 흔연히 수작을 하면서 내색은 아니 하나, 어심엔 미스터 방이 괘씸하기 짝이 없었다.

향리의 예법으로, 십 년 장이면 절하고 뵈어야 한다. 무릎 꿇고 앉아야 하고, 말은 깍듯이 공대를 해야 한다. 그 앞에서 주초(酒草)가 당치 않고, 막부득이한 경우면 모로 앉아 잔을 마셔야 한다. 그런 것을, 마치 제 연갑 친구나 타관 나그네게나 하는 것처럼, 백 상이니, 술 드슈, 조백이시지 하고 말버릇이 고약해, 발 개키고 앉아서 정면하고 술을 먹어, 담배 뻐끔뻐끔 피워, 이런 괘씸할 도리가 없었다.

〈중략〉

이 자리에서 신기료장수 코삐뚤이 삼복이 미스터 방으로 승차를 하여, S라는 미국 주둔군 소위의 통역이 되었다. 주급 십오 불(이백사십 원)가량의. / 거진 매일같이 미스터 방은 S 소위를, 낮에는 거리의 구경으로, 밤이면 계집 있는 술집으로 인도하였다. / 한번은 탑골 공원의 사리탑을 구경하면서, 얼마나 오랜 것이냐고 S 소위가 물었다. 미스터 방은 언젠가, 수천 년 된 것이란 말을 들었기 때문에, 투사우전드 이얼스라고 대답하였다.

또 한번은, 경회루를 구경하면서 무엇하던 건물이냐고 물었다. 미스터 방은 서슴지 않고,

㉣"킹 드링크 와인 앤드 댄스 앤드 싱, 위드 댄서."

라고 대답하였다. 임금이 기생 데리고 술 마시고, 춤추고 노래 부르고 하던 집이란 뜻이었다.

내가 보기엔, 조선 여자의 옷이 퍽 아름답고 점잖스럽던데, 어째서 양장들을 하는지 모르겠다고 S 소위가 물었다. 미스터 방은, 여자들이 서양 사람한테로 시집을 가고파서 그런다고 대답하였다. / 서울역을 비롯하여 거리에 분뇨가 범람한 것을 보고, 혹시 조선 가옥에는 변소가 없느냐고 S 소위가 물었다. 미스터 방은, 있기야 집집마다 다 있느니라고 대답하였다. / 썩 좋은 조선 그림을 한 장 사고 싶다고 하여서, 문지방 위에다 흔히들 붙이는, 사슴이 불로초를 물고 신선이 앉았고 한 것을 오 원에 한 장 사 주었다. / 제일 재미있고 유명한 소설이 무엇이냐고 물어서, ⓜ「추월색」이라고 대답하였고, 그럼 그것을 한 권 사고 싶다고 하여서, 여러 날 사러 다니다 못해 동네 노마네 집에 치를 이 원에 사 주었다. 이 밖에도 미스터 방은 S 소위에게 조선을 소개한 공로가 여러 가지로 많으나, 대강은 그러하였다.

그 공로에 정비례해서, 미스터 방은 나날이 훌륭하여져 갔다. 8 · 15 이전에 어떤 은행의 중역의 사택이라던 지금의 이 집으로, 현저동 그 집에서 옮아오기는 S 소위의 통역이 되는 사흘 후였었다.

– 채만식, 「미스터 방」

4 **윗글에 대한 설명으로 가장 적절한 것은?** 8851-0073

① 독백체를 활용하여 시대 상황을 드러내고 있다.
② 서술자를 교체하면서 새로운 사건을 도입하고 있다.
③ 등장인물의 내면 의식을 따라 내용을 전개하고 있다.
④ 의문과 추측의 진술을 통해 다른 인물에 대한 반감을 제시하고 있다.
⑤ 작중 인물이 아닌 서술자의 전지적 시점을 통해 인물의 행태를 드러내고 있다.

5 **㉠~ⓜ에 대한 설명으로 적절하지 않은 것은?** 8851-0074

① ㉠: 자기 자신에 대한 자부심을 드러낸다.
② ㉡: 타국의 문화를 추종하는 문화 사대주의적 태도이다.
③ ㉢: 자신보다 나이가 많은 사람에 대한 예의를 갖추고 있지 못하다.
④ ㉣: 우리 문화에 대한 소양이 부족함을 드러낸다.
⑤ ⓜ: 노마네 집에 호의를 베풀려는 태도가 엿보인다.

6 **〈보기〉를 바탕으로 윗글을 감상한 내용으로 적절하지 않은 것은?** 8851-0075

보기

고전 소설에서 이상적이고 모범적인 주인공들을 내세웠던 것과 달리 현대 소설에서는 문제적 인물을 주인공으로 등장시키기도 한다. 문제적 인물은 작가에 의해 의도적으로 나쁘게 그려질 수 있다. 서술자의 어조나 태도에 따라 문제적 인물을 통해 주제 의식이 효과적으로 드러날 수 있다.

① 미스터 방의 갑작스러운 출세를 통해 비정상적인 사회 현실을 풍자하는군.
② 술이 거나하니 취해 거칠 것 없이 행동하는 미스터 방은 부정적으로 그려지는군.
③ 미스터 방이 비뚤어진 코를 벌씸벌씸하는 모양은 의도적으로 희화화된 것이로군.
④ S 소위의 질문에 대한 미스터 방의 대답은 미스터 방이 문제적 인물임을 부각하는군.
⑤ 미스터 방의 공로를 치하하는 S 소위의 태도를 통해 S 소위의 문제적 태도가 부각되는군.

[7~9] 다음 글을 읽고 물음에 답하시오.

어느 능선굽이에 이르렀다.

김 일등병이 대번해서 업을 차례였다.

지형상으로 보아 앞으로 가로놓인 계곡을 내려가 앞산으로 질러 올라가면 잠깐이요, 그렇지 않으면 꾸불꾸불 굽이진 능선을 상당히 돌아가지 않으면 안 되게 된 곳이었다.

현 중위는 계곡을 내려가 곧장 가자고 했다. 누구든지 그렇게 보는 것이 타당할 것이었다. 더욱이나 그들은 단 몇 걸음의 단축이나마 염두에 두지 않으면 안 될 처지에 있는 것이었다.

김 일등병의 의견은 그러나 그렇지가 않았다. 계곡을 내려갔다가 나무숲 속에서 방향이라도 잃게 되면 고생은 고생대로 하고 길만 더 더디게 되기 쉽다는 것이다.

얼른 결정이 지어지지 않고 있을 때 주 대위가 한마디 했다.

— 현 중위, 김 일병의 말대루 하지.

퍼뜩 현 중위의 눈이 주 대위의 허리에 매달려 있는 권총으로 갔다. 그러는 그의 눈앞에는 또다시 ㉠꿈의 장면이 나타났다.

한결같이 누렇게 뜬 하늘에는 황달 든 태양이 타고 있고, 그 밑으로 한없이 넓게 깔려 있는 불모의 황야. 그 한가운데 그는 땀을 철철 흘리며 서 있었다. 바로 앞에 누렇게 뜬 메마른 흙바닥에 개미구멍이 있어, 누런빛을 한 조고만 개미 떼가 연달아 기어 나오고, 그것을 구멍 입구에 같은 빛깔의 왕개미가 대기하고 서서 자꾸만 목을 잘라 내고 있는 것이다. 마치 그것은 왕개미가 기계적으로 주둥이를 놀리고 있는데 거기 꼭 맞는 속도로 작은 개미 떼들이 기어 나와 목을 들이미는 것과도 같았다. 그리고 목 잘린 개미 떼들은 그대로 누렇게 뜬 흙으로 화해 버리고 마는 것이었다. 거기 따라 점점 흙이 높아지면서 그의 정강이 털이 거의 묻히게 돼 있었다.

초조할밖에 없었다. 하지만 그는 그곳에 서 있을 수밖에 없는 것이었다.

그러다가 문득 그는 개미구멍 한옆에 따로 뚫려져 있는 샛구멍을 하나 발견했다. 이것만은 꿈속에서는 전혀 없었던, 지금 그 자신이 의식적으로 뚫어 놓은 구멍이었다. 그런데도 어리석은 개미 떼들은 그냥 본래의 구멍으로만 나오면서 목을 무수히 잘리우고 있는 것이었다.

현 중위는 주 대위를 업지도 않은 몸이건만 전신에 비지땀을 흘렸다.

해거름 때 세 사람은 구렁이 한 마리를 잡아 구워서 나눠 먹었다.

다 먹고 난 현 중위가 뒤라도 마려운 듯이 자리를 떴다.

그런 지 좀 만에 주 대위가 김 일등병에게 말했다.

— 자네두 여길 떠나게.

김 일등병은 그게 무슨 말이냐는 듯이 주 대위를 쳐다봤다.

— 현 중원 갔어, 기다리다 못해.

— 기다리다 못해 가다뇨?

— 내가 자살하길 기다리다 못해 떠났어.

사실 현 중위는 돌아오지 않았다.

주 대위는 김 일등병의 시선을 마주 바라보기를 피하면서,

— 자네두 어서 여길 떠나게.

김 일등병은 잠시 주춤거리다가 서산에 비낀 붉은 놀을 한번 바라보고는 말없이 주 대위에게 등을 돌려 댔다.

〈중략〉

김 일등병이 드러누우며 혼잣소리로,

—내일쯤은 까마귀 떼가 더 많이 몰려들겠지. 눈알이 붙어 있는 것두 오늘 밤뿐야.

이 말이 채 끝나기도 전에 갑자기 권총 소리가 그의 귓전을 때렸다.

깜짝 놀라 돌아다보니 어둠 속에 주 대위가 권총을 이리 겨눈 채 목 속에 잠긴 음성치고는 또렷하게,

—날 업어!

하는 것이다.

김 일등병은 무슨 영문인지 몰라 하면서도 하라는 대로 일어나 등을 돌려 대는 수밖에 없었다.

—자, 걸어라!

김 일등병은 자기 오른쪽 귀 뒤에 권총 끝이 와 닿음을 느꼈다.

등성이를 넘어 컴컴한 나무숲으로 들어섰다.

—좀 서!

업힌 주 대위가 잠시 귀를 기울이고 나서,

—왼쪽으루 가!

좀 후에 그는 다시,

—잠깐만.

그리고는,

—앞으루!

이렇게, 왼쪽으로, 오른쪽으로, 앞으로, 하는 주 대위의 말대로 죽을힘을 다해 걸음을 옮겨 놓는 동안에도 김 일등병의 귀에는 아무것도 들리지 않았다. 혹시 주 대위가 죽음을 앞두고 허깨비 소리를 듣고 그러는 게 아닐까. 그렇다면 하필 자기네 두 사람은 마지막에 이러다가 죽을 필요는 무언가. 어제저녁부터 혼자 업고 오느라고 갖은 고역을 다 겪으면서도 느끼지 못했던 원망이 주 대위를 향해 거듭 복받쳐 오름을 어찌할 수가 없었다.

하지만 걷지 않을 수 없었다. 오른쪽 귀 뒤에 감촉되는 권총 끝이 떠나지 않는 것이다. 그것은 마치 권총이 비틀거리는 걸음이나마 옮겨 놓게 하는 거나 다름없었다.

산 밑에 이르렀다.

—오른쪽으루!

—그대루 똑바루!

그제야 김 일등병의 귀에도 무슨 소리가 들렸다. 그것이 점점 개 짖는 소리로 확실해졌다. 그러나 그것이 얼마만한 거리에서인지는 짐작이 안 되었다.

[A]

목에서는 단내가 나고, 간신히 옮겨 놓는 걸음은 한껏 깊은 데로 무한정 빠져 들어가는 것만 같았다. 그저 그 자리에 주저앉고 싶은 생각뿐이었다. 그렇건만 쉬어 갈 수도 없는 노릇이었다. 귀 뒤에 와 닿은 권총 끝이 더 세게 밀고 있는 것이었다.

아무것도 뵈는 게 없었다. 어떻게 걸음을 떼어 놓고 있는지조차 깨닫지 못하고 있었다. 그러는데 저쪽 어둠 속에 자리 잡은 초가집 같은 검은 그림자와 그 앞에 서 있는 사람의 그림자, 그리고 거기서 짖고 있는 개의 모양이 몽롱해진 눈에 어렴풋이 들어왔다고 느낀 순간과 동시에 귀 뒤에 와 밀고 있던 권총 끝이 별안간 물러나면서 업힌 주 대위의 몸뚱이가 무겁게 탁 내려앉음을 느꼈다.

– 황순원, 「너와 나만의 시간」

7 **[A]에 대한 설명으로 가장 적절한 것은?** ▶ 8851-0076

① 김 일등병의 직접적인 독백으로 사건의 진행을 지연시키고 있다.
② 배경 묘사를 통해 김 일등병의 상태를 상징적으로 드러내고 있다.
③ 김 일등병의 심리와 행동을 통해 주 대위의 죽음을 암시하고 있다.
④ 주 대위와 김 일등병의 외형을 묘사하여 비현실성을 부각하고 있다.
⑤ 김 일등병의 주변 상황을 설명하여 주 대위의 몰인정함을 강조하고 있다.

8 **㉠에 대한 설명으로 가장 적절한 것은?** ▶ 8851-0077

① 납득할 수 없는 명령만을 내리는 주 대위에 대한 불만을 무마한다.
② 권위에 복종할 수밖에 없는 자신의 무기력한 처지를 자각하게 한다.
③ 자신과 같은 처지에서 죽어 가는 김 일등병에 대한 동정을 표출한다.
④ 현재의 고통이나 절망을 죽음으로 극복할 수 있다는 깨달음을 상징한다.
⑤ 자신도 의미 없는 죽음을 맞게 될 것 같은 현 중위의 불안한 심리를 반영한다.

9 **〈보기〉를 바탕으로 윗글을 감상한 내용으로 적절하지 않은 것은?** ▶ 8851-0078

보기

「너와 나만의 시간」은 극한 상황에 처한 세 사람이 연일 기갈에 시달리며 남으로 향하는 탈주 과정에서 겪는 심리적인 갈등과 인간애를 다룬 작품이다. 실존적 고독의 문제와 존재론적 자기 인식을 탐구한 작품으로, 생명에 대한 위기의식과 실존적 내면 상황을 밀도 있게 다루고 있고, 죽음의 벽에 부딪친 인간의 죽음에 대한 항거와 도전을 드러낸 작품이다.

① 현 중위, 주 대위, 김 일등병 모두 생명에 대한 위기의식 속에 갈등을 느끼는군.
② 주 대위는 생명에 위기의식을 느끼자 이기심을 드러내는 인물이라고 할 수 있군.
③ 주 대위가 김 일등병을 인가로 유도하는 것은 인간애를 바탕으로 했다고 할 수 있군.
④ 자신을 버리고 떠나라는 주 대위의 말은 상대방마저 위험해질 수 있음을 염려하는 것이로군.
⑤ 탈주 과정에서 주 대위와 현 중위, 김 일등병은 죽음의 벽에 부딪친 인간들이라고 할 수 있군.

10 실전 문제 2

[1~3] 다음 글을 읽고 물음에 답하시오.

교 씨가 생각하다가 말했다.

"사 씨의 시비*인 설매는 납매의 사촌이어서 유혹하기 쉬우니 불러서 물어보리라."

이렇게 말하고는 곧장 설매를 불러 뇌물을 후하게 주며 납매와 함께 사 씨의 물건 훔칠 일을 의논하였다. 설매가 재물을 받고는 기뻐하며 납매에게 말했다.

"열쇠를 구할 수만 있다면 쉬운 일이지만 대관절 무엇에 쓰려 하느냐?"

납매가 말했다.

"용도는 묻지 말고 비밀로 해라. 만일 다른 사람이 알면 너와 나는 죽을 것이다."

이 말을 교 씨에게 전하자 즉시 열쇠를 주면서 말했다.

"부인이 아끼고 한림이 평소에 자주 본 것을 구하고자 하노라."

설매가 응낙하고 가서는 옥가락지를 훔쳐 왔다. 교 씨가 기뻐서 다시 설매에게 재물을 주고는 동청과 함께 계교를 행하려 하였다.

이때 사 씨의 친정 모친께서 돌아가시니 사 씨가 교 씨에게 말을 전했다.

"친정 모친의 초상을 치르고 돌아갈 것이다. 상공께서도 아니 계시니 부디 집안일을 잘 살피라."

교 씨는 사 씨가 돌아올 날이 아직 많이 남았음을 기뻐했지만 놀라는 척하며 즉시 납매를 사 씨에게 보내 문안을 드렸다.

한편 동청은 심복인 냉진이라는 놈을 불러 많은 재물을 주면서 말했다.

"유 한림이 일을 마치고 돌아오는 길에 마주쳐서 이리이리하라."

냉진은 원래 이곳저곳을 떠도는 무뢰배*인데 재물을 보면 목숨도 아끼지 않는 인물이라. 기쁨을 감추지 못해 허락하고는 지름길을 택해 산둥 지방으로 가서 유 한림을 만나려고 하였다.

유 한림 일행은 산둥에 도착하여 두루 다니면서 백성의 고충을 살폈다. 하루는 주막에서 술을 먹는데 한 소년이 들어와 인사하고 앉았다. 풍채가 빼어나게 아름다운 장부였다. 한림이 먼저 이름을 물으니 소년이 대답했다.

"저는 남쪽 지방 사람인 냉진이라 하옵니다. 감히 여쭈오니 선생의 함자*를 듣고자 하나이다."

한림이 신분을 감추고자 가짜 이름을 알려 주고는 민생(民生)에 대해 물어보니 냉진이 명쾌하고 유식하게 대답했다. 한림이 기특하게 여겨 역사에 대해 물어보자 역시 막힘이 없었다. 함께 술을 마시며 하루 종일 담소를 나누다가 날이 저물자 한방에서 자게 되었다. 다음 날 일어나서 보니 이 소년의 옷고름에 옥가락지 한 쌍이 매달려 있었다. 그 옥가락지는 바로 대대로 물려 온 가보이자 선친께서 사 씨에게 준 것이었다. 의심이 솟구쳐 소년에게 물었다.

"내가 전에 서역 사람을 만나 옥을 분별하는 법을 배웠는데 형이 가진 옥가락지를 보니 대단한 보배라. 한번 자세히 보고자 하노라."

소년이 주저하는 척하다가 옥가락지를 풀어 주었다. 자세히 보니 모양과 빛깔이 분명 사 씨의 것과 똑같았고, 동심결 매듭도 영락없는 사 씨의 것이었다. 매우 이상하게 생각하고는 다시 물었다.

"과연 보배로다. 그대는 이런 진기한 보물을 품에 품었고 동심결을 맺었으니 분명 사랑하는 사람이 있도다."

소년은 한숨만 길게 쉬고 탄식하며 다른 말이 없었다. 다만 옥가락지를 돌려 달라고 하여 다시 옷고름에 찰 뿐이었다. 한림이 옥가락지에 얽힌 사연을 집요하게 묻자 소년이 마지못해 대답했다.

"제가 신성현에 있을 때 사랑하는 사람이 있었는데 그때 정표로 받은 것입니다."

한림이 속으로 생각했다.

'그 옥가락지는 우리 집 가보가 분명하다. 신성현에서 얻었다 하니 혹시 하인들이 훔쳐서 팔았는가?'

〈중략〉

한림이 나아가 두 부인을 맞이하여 인사를 마친 후 고했다.

"집안에 큰 변이 있으니 알리나이다."

두 부인이 말했다.

"무슨 일인고?"

한림이 냉진을 만나 겪은 일과 옥가락지가 없어진 일을 자세히 고했다. 사 씨는 이 말을 듣자 넋이 달아난 듯 다만 눈물을 흘리며 말했다.

[A] "첩이 행실을 조심하지 못하여 이런 지경에 빠졌으니 무슨 면목으로 사람을 대하리오. 그러나 옛말에 이르기를 총명한 군자는 비방하는 말을 믿지 않는다 하였으니 원컨대 상공은 깊이 살피소서."

사 씨는 말수가 많지 않았지만 강개하고 표정에 변화가 없었다. 두 부인이 이 모습을 보고는 크게 화를 내면서 한림을 꾸짖어 말했다.

"너의 총명함을 돌아가신 유 소사와 비교하면 어떠하냐?"

한림이 대답했다.

"저를 어찌 감히 선친께 비교할 수 있겠나이까?"

두 부인이 말했다.

[B] "돌아가신 유 소사께서는 원래 사람을 보는 안목이 뛰어날 뿐 아니라 세상의 크고 작은 일에 모르는 것이 없었다. 항상 사 씨를 보고 누구도 따르지 못할 요조숙녀라고 했다. 임종 시에 나에게 당부하시기를 네 나이가 어리니 각별히 가르치라고 했지만 사 씨에 대해서는 별다른 말이 없었다. 이는 바로 유 소사께서 이미 사 씨의 어진 됨됨이를 알고 계셨던 까닭이라. 이제 간악한 행실을 사 씨에게 뒤집어씌우려 함은 집안에 간악한 사람이 있어 사 씨를 모함함이라. 네 어찌 그 실상을 파헤쳐 어진 사람을 구하고 간악한 사람을 다스리지 못하는가? 이런 어리석은 사람이 어찌 나라의 일을 하리오. 참으로 한심하도다."

한림이 땅에 엎드려 머리를 조아리며 말했다.

"고모님의 말씀이 이와 같으시니 저의 어리석은 죄는 죽어도 마땅하옵니다."

즉시 형벌 기구를 갖추고는 모든 시비를 엄히 문초하였다. 모진 형벌에 살점이 떨어지고 피가 난들 아무것도 모르는 사람들이 무슨 말을 하리오. 그중 설매도 있었지만 교 씨의 심복인 탓에 자백하지 않았다. 두 부인은 별수 없어 일단 자기 집으로 돌아가고, 사 씨는 누명을 벗지 못하여 거적을 깔고 앉아 죄인으로 자처했다. 이후 한림이 교 씨만 찾으니 교 씨가 매우 기뻐 모든 일을 제 마음대로 처리했다.

– 김만중, 「사씨남정기」

*시비 곁에서 시중을 드는 계집종.
*무뢰배 성품이 막되어 예의와 염치를 모르며, 일정한 소속이나 직업이 없이 불량한 짓을 하며 돌아다니는 사람. 혹은 무리.
*함자 남의 이름자를 높여 이르는 말.

1 윗글의 서술상 특징으로 가장 적절한 것은? ▷ 8851-0088

① 편집자적 논평을 통해 서술자의 생각을 드러내고 있다.
② 시간적 배경을 묘사하여 사건의 사실성을 높이고 있다.
③ 전기적 요소를 활용하여 환상적 분위기를 조성하고 있다.
④ 외양을 구체적으로 묘사하여 인물의 성격을 나타내고 있다.
⑤ 역순행적 구성을 통해 갈등의 원인을 선명하게 드러내고 있다.

2 **〈보기〉의 ⓐ~ⓒ에 대한 설명으로 적절하지 않은 것은?** ▶ 8851-0089

보기

「사씨남정기」는 유 한림의 가정에서 벌어진 처첩 간의 갈등을 그린 가정 소설로, 후처의 모략으로 쫓겨났던 본처가 고생 끝에 남편의 사랑을 되찾는다는 권선징악적 결말을 보여 준다. 윗글에 제시된 부분은 전체의 일부분으로, ⓐ 계교 → ⓑ 계교의 실행 → ⓒ 계교의 성공의 서사 구조를 보이는데, 후처로 인해 본처가 위기에 처하는 장면에 해당한다.

① ⓐ는 교 씨와 동천이 주도해 꾸민 것으로, 사 씨를 모함에 빠뜨리려는 것이다.
② ⓐ의 구체적인 내용은 사 씨의 옥가락지를 훔쳐 한림과 사 씨 사이를 이간질하는 것이다.
③ 교 씨와 동천은 ⓑ의 과정에서 설매와 냉진을 매수하여 구체적인 일을 도모한다.
④ ⓑ로 인해 위기에 처한 사 씨는 두 부인의 도움을 받아 적극적으로 자신의 결백을 주장한다.
⑤ 한림이 교 씨만 찾고, 교 씨가 매우 기뻐하며 모든 일을 제 마음대로 처리한 것은 ⓒ를 의미한다.

3 **[A]와 [B]의 말하기 방식에 대한 설명으로 적절한 것은?** ▶ 8851-0090

① [A]에서는 일어날 수 없는 상황을 가정하여 한림을 비판하고 있다.
② [B]에서는 상황을 과장되게 표현하여 한림을 치켜세우고 있다.
③ [A]에서는 자신의 의도를 드러내고 있고, [B]에서는 자신의 의도를 숨기고 있다.
④ [A]에서는 타인의 행동을 직접적으로 원망하고 있고, [B]에서는 자신의 행동을 반성하고 있다.
⑤ [A]와 [B] 모두 인용을 통해 한림의 생각 변화를 요구하고 있다.

[4~6] 다음 글을 읽고 물음에 답하시오.

광문(廣文)이라는 자는 거지였다. 일찍이 종루(鍾樓)의 저잣거리에서 빌어먹고 다녔는데, 거지 아이들이 광문을 추대하여 패거리의 우두머리로 삼고, 소굴을 지키게 한 적이 있었다.

하루는 날이 몹시 차고 눈이 내리는데, 거지 아이들이 다 함께 빌러 나가고 그중 한 아이만이 병이 들어 따라가지 못했다. 조금 뒤 그 아이가 추위에 떨며 숨을 몰아쉬는데 그 소리가 몹시 처량하였다. 광문이 너무도 불쌍하여 **몸소 나가 밥을 빌어** 왔는데, **병든 아이를 먹이려**고 보니 아이는 벌써 죽어 있었다. 거지 아이들이 돌아와서는 광문이 그 애를 죽였다고 의심하여 다 함께 광문을 두들겨 쫓아내니, 광문이 밤에 엉금엉금 기어서 마을의 어느 집으로 들어가다가 그 집 개를 놀라게 하였다. 집주인이 광문을 잡아다 꽁꽁 묶으니, 광문이 외치며 하는 말이,

"나는 날 죽이려는 사람들을 피해 온 것이지 감히 도적질을 하러 온 것이 아닙니다. 영감님이 믿지 못하신다면 내일 아침에 저자에 나가 알아보십시오."

하는데, 말이 몹시 순박하므로 집주인이 내심 광문이 도적이 아닌 것을 알고서 새벽녘에 풀어 주었다. 광문이 고맙다는 인사를 하고는, 떨어진 거적을 달라 하여 가지고 떠났다. 집주인이 끝내 몹시 이상히 여겨 그 뒤를 밟아 멀찍이서 바라보니, 거지 아이들이 시체 하나를 끌고 수표교(水標橋)에 와서 그 시체를 다리 밑으로 던져 버리는데, 광문이 다리 속에 숨어 있다가 떨어진 거적으로 그 시체를 싸서 가만히 짊어지고 가, 서쪽 교외 **공동묘지에다 묻고**서 울다가 중얼거리다가 하는 것이었다.

이에 집주인이 광문을 붙들고 사유를 물으니, 광문이 그제야 그전에 한 일과 어제 그렇게 된 상황을 낱낱이 고하였다. 집주인이 내심 광문을 의롭게 여겨, 데리고 집에 돌아와 의복을 주며 후히 대우하였다. 그리고 마침내 광문을 약국을 운영하는 어느 부자에게 천거(薦擧)하여 고용인으로 삼게 하였다.

오랜 후 어느 날 그 부자가 문을 나서다 말고 자주자주 뒤를 돌아보다, 도로 다시 방으로 들어가서 자물쇠가 걸렸나 안 걸렸나를 살펴본 다음 문을 나서는데, 마음이 몹시 미심쩍은 눈치였다. 얼마 후 돌아와 깜짝 놀라며, 광문을 물끄러미 살펴보면서 무슨 말을 하고자 하다가, 안색이 달라지면서 그만두었다. 광문은 실로 무슨 영문인지 몰라서 날마다 아무 말도 못하고 지냈는데, 그렇다고 그만두겠다고 말할 수도 없었다.

그 후 며칠이 지나, 부자의 처조카가 돈을 가지고 와 부자에게 돌려주며,

"얼마 전 제가 아저씨께 돈을 빌리러 왔다가, 마침 아저씨가 계시지 않아서 제멋대로 방에 들어가 가져갔는데, 아마도 아저씨는 모르셨을 것입니다."

하는 것이었다. 이에 부자는 광문에게 너무도 부끄러워서 그에게,

"나는 소인이다. 장자(長者)* 의 마음에 상처를 주었으니 나는 앞으로 너를 볼 낯이 없다."

하고 사죄하였다. 그러고는 알고 지내는 여러 사람들과 다른 부자나 큰 장사치들에게 광문을 의로운 사람이라고 두루 칭찬을 하고, 또 여러 종실(宗室)* 의 빈객(賓客)* 들과 공경(公卿) 문하(門下)의 측근들에게도 지나치리만큼 칭찬을 해 대니, 공경 문하의 측근들과 종실의 빈객들이 모두 이야깃거리를 만들어 밤이 되면 자기 주인에게 들려주었다. 그래서 두어 달이 지나는 사이에 사대부까지도 모두 광문이 옛날의 훌륭한 사람들과 같다는 이야기를 듣게 되었다. 그 당시에 서울 안에서는 모두, 전날 광문을 후하게 대우한 집주인이 현명하여 사람을 알아본 것을 칭송함과 아울러, 약국의 부자를 장자(長者)라고 더욱 칭찬하였다.

〈중략〉

광문이 길을 가다가 싸우는 사람을 만나면 그도 역시 옷을 홀랑 벗고 **싸움판에 뛰어들어**, 뭐하고 시부렁대면서 땅에 금을 그어 마치 누가 바르고 누가 틀리다는 것을 **판정이라도 하는 듯한 시늉을** 하니, 온 저자 사람들이 다 웃어 대고 싸우던 자도 웃음이 터져, 어느새 **싸움을 풀고 가 버렸**다.

광문은 나이 마흔이 넘어서도 머리를 땋고 다녔다. 남들이 장가가라고 권하면, 하는 말이,

"**잘생긴 얼굴**은 누구나 좋아하는 법이다. 그러나 **사내만 그런 것이 아니라 비록 여자라도 역시** 마찬가지다. 그러기에 나는 본래 못생겨서 아예 용모를 꾸밀 생각을 하지 않는다."

하였다. 남들이 집을 가지라고 권하면,

"나는 **부모도 형제도 처자도 없는데 집을 가져 무엇 하리**. 더구나 나는 아침이면 소리 높여 노래를 부르며 저자에 들어갔다가, 저물면 부귀한 집 문간에서 자는 게 보통인데, 서울 안에 집 호수가 자그만치 팔만 호다. 내가 날마다 자리를 바꾼다 해도 내 평생에는 다 못 자게 된다."

하였다.

서울 안에 명기(名妓)들이 아무리 곱고 아름다워도, 광문이 성원해 주지 않으면 그 값이 한 푼어치도 못 나갔다.

예전에 궁중의 우림아(羽林兒)*, 각 전(殿)의 별감(別監)*, 부마도위(駙馬都尉)*의 청지기들이 옷소매를 늘어뜨리고 운심(雲心)의 집을 찾아간 적이 있다. 운심은 유명한 기생이었다. 대청에서 술자리를 벌이고 거문고를 타면서 운심더러 춤을 추라고 재촉해도, 운심은 일부러 늑장을 부리며 선뜻 추지를 않았다. 광문이 밤에 그 집으로 가서 대청 아래에서 어슬렁거리다가, 마침내 자리에 들어가 스스로 상좌(上座)에 앉았다. 광문이 비록 해진 옷을 입었으나 행동에는 조금의 거리낌도 없이 의기가 양양하였다. 눈가는 짓무르고 눈꼽이 끼었으며 취한 척 구역질을 해 대고, 헝클어진 머리로 북상투*를 튼 채였다. 온 좌상이 실색하여 광문에게 눈짓을 하며 쫓아내려고 하였다. 광문이 더욱 앞으로 나아가 무릎을 치며 곡조에 맞춰 높으락낮으락 콧노래를 부르자, 운심이 곧바로 일어나 옷을 바꿔 입고 광문을 위하여 칼춤을 한바탕 추었다. 그리하여 온 좌상이 모두 즐겁게 놀았을 뿐 아니라, 또한 광문과 벗을 맺고 헤어졌다.

– 박지원, 「광문자전」

*__장자__ 덕망이 뛰어나고 경험이 많아 세상일에 익숙한 어른.
*__종실__ 임금의 친족.
*__빈객__ 귀한 손님.
*__우림아__ 궁궐의 호위를 맡은 친위 부대 중의 하나인 우림위 소속의 군인들을 말함.
*__별감__ 궁중의 각종 행사 및 차비에 참여하고 임금이나 세자가 행차할 때 호위하는 일을 맡아보던 하인.
*__부마도위__ 임금의 사위에게 주던 칭호.
*__북상투__ 여자의 쪽머리를 모방하여 뒤통수에 상투처럼 묶은 머리 모양을 가리킴.

4 윗글에 대한 설명으로 적절한 것을 〈보기〉에서 모두 골라 바르게 묶은 것은? ▷ 8851-0091

보기

ㄱ. 인물의 외양을 구체적으로 묘사하고 있다.
ㄴ. 인물에 대한 일화를 삽화식으로 나열하고 있다.
ㄷ. 특정 인물의 시각에서 내면 심리를 서술하고 있다.
ㄹ. 역순행적 구성으로 사건의 인과 관계를 밝히고 있다.

① ㄱ, ㄴ ② ㄴ, ㄷ ③ ㄷ, ㄹ ④ ㄱ, ㄴ, ㄷ ⑤ ㄴ, ㄷ, ㄹ

5 **윗글을 바탕으로 할 때, ⓐ~ⓒ에 대한 설명으로 적절하지 않은 것은?** ⓒ 8851-0092

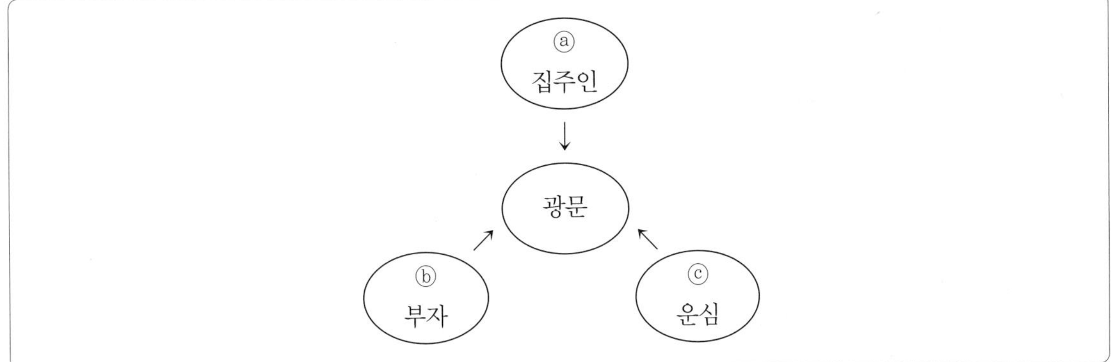

① 광문을 도적으로 오인해 붙잡았던 ⓐ는 광문의 순박한 말을 듣고 풀어 주었다.
② 자초지종을 듣게 된 ⓐ는 광문을 의롭게 여겨 ⓑ에게 고용인으로 추천하였다.
③ 광문에게 빚을 갚기 위해 ⓑ는 광문의 신분을 상승시킬 방법을 사대부들과 모의하였다.
④ 광문을 의심한 ⓑ는 처조카의 이야기를 들은 후 부끄러워하며 광문에게 사죄를 하였다.
⑤ 광문을 쫓아내려는 사람들과 달리 ⓒ는 광문을 알아보고 그를 환대하였다.

6 **다음은 윗글을 읽은 후 선생님의 안내에 따라 학생들이 토의한 내용이다. 토의 내용으로 적절하지 않은 것은?** ⓒ 8851-0093

선생님: 여러분, 「광문자전」은 박지원이 쓴 한문 소설인데요. 기존의 고전 소설에서 보여 주었던 재자가인형(才子佳人型)의 주인공이 아닌 새로운 인간형을 주인공으로 내세웠다는 점이 특징적이에요. 이러한 인물 설정을 통해 작가는 광문의 모습을 예찬하면서, 당대의 위선적인 양반 사회를 풍자하고자 하는데요. 우선 이 작품에 나타난 광문의 모습을 통해 작가가 지향하는 인간형이 무엇인지 토의해 볼까요?

학생 1: 저는 병이 든 거지 아이를 불쌍하게 여겨 '몸소 나가 밥을 빌어' '병든 아이를 먹이려'는 광문의 모습을 통해 따뜻한 인간애를 중요한 가치로 여기는 작가의 모습을 엿볼 수 있었습니다. ······ ①

학생 2: 특히 광문이 죽은 거지 아이의 시체를 짊어지고 가 '공동묘지에다 묻고' 장례를 치러 준 광문의 모습에서는 인간에 대한 의로움을 지향하는 작가의 모습이 나타난다고 생각했어요. ······ ②

학생 3: 저는 싸움판에서 행동하는 광문의 모습이 감동적이었는데요. '싸움판에 뛰어들어' '판정이라도 하는 듯한 시늉을' 해 '싸움을 풀고 가 버'리는 광문의 모습에서 권력이 높은 자 앞에서도 소신을 굽히지 않는 것을 중요하게 여기는 작가의 모습을 엿볼 수 있었어요. ······ ③

학생 4: 저는 광문이 외모에 대해 언급한 부분이 인상적이었는데요. 특히 '사내만 그런 것이 아니라 비록 여자라도 역시' '잘생긴 얼굴'을 좋아한다고 말하는 광문의 모습에서 남자와 여자를 동등하게 바라보는 작가의 진취적인 모습을 엿볼 수 있었어요. ······ ④

학생 5: 저는 집을 소유하는 것에 대한 광문의 태도에 주목했는데요. '부모도 형제도 처자도 없는데 집을 가져 무엇 하'냐고 생각하는 광문의 모습에서 자신의 분수를 지키며 자족하는 것을 중요하게 여기는 작가의 가치관을 엿볼 수 있었어요. ······ ⑤

[7~9] 다음 글을 읽고 물음에 답하시오.

㉠"그대 형제가 다 내 말을 듣지 아니하니 할 수 없으나 그대 등은 천시를 알지 못하는지라. 내 말을 들으면 좋은 시절이 있을 것이니 군대를 해산하고 산중으로 돌아감이 어떠한가?"

하니, 삼대 또한 분연하여 이르되,

"선생은 어찌 그리 근심하나이까? 이때를 잃고 치지 아니하면 호랑이를 길러 근심을 사는 것이라. 선생은 의심하지 마시고 이곳에 계시면서 승부를 구경하소서."

하거늘 도사가 분을 이기지 못하고 삼대더러 일러 말하기를,

㉡"너희 삼 형제는 다시 나를 보지 못할지라. 참으로 아깝도다. 이는 다 하늘의 운수라."

하고 비창함을 마지 아니하다가 도사는 삼대와 이별하고 떠나니라.

도사가 탄식하며 조 원수의 진에 나아가 문 지키는 군사더러 일러 말하기를,

"지나가는 사람인데 조 원수를 보려 하노라."

하니, 군사가 원수께 이 뜻을 고하니 원수가 듣고 괴이히 여겨 청하여 당상에 앉히고 예를 표한 후에 묻기를,

"선생을 뵈오니 족히 아올지라. 청컨대 지모를 가르쳐 주소서."

도사가 말하기를,

"원수는 신통하도다. 남의 행색을 어찌 알아보는가? 그러나 잠깐 **천기를 누설**하노라."

하고 소매로부터 편지 한 통을 내어 주며 말하기를,

"이대로 행하라."

하고 말하기를,

"나는 세상에 머무를 만한 사람이 아니라."

하고 가거늘, 원수가 망연하여 무수히 만류하였으나 어쩔 수 없었다. 소매를 떨쳐 섬돌에 내리어 **두어 걸음에 문득 간 데 없**거늘 원수는 하는 수 없이 공중을 향하여 무수히 사례하였다. 또한 그 봉서(封書)를 떼어 보니 그 글에 하였으되,

"일대의 진중에는 안으로 들어가지 말고, 이대의 진에는 백마혈인검(白馬血印劍)을 사용할 것이며, 귀신 쫓는 주문(呪文)을 외우고, 또 삼대의 진에는 삼대의 왼편에는 가까이 하지 말라."

라 하였더라. 원수가 그 글을 보고는 일변 의심하고 일변 즐거워하더라.

〈중략〉

십여 합에 이르러 일대가 본진으로 도망하거늘 원수가 끝내 따르지 아니함을 보고 본진에 돌아와 크게 의심하여 여러 장수들에게 말하기를,

㉢"내가 거짓 패하여 여러 번 도망하였으나 조 원수가 끝내 따르지 아니하니 실로 괴이하도다."

행여 누설할까 각별히 타일러서 경계하더라.

이즈음에 원수는 본진으로 돌아와 제장(諸將)을 불러 말하기를,

"적장 일대는 범상한 장수 아니라. 그리 쉽사리 잡지 못할 것이니 내일은 강백이 나아가 싸우되 적장과 접전하여 날이 저물거든 그대가 먼저 거짓으로 패하여 적진에 들라. 그러면 군사가 분명 저의 장순가 하여 무슨 일을 행할 것이니 내일은 적의 ⓐ숨은 계교를 명백히 알지라."

하고, 은밀히 의논하더라.

이튿날 일대가 진전에 횡행하며 무수히 도전하였으나 원수는 진문을 굳게 닫고 나가지 아니하다가 석양에 이르러 원수가 강백을 명하여 싸우라 하니 강백이 창을 잡고 말을 내달아 크게 꾸짖어 말하기를,

"무지한 필부는 들어라. 오늘은 네 목을 베어 천지간의 걱정거리를 덜리라."

하고 달려들어 싸워 삼십 합이 되도록 승부를 가리지 못하더니 날이 저물거늘 백이 거짓 패하여 적진 중으로 달려드니 적진 군사가 저의 장수인가 여겨 내달아 말을 이끌고 왼편으로 인도하여 장대(將臺)로 모셔 갔다. 일대가 매우 놀라 강백을 좇아 본진으로 달려드니 일대의 군사가 적장인 줄 알고 일시에 내달아 말을 치니 일대의 말이 놀래어 함지(陷地)에 떨어지니 장졸이 즐기어 일시에 칼로 쳤다. 일대는 할 수 없어 하늘을 우러러 탄식하며 말하기를,

ⓔ"이 군사들아 너희들의 장수를 알지 못하는가?"

하니, 장졸들이 크게 놀래어 불을 밝히고 자세히 보니 과연 일대이러라. 일진이 황공하여 할 수 없어 일시에 흩어지니 원수와 강백이 기뻐 급히 가 보니 일대가 함정에 빠져 몸에 창검이 무수히 어리어 혼이 빠진 듯 하는지라. 원수가 크게 기뻐하며 말하기를,

"반적 일대야, 천시(天時)를 거역하고 망발상의(妄發上意) 하였다가 네 꾀에 네가 죽었도다. 족히 용맹이 있거든 살아 나오너라."

하니, 일대가 이 말을 듣고 분을 이기지 못하고 그로 인하여 죽는지라.

원수와 강백이 본진에 돌아와 밤을 지낸 후에 이튿날 적진 진문에 나아가 보니 문에 구덩이 수백 간을 파고 창검을 무수히 묻었는지라. 보매 마음이 놀라와 군기와 군량을 거두어 가진 뒤에 백마를 잡아 피를 내어 칼에 바르고 이대의 진에 다달으니 이대는 제 형이 죽었단 말을 듣고 크게 놀래어 통곡하고 이를 갈며 칼을 들고 진전에 나서며 크게 외쳐 말하기를,

ⓜ"반적 조그마한 아이야, 너를 잡아 망형의 원수를 갚으리라."

하고, 나는 듯이 달려들거늘 원수가 맞아 싸울 적에 원수가 백마혈인검으로 이대의 앞을 치니 이대의 칼이 공중에서 날아 오다가 원수의 칼을 범하지 못하였다. 이대가 분기등천하여 칼을 공중에 던지고 나는 듯이 횡행하니 이는 힘으로 싸울진대 비호라도 당치 못할러라. 이대의 칼이 공중에서 떠오다가 끝내 원수의 칼을 범하지 못하는지라. 이대가 본진에 돌아와 여러 장수에게 말하기를,

"조웅의 칼이 수상하도다. 내 칼이 여러 번 가되 범치 못하니 참으로 괴이하도다."

하고 크게 근심하더라. 이튿날 이대가 진문을 열고 원수를 맞아 싸울 적에 칼을 공중에 던지고 달려들거늘 원수가 정신을 가다듬고 칼을 높이 들고 말을 몰아 달려들며 크게 꾸짖어 말하기를,

"반적 이대야, 네 형 일대도 내 칼에 죽었거늘 네 어찌 나를 당하리오? 부질없이 잔명을 재촉 말고 말에서 내려 항복하라."

하고 싸우는데, 이대의 **용맹이 원수보다 십 배나 더**하고 또한 칼이 공중에 날아드니 극히 두려운지라. **팔십여 합에 승부를 결단치 못하**니, 원수의 기력이 점점 쇠진하여 형세가 매우 위태한지라. 원수가 말머리를 돌리어 본진으로 향하고자 하더라. 이대가 칼을 돌려 가는 길을 막고 크게 꾸짖어 말하기를,

"필부 조웅아 너는 어디로 가느냐? 오늘날 네 머리를 베어 망형의 혼백을 위로하리라."

하고 칼을 들어 치려 하거늘, 원수가 평생의 기력을 다하여 **백마혈인검**으로 이대의 칼을 치며 **축귀문**을 큰 소리로 외우니 이대가 매우 놀라 칼을 말 아래로 던져 버렸다. 원수가 그제야 쇠잔하던 기운을 새로이 가다듬어 다시 칼을 들어 **이대의 목을 치**니 머리가 말 아래로 내려지며, 천지가 아득하며 구름과 안개가 빛을 가리어 지척을 분별치 못하는지라. 원수가 축귀문 외우기를 그치지 아니하고 크게 읽으니 비바람이 그쳐 멈추는데, 문득 바라보니 한 **팔 척 신장(神將)이 울며 공중으로 날아가**거늘 원수가 놀래어 생각하되 '이대는 반드시 신장과 접하였도다.' 하더라.

이즈음에 이대의 장졸이 이대의 죽음을 보고 일시에 마음이 흔들려 도망가거늘, 원수는 이대의 머리를 창끝에 꿰어 들고 본진으로 돌아오니 여러 장수와 군졸들이 치하하더라.

– 작자 미상, 「조웅전」

7 ㉠~㉤에 대한 설명으로 적절하지 <u>않은</u> 것은? ▶ 8851-0094

① ㉠: 하늘의 운수를 언급하며 '삼대'를 위해 제안하는 '도사'의 진심이 나타나 있다.
② ㉡: 자신의 말을 듣지 않는 '삼 형제'에 대한 '도사'의 비통함이 나타나 있다.
③ ㉢: 계획대로 일이 진행되지 않는 것에 대해 '여러 장수'를 의심하는 '일대'의 불신이 나타나 있다.
④ ㉣: 자신을 알아보지 못하고 공격하는 '군사'들에 대한 '일대'의 안타까움이 나타나 있다.
⑤ ㉤: 자신의 형인 '일대'를 죽인 원수를 갚고자 하는 '이대'의 분노가 나타나 있다.

8 ⓐ에 대한 설명으로 적절한 것을 〈보기〉에서 모두 골라 바르게 묶은 것은? ▶ 8851-0095

보기

ㄱ. ⓐ로 인해 '원수'는 죽을 위기에 처한다.
ㄴ. '원수'는 ⓐ를 알아내기 위해 계책을 세우고 있다.
ㄷ. ⓐ는 '일대'가 적군을 무찌르기 위해 마련한 함정이다.
ㄹ. '원수'는 ⓐ를 파악한 후 그것을 역이용해 적을 공격하고 있다.
ㅁ. '일대'는 ⓐ가 누설되지 않도록 여러 장수들에게 주의를 주었다.

① ㄱ, ㄴ, ㄷ
② ㄱ, ㄴ, ㄹ
③ ㄱ, ㄹ, ㅁ
④ ㄴ, ㄷ, ㅁ
⑤ ㄷ, ㄹ, ㅁ

9 〈보기〉를 바탕으로 윗글을 감상한 것으로 적절하지 않은 것은? ▶ 8851-0096

보기

「조웅전」은 조선 후기의 대표적인 군담 소설로, 영웅적인 능력을 획득한 주인공이 적대 세력과의 대결을 통해 승리를 쟁취하는 과정이 나타난다. 그런데 「조웅전」에 나타난 적장들은 그 능력이 출중하여 주인공과 접전을 벌이게 되고, 주인공은 신이한 조력자의 도움을 통해 그들을 물리치게 된다. 이 긴박한 대결은 독자들에게 팽팽한 긴장감을 주어 흥미를 배가시킨다.

① '천기를 누설'하고 '두어 걸음에 문득 간 데 없'는 '도사'의 모습에서 신이한 조력자의 모습을 엿볼 수 있군.
② '용맹이 원수보다 십 배나 더'한 '이대'의 모습에서 능력이 출중한 적장의 모습을 엿볼 수 있군.
③ '팔십여 합에 승부를 결단치 못하'는 '이대'와 '원수'의 전투에서 적대 세력과 주인공의 긴박한 대결이 나타나는군.
④ '백마혈인검'과 '축귀문'으로 '이대의 목을 치'는 것에서 적대 세력을 물리치는 데 조력자의 도움이 있었음을 알 수 있군.
⑤ '팔 척 신장이 울며 공중으로 날아가'는 모습에서 영웅적 능력을 획득한 주인공의 모습이 나타나는군.

유형 학습 1 - 수필 서술상의 특징과 글쓴이의 관점 및 태도

수능에 길을 묻다

유형 1 서술상의 특징 2018학년도 수능 6월 모의평가 42번(변형)

수필은 글쓴이가 경험하고 생각한 내용과 그로부터 얻은 깨달음이나 통찰을 자유롭게 표현하는 문학이다. 글쓴이가 드러내고자 하는 이러한 주제 의식이 어떻게 서술되고 있는지 파악하는 것이 중요하다.

유형 2 글쓴이의 관점 및 태도 2018학년도 수능 6월 모의평가 45번

글쓴이의 관점과 태도는 작품의 전반적인 분위기와 이야기의 전개 방향을 짐작할 수 있는 요소이다. 제시된 작품의 글쓴이가 대상에 대해 어떤 관점과 태도를 지니고 있는지 정확하게 파악하기 위해서는 제시된 외적 준거나 작품의 맥락을 이해하는 것이 필요하다.

❶나는 집이 가난해서 말이 없기 때문에 간혹 남의 말을 빌려서 탔다. 그런데 **노둔하고 야윈 말**을 얻었을 경우에는 일이 아무리 급해도 감히 채찍을 대지 못한 채 금방이라도 쓰러지고 넘어질 것처럼 **전전긍긍**하기 일쑤요, 개천이나 도랑이라도 만나면 또 말에서 내리곤 한다. 그래서 후회하는 일이 거의 없다. 반면에 발굽이 높고 귀가 쫑긋하며 잘 달리는 **준마**를 얻었을 경우에는 **의기양양**하여 방자하게 채찍을 갈기기도 하고 고삐를 놓기도 하면서 언덕과 골짜기를 모두 평지로 간주한 채 매우 유쾌하게 질주하곤 한다. 그러나 간혹 위험하게 말에서 떨어지는 환란을 면하지 못한다.

아, 사람의 감정이라는 것이 어쩌면 이렇게까지 달라지고 뒤바뀔 수가 있단 말인가. ❷남의 물건을 빌려서 잠깐 동안 쓸 때에도 오히려 이와 같은데, 하물며 진짜로 자기가 가지고 있는 경우야 더 말해 무엇 하겠는가.

그렇긴 하지만 사람이 **가지고 있는 것** 가운데 남에게 빌리지 않은 것이 또 뭐가 있다고 하겠는가. 임금은 백성으로부터 힘을 빌려서 존귀하고 부유하게 되는 것이요, 신하는 임금으로부터 권세를 빌려서 총애를 받고 귀한 신분이 되는 것이다. 그리고 자식은 어버이에게서, 지어미는 지아비에게서, 비복(婢僕)은 주인에게서 각각 빌리는 것이 또한 심하고도 많은데, ❸대부분 자기가 본래 가지고 있는 것처럼 여기기만 할 뿐 끝내 돌이켜 보려고 하지 않는다. 이 어찌 **미혹**된 일이 아니겠는가.

그러다가 혹 잠깐 사이에 그동안 빌렸던 것을 돌려주는 일이 생기게 되면, 만방(萬邦)의 **임금**도 **독부(獨夫)**가 되고 백승(百乘)의 대부(大夫)도 고신(孤臣)이 되는 법인데, 더군다나 미천한 자의 경우야 더 말해 무엇 하겠는가.

맹자(孟子)가 말하기를 ❹"오래도록 차용하고서 반환하지 않았으니, 그들이 자기의 소유가 아니라는 것을 어떻게 알았겠는가."라고 하였다. ❺내가 **이 말**을 접하고서 느껴지는 바가 있기에, 「차마설」을 지어서 그 뜻을 부연해 보노라.

– 이곡, 「차마설」

✔ 유형 따라잡기

1. 서술상의 특징

- 서술상의 특징에 따른 수필의 분류
  - 교훈적 수필: 글쓴이의 오랜 체험이나 깊은 사색을 바탕으로 교훈을 주는 내용을 담은 수필이다. 내용과 문체가 중후하며 설득적 요소가 강하게 나타난다.
  - 희곡적 수필: 극적인 요소를 지닌 사건을 서술하는 수필로 극적 효과를 위해 현재 시제를 주로 활용한다.
  - 서정적 수필: 일상생활이나 자연에서 느낀 것을 표현한 것으로 감정이나 정서를 표현한다. 예술성이 강조되며 기교에 비중을 둔 표현 방식이 많이 등장한다.
  - 서사적 수필: 이야기를 전하는 형식의 수필이다. 이야기가 소설처럼 행동과 사건으로 진술되거나, 기행문처럼 시간의 흐름에 따른 공간의 이동이 나타난다.

2. 글쓴이의 관점 및 태도

문학 작품은 내용과 형식이라는 내적 요소들의 결합체이면서 작가, 시대 등과 같은 다양한 외적 요소와도 연계되어 있다. 따라서 문학 작품을 이해하고 감상할 때에는 작품 내적 요소들의 결합 관계를 분석하고 작품에 작용하는 다양한 맥락을 함께 고려해야 한다. 특히 수필 문학은 글쓴이의 요소와 관련된 글쓴이의 개인사적 체험이나 성향, 글쓴이가 처한 사회·문화적 상황, 당대의 문학적 경향 등을 이해하면 글쓴이의 관점이나 태도를 정확하게 이해할 수 있다.

유형 1 윗글의 서술상 특징으로 가장 적절한 것은? ▶ 8851-0097

① 영탄적 표현을 통해 대상의 속성을 예찬하고 있다.
② 상반된 세계관이 대구의 형식을 통해 구체화되고 있다.
③ 이상향에 대한 의식을 역설적 표현을 통해 진술하고 있다.
④ 자신의 경험을 활용하여 삶에 대한 깨달음을 드러내고 있다.
⑤ 바람직하지 않은 인간의 모습을 반어적 표현을 통해 제시하고 있다.

문제 해결 전략

서술상의 특징
❶을 통해 자신이 겪었던 경험을 활용하면서 ❸과 같이 그릇된 소유 관념을 경계하고 ❷와 같은 깨달음을 드러내고 있다.

정답 ④

유형 2 윗글의 '나'에 대한 이해로 가장 적절한 것은? ▶ 8851-0098

① '나'는 '노둔하고 야윈 말'을 빌리는 경우 '전전긍긍'하다가 위험에 처하기 때문에 후회하게 된다고 여기고 있다.
② '나'는 '준마'를 빌려 탈 때의 '의기양양'한 감정이 그것을 소유할 때에는 발생하지 않을 것이라고 예상하고 있다.
③ '나'는 '가지고 있는 것'이 없는 천한 사람들을 '미혹'되었다고 생각하고 있다.
④ '나'는 자기가 소유하고 있는 권력이 빌린 것임을 돌아보는 '임금'의 모습을 '독부'로 표현하고 있다.
⑤ '나'는 '맹자'의 '이 말'에서, 빌린 것을 소유했다고 여기는 사람들에 대한 문제의식을 떠올리고 있다.

문제 해결 전략

글쓴이의 관점 및 태도
❹와 같이 맹자의 말을 인용하여 ❺와 같은 생각을 드러내고 있다. 글쓴이는 이를 통해 빌린 것을 자기의 것이라 착각하는 사람들에 대한 문제의식을 떠올리고 있다.

정답 ⑤

그들의 일생이 또한 이 벌판처럼 단조한 권태 일색으로 도포(塗布)된 것이리라. 일할 때는 초록 벌판처럼 더워서 숨이 칵칵 막히게 싱거울 것이요, 일하지 않을 때에는 겨우 황원처럼 거칠고 구주레하게 싱거울 것이다.

그들에게는 흥분이 없다. 벌판에 벼락이 떨어져도 그것은 뇌성(雷聲) 끝에 가끔 있는 다반사에 지나지 않는다. 촌동(村童)이 범에게 물려 가도 그것은 맹수가 사는 산촌에 가끔 있는 신벌(神罰)에 지나지 않는다. 실로 전선주 하나 없는 벌판에서 그들이 무엇을 대상으로 흥분할 수 있으랴.

팔봉산 등을 넘어 ㉠철골 전선주가 늘어섰다. 그러나 그 동선(銅線)은 이 촌락에 엽서 한 장을 내려뜨리지 않고 섰는 채다. 동선으로는 전류도 통하리라. 그러나 그들의 방이 아직도 송명(松明)으로 어둠침침한 이상 그 전선주들은 이 마을 동구에 늘어선 포플러 나무와 조곰도 다를 것이 없다.

그들에게 희망은 있던가? ㉡가을에 곡식이 익으리라. 그러나 그것은 희망은 아니다. 본능이다.

내일. 내일도 오늘 하던 계속의 일을 해야지 이 끝없는 권태의 내일은 왜 이렇게 끝없이 있나? 그러나 그들은 그런 것을 생각할 줄 모른다. 간혹 그런 의혹이 전광과 같이 그들의 흉리(胸裏)* 를 스치는 일이 있어도 다음 순간 ㉢하루의 노역(勞役)으로 말미암아 잠이 오고 만다. 그러니 농민은 참 불행하도다. 그럼, 이 흉악한 권태를 자각할 줄 아는 나는 얼마나 행복된가.

〈중략〉

마당에서 밥을 먹으면 머리 위에서 무수한 별들이 야단이다. 저것은 또 어쩌라는 것인가. 내게는 별이 천문학의 대상이 될 수 없다. 그렇다고 시상(詩想)의 대상도 아니다. 그것은 다만 향기도 촉감도 없는, 절대 권태의 도달할 수 없는 영원한 피안(彼岸)* 이다. 별조차가 이렇게 싱겁다.

저녁을 마치고 밖으로 나와 보면 집집에서는 모깃불의 연기가 한창이다.

㉣그들은 마당에서 멍석을 펴고 잔다. 별을 쳐다보면서 잔다. 그러나 그들은 별을 보지 않는다. 그 증거로는 그들은 멍석에 눕자마자 눈을 감는다. 그러고는 눈을 감자마자 쿨쿨 잠이 든다. 별은 그들과 관계없다.

나는 소화를 촉진시키느라고 길을 왔다 갔다 한다. 돌칠* 적마다 ㉤멍석 위에 누운 사람의 수가 늘어 간다.

이것이 시체와 무엇이 다를까? 먹고 잘 줄 아는 시체, 나는 이런 실례(失禮)로운 생각을 정지해야만 되겠다. 그리고 나도 가서 자야겠다.

– 이상, 「권태」

지문 연구

이상, 「권태」

해제 | 글쓴이가 평안도 성천에서 체험한 것을 바탕으로 쓴 수필이다. 자신의 권태로움, 농민들의 권태로움, 풍경과 자연의 한없는 권태로움을 총 7장에 걸쳐 표현하고 있다. 이 과정에서 자신의 권태를 표현할 때는 심리주의적인 탐색 방식을 적용하고, 농민과 자연의 권태를 표현할 때는 독창적이고 참신한 관점을 적용하고 있다.

주제 | 단조로운 일상생활의 연속에서 느끼는 권태

낱말 풀이 |

* 흉리: 마음속에 품고 있는 생각.
* 피안: 현실적으로 존재하지 아니하는 관념적으로 생각해 낸 현실 밖의 세계.
* 돌칠: 되돌. '돌치다'는 '되돌다'의 비표준어.

어구 풀이 |

- 그러나 그들의 방이 ~ 다를 것이 없다.: '전선주'는 근대화로 인해 전기를 활용할 수 있는 문명을 의미한다. 하지만 '그들'은 아직도 소나무 가지 등에 불을 붙여서 사용하고 있어서 '전선주'는 그 기능을 하지 못한 채, 마치 나무처럼 서 있는 대상이 되고 있다. 글쓴이는 이러한 문명을 이용하지 못하고 관심 없이 살아가는 '그들'의 모습을 부정적으로 바라보고 있다.

유제 1 윗글에 대한 설명으로 적절하지 않은 것은? 8851-0099

① 글쓴이의 심리를 현재형으로 서술하고 있다.
② 시간의 흐름에 따라 사건들을 전개하고 있다.
③ 사건의 인과 관계를 객관적으로 서술하고 있다.
④ 글쓴이의 체험을 독백적 어조로 표현하고 있다.
⑤ 사물에 대한 인식을 비유적으로 표현하고 있다.

유제 2 ㉠~㉤에 대한 '나'의 생각으로 가장 적절한 것은? ▶ 8851-0100

① ㉠: 새로운 문물로 인해 마을이 곧 발전할 것이라 기대한다.
② ㉡: 농민들이 미래에 대해 희망을 갖고 있다고 생각한다.
③ ㉢: 힘든 노동으로 권태를 인식하지 못한 농민들을 불행하게 여긴다.
④ ㉣: 농민들이 별을 보며 시상을 떠올리고 있다고 여긴다.
⑤ ㉤: 경제적인 면에서 농민들이 무기력하다고 생각한다.

유제 3 〈보기〉를 바탕으로 윗글을 감상한 것으로 적절하지 <u>않은</u> 것은? ▶ 8851-0101

보기

이 작품에는 1930년대 식민지 지식인이 겪을 수 있는 여러 종류의 절망적 인식이 드러나고 있다. 우선 농민들이 희망을 갖지 못하고 끝없이 일하는 모습을 보며 식민지 조선의 현실과 동일하다는 절망적 인식이 드러나고 있고, 다음으로는 글쓴이 자신과는 다르게 주변 상황의 변화에는 아무런 관심도 없이 지금의 현실 속에서만 살아가고 있는 농민들의 모습에서 느끼는 절망적 인식이 드러나고 있다. 마지막으로 대자연 앞에서 글쓴이 자신이 아무것도 느끼지 못한다는 것에 대한 절망적 인식이 드러나고 있다.

① '그들의 일생'이 '일할 때'와 '일하지 않을 때' 모두 '싱거울 것'이라고 표현한 것을 통해 희망이 없는 현실에 대한 절망적 인식이 드러나고 있군.
② '그들에게는 흥분이 없'고 '무엇을 대상으로 흥분할 수 있으랴.'라는 표현을 통해 다른 일에는 관심이 없는 농민들의 모습에서 느낀 절망적 인식이 드러나고 있군.
③ '내일도 오늘 하던 계속의 일을 해야' 한다고 표현한 것을 통해 끝없이 이어지는 노동과 같은 현실에 대한 절망적 인식이 드러나고 있군.
④ '무수한 별들이 야단'이지만 '별을 쳐다보면서 잔다.'는 자신의 모습을 통해 자연 앞에서 아무런 감흥이 없는 것에 대한 절망적 인식이 드러나고 있군.
⑤ '먹고 잘 줄 아는 시체'라고 표현한 것을 통해 농민들이 지금의 현실 속에서만 살아가는 모습에서 느끼는 절망적 인식이 드러나고 있군.

배경지식 넓히기

내면 의식과 자의식을 드러낸 작가, 이상

「권태」의 글쓴이인 이상은 시, 소설, 수필에 걸쳐 두루 작품 활동을 한 일제 강점기의 대표적인 작가이다. 그의 작품은 1930년대 모더니즘의 특성을 첨예하게 드러내 주는 것으로 알려져 있는데, 주로 시와 소설에서 확인해 볼 수 있다. 우선 시의 경우에는 현대인의 황량한 내면 풍경을 드러내고 있는데, 「오감도」처럼 반리얼리즘 기법을 통해 현대인이 느끼는 불안과 공포라는 주제를 압축해서 보여 준다. 또한 소설의 경우에는 전통적인 소설 양식의 해체를 통해 현대인의 삶의 조건을 드러내고 있는데, 「날개」처럼 의식의 흐름 기법을 통해 어떤 일상적 현실과도 관계를 맺을 수 없는 파편화된 현대인의 소외로 나타나고 있다.

한편, 「권태」는 자의식으로 뭉쳐진 내면세계를 드러내는 수필로, 1936년 일본 동경에서 창작되었다. 당시 이상은 조선에서의 삶을 답답하게 여겨 권태를 느끼고 있었는데, 이것을 근대화에 의한 정신적 질환이라고 인식했다. 따라서 이를 극복하기 위해서는 근대 도시라고 생각한 동경에서 가장 근대적인 것을 찾아야 가능하다고 보았다. 하지만 그는 동경이라는 곳은 서구 도시의 모방에 불과하고, 경성은 동경의 모방임을 깨닫게 되면서 권태를 극복하지 못하고 오히려 극도의 권태에 빠져들게 되었는데, 이는 자신을 돌아보는 계기가 되었다. 특히 평안도 성천에서의 경험을 떠올리며 자신을 돌아보게 되었고, 그곳의 농민들에 대한 그의 생각은 식민지 조선에 대한 생각으로 볼 수 있다. 이러한 점에서 이상이 평안도 성천을 소재로 「산촌여정」을 비롯한 다수의 수필을 창작한 이유를 짐작할 수 있다.

19세기 영국 작가 찰스 램은 인간을 크게 두 가지 유형, '빚을 지는 자와 빚을 지지 않는 자'로 나누었지만, 내가 생각하기엔 '속는 자와 속지 않는 자'로 나누는 것도 괜찮을 듯싶다. 내 주변을 보면 좀 어수룩해서 무조건 남의 말을 믿고 잘 속아 넘어가는 사람이 있는가 하면 명석하고 눈치가 빨라 여간해서 잘 속아 넘어가지 않는, 완전히 변별되는 두 그룹이 있기 때문이다. 〈중략〉

지난주에는 퇴근하고 신촌 로터리 쪽으로 차를 모는데 연말이라 교통이 복잡한 가운데 승합차 하나가 다른 차들을 비집고 내 옆쪽으로 왔다. 조수석에 앉은 청년이 유리창을 내리고는 이렇게 말했다.

"아줌마, 비싼 굴비 그냥 드릴게요!" / '그냥'이라는 말에 귀가 번쩍 틔었다.

"우리는 신촌 ○○백화점 납품 업체인데 오늘 물건을 내리다 보니 장부에 기록 안 된 것들이 있어서 그냥 가져가는 중이거든요. 우리는 필요 없는데 그래도 버리기 아까우니까 그냥 드릴게요."

나는 어머니가 신정 때 아버지 차례상에 놓을 굴비가 필요하다는 말씀을 하신 것이 기억났다.

"굴비요? 공짜라고요?"

머뭇거리는 나를 청년은 길 옆쪽으로 안내하고는 큰 나무 상자에 든 굴비 세트를 가져왔다. 아닌 게 아니라 굴비 열 마리가 나무 상자에 아주 고급스럽게 포장되어 있었다.

"원래 백화점에서 78만 원짜리인데 도로 회사에 갖다 준다고 해서 칭찬받을 것도 아니고, 그냥 담뱃값만 받고 넘기려고요."

청년은 한 세트에 8만 원만 받겠다고 했다. 공짜로 준다더니 왜 딴말하느냐는 나의 말에 그는 "진짜 가격의 10%도 안 되는데 공짜나 다름없죠. 아줌마 일확천금하는 거예요!"라고 하는 것이었다. / 결국 나는 굴비 두 세트를 15만 원에 깎아 '싸게' 샀고, 그야말로 일확천금이라도 한 듯, 의기양양하게 어머니에게 갖다 드렸다. 그러나 웬만해서는 '속지 않는' 부류에 속하는 우리 어머니는 그 굴비를 보자마자 그건 '굴비'가 아니라 중국산 '부세'이며, 마리당 4, 5백 원도 안 한다고 하셨다. / 굴비가 암만 비싸도 열 마리에 78만 원이라는 말을 믿었던 나도 한심하지만, 지금 생각해도 모를 일은, 그 청년들이 신촌 로터리의 하고많은 차 중에서 왜 하필이면 나를 따라왔느냐는 것이다. 멀리서 보기에도 어수룩하게 보였는지, 나를 찍은 그들의 예상대로 제대로 속아 준 셈이었다.

며칠 전에는 오전에 중요한 약속이 있어서 시내에 나가는데 초행길이라 택시를 타고 가기로 했다. 집 앞에 서 있는데 빈 택시는 없고, 간혹 지나가는 택시들은 이미 꽉 차서 합승조차 할 수 없었다. 약속 시간은 자꾸 다가오고, **날씨는 어찌나 추운지 온몸이 얼어붙는 듯**했다. 그때 마침 택시 하나가 오더니 내 앞에 섰다. 젊은 기사가 내 목발을 보면서 말했다.

"이 손님들 모셔다 드리고 금방 올 테니까 한 2~3분만 기다리세요."

택시는 골목길로 들어갔고 나는 안도의 한숨을 내쉬었다. 그런데 무슨 운명의 장난인지, 금방 빈 택시 하나가 오는 것이었다. 순간 나는 갈등했다. 그 차를 잡을지, 아니면 나를 위해서 곧 돌아오기로 한 택시를 기다려야 할지. 나는 그 고마운 기사를 기다리기로 하고 빈 택시를 그냥 보냈다. 그런데 5분, 10분이 지나도 택시는 돌아오지 않았다. / 15분가량 지났을 때 나는 문득 '아차' 싶었다. '또 속았구나.' **목발 짚고 서 있는 모습**이 독특하게 보여서 좀 **골탕** 먹이고 싶었거나, 아니면 그냥 순전히 재미로 거짓말했는지도 모른다. 지금쯤 회심의 미소를 지으면서 다른 손님을 태우고 어디론가 가고 있는 것이 분명했다. 나는 내가 다시 속임의 대상이 되었다는 것에 너무나 큰 충격을 받았다. / 왜 나는 그렇게 잘 속아 넘어갈까? 얼마나 호락호락해 보이면 허구한 날 속임의 대상이 될까? 나는 지독한 자괴감에 빠졌다. **중요한 약속이고 뭐고, 만사가 귀찮**았다. 막 다시 집으로 들어가려는데 택시 한 대가 급하게 골목길을 빠져나왔고, 아까 그 청년 기사가 황급히 차에서 내렸다.

"아이쿠, 죄송해요. 이걸 어쩌나. 도와드린다는 것이……."

청년은 정말 어쩔 줄 몰라 하며 어깨에 멘 내 가방을 들어 주었다. 차바퀴가 얼음 구덩이에 빠진 채 헛돌아 근처 가게에서 뜨거운 물을 얻어다 붓고 나서야 간신히 빠져나왔다는 것이었다. / 차에 올라타자 청년 기사가 말했다.

"다른 손님들이 차를 잡는데, 시간이 많이 지났어도 **기다리실 것 같아서 빈 차로** 왔지요."

"왜 내가 기다릴 거라고 생각했어요?" / 내가 물었다.

"얼굴을 보니 그렇게 생기셨어요. 의리 있게 생기셨다고요." / 청년 기사가 웃으며 말했다.

'의리 있게 생겼다'는 말은 사실 '어수룩하고 융통성 없게 생겼다'를 예의 바르게 말한 것인지도 모르지만, 난 무조건 그가 고마웠다. ㉠그리고 어떻든 무슨 상관이랴. 어수룩하든 똑똑하든, 속고 속이고 빚지고 빚 갚으며 서로서로 사슬 되어 사는 세상인데……. **얼었던 몸이 녹으면서 내 마음도 녹**기 시작했다.

– 장영희, 「속는 자와 속이는 자」

---

1 **윗글에 대한 설명으로 적절하지 않은 것은?** 8851-0102

① 글쓴이가 경험한 일화를 제시하여 신뢰성을 얻고 있다.
② 다른 사람의 말을 인용하여 글의 흥미를 유발하고 있다.
③ 서로 반대되는 상황을 제시하여 깨달음을 부각하고 있다.
④ 글쓴이가 자신의 심리를 직접 제시하여 사실감을 높이고 있다.
⑤ 역설적 표현을 통해 대상에 대한 비판적 인식을 드러내고 있다.

2 **㉠의 의미로 가장 적절한 것은?** 8851-0103

① 사회는 다양한 부류의 사람들이 관계를 맺으며 살아가는 공동체이다.
② 사회는 모이는 사람들의 계층에 따라 각각 영향을 주고받는 공동체이다.
③ 사회는 여러 계층의 사람들이 서로의 관계를 고려하며 성장하는 공동체이다.
④ 사회는 독립된 사람들이 다른 사람에게 미칠 영향을 고려해야 하는 공동체이다.
⑤ 사회는 각 사람들이 공동의 목적을 위해 관계를 맺어 가며 발전하는 공동체이다.

3점 문항 따라잡기

3 **〈보기〉를 바탕으로 윗글을 감상한 것으로 적절하지 않은 것은?** 8851-0104

보기

「속는 자와 속이는 자」는 상대방을 속이며 살아가는 세태를 부정적으로 바라보면서, 이와는 다르게 신의를 지키고 책임감 있게 살아가는 삶의 태도가 이 세상을 살아가게 하는 원동력이 될 수 있다는 것을 보여 준다. 특히 온전하지 못한 외적인 모습으로 인해서 자괴감을 느끼기도 하지만 이를 극복하고 세상에 대한 신뢰를 회복한 글쓴이의 삶과 맞물려서 더 큰 감동과 울림을 준다.

① '날씨는 어찌나 추운지 온몸이 얼어붙는 듯'한 '나'의 모습에서 '나'가 책임감을 지니고 있음을 짐작할 수 있겠군.
② '목발 짚고 서 있는 모습' 때문에 '나'가 '골탕' 먹게 되었는지도 모른다고 생각하는 것은 온전하지 못한 외적인 모습으로 인해 자괴감을 느꼈기 때문으로 짐작할 수 있겠군.
③ '중요한 약속이고 뭐고, 만사가 귀찮'아진 '나'의 모습에서 누군가에게 속임을 당하는 것에 대한 부정적 인식을 짐작할 수 있겠군.
④ '기다리실 것 같아서 빈 차로' 온 '청년 기사'의 모습은 자신의 말에 책임을 지는 태도로 짐작할 수 있겠군.
⑤ '얼었던 몸이 녹으면서 내 마음도 녹'은 것에서 '나'가 세상에 대한 신뢰를 회복하게 되었음을 짐작할 수 있겠군.

수능에 길을 묻다

유형 1 형상화 방식 2018학년도 수능 9월 모의평가 23번(변형)

작가는 형식 요소와 내용 요소 등을 유기적으로 조직하면서 자신이 표현하고자 하는 내용을 형상화한다. 작품을 구성하고 있는 형식 요소와 내용 요소들의 역할을 정확하게 파악하는 것이 중요하다.

유형 2 작중 상황 2018학년도 수능 9월 모의평가 25번

작가는 인물의 상황을 통해 작품의 의도와 주제 의식을 표현할 수 있다. 작품의 배경이 되는 시간이나 공간, 분위기, 인물 관계 등을 바탕으로 인물이 처한 상황을 세밀하게 파악하는 태도가 필요하다.

최 노인: (화단 쪽을 가리키며) 저기 심어 놓은 화초며 고추 모가 도무지 자라질 않는단 말이야! 아까도 들여다보니까 고추 모에서 꽃이 핀 지는 벌써 오래전인데 열매가 열리지 않잖아! 이상하다 하고 생각을 해 봤더니 저 멋없는 것이 좌우로 탁 들어 막아서 햇볕을 가렸으니 어디 자라날 재간이 있어야지! 이러다간 땅에서 풀도 안 나는 세상이 될 게다! 말세야 말세!

이때 경재 제복을 차려 입고 책을 들고 나와서 신을 신다가 아버지의 이야기를 듣고는 깔깔대고 웃는다.

경재: 원 아버지두……

최 노인: 이눔아 뭐가 우스워?

경재: 지금 세상에 남의 집 고추 밭을 넘어다보며 집을 짓는 사람이 어디 있어요?

최 노인: ㉠옛날엔 그렇지 않았어!

경재: 옛날 일이 오늘에 와서 무슨 소용이 있어요? 오늘은 오늘이지. (웅변 연사의 흉을 내며) 역사는 강처럼 쉴 새 없이 흐르고 인생은 뜬구름처럼 변화무쌍하다는 이 엄연한 사실을, 이 역사적인 사실을 똑바로 볼 줄 아는 사람만이 자신의 운명을 개척할 수 있다는 사실을 최소한도로 아셔야 할 것입니다! 에헴!

〈중략〉

경수: 여보 영감님! 여긴 종로 한복판입니다. 게다가 가게와 살림집이 붙었는데 그래 겨우 이 백오십만 환이라구요? ㉡그런 당치도 않은 거짓말은 공동묘지에서나 하시오.

복덕방: 뭐 뭐요? 공동묘지에서라고? 예끼 버릇없는 놈 같으니라구!

경수: 아니 이 영감님이……

복덕방: 그래 이눔아 너는 애비도 에미도 없는 놈이기에 나이 먹은 늙은이더러 공동묘지에 가라구? 이 천하에.

최 노인: 여보 김 첨지. 젊은 애들이 말버릇이 나빠서 그런 걸 가지고 탓할 게 뭐요?

복덕방: 그래 내가 집 거간이나 놓고 다니니까 뭐 사고무친한 외도토린 줄 아느냐? 이눔아! 나도 장성 같은 아들에다 딸이 육 남매여!

경수: 아니 제가 뭐라고 했길래……

어머니: 넌 잠자코 있어! 용서하시우. 요즘 젊은 놈들이란 아무 생각 없이 말을 하니까요…… 게다가 술을 마셨다우.

☑ 유형 따라잡기

1. 형상화 방식

작품의 구성 요소를 유기적으로 조직하여 주제를 형상화하는 방식이다.

- 희곡의 구성 요소
  - ① 형식 요소
    - 대사: 등장인물의 성격을 드러내고 사건을 진행시킨다.
    - 지시문: 배경이나 효과, 무대를 설명하거나 인물의 행동을 지시하고 설명한다.
  - ② 내용 요소
    - 인물: 인생의 단면을 그릴 수 있도록 압축된 성격을 지닌다.
    - 사건: 갈등과 긴장을 압축시키고 집중시킨다.
    - 배경: 구체적인 시간과 장소가 제시된다.
- 시나리오의 구성 요소
  - 장면: 사건의 배경들을 찍은 단위이다.
  - 대사: 인물의 성격을 드러내고 사건을 진행시킨다.
  - 지시문: 인물의 표정이나 동작, 무대 장치나 카메라 위치 등을 지시한다.
  - 해설: 주로 배경이나 등장인물을 소개하며, 인물의 심리를 직접 소개하기도 한다.

2. 작중 상황

시간이나 공간, 또는 인물들의 관계를 바탕으로 작품 속 인물이 처한 상황을 일컫는다.

복덕방: 음 이놈이 한낮부터 술 처먹고 어른에게 행패구나! 이눔아! 내가 그렇게 만만하니?
최 노인: 김 첨지! 글쎄 진정하시라니까…… 내가 대신 이렇게 사죄하겠소 원!
복덕방: 그러고 이백오십만 환이 터무니없는 값이라고? 이눔아 누군 돈이 바람 맞은 대추알이라던? 응? 그것도 잘 생각해서야! 음! 이런 분한 일이 있나!
최 노인: 글쎄 참으시고 이리 앉으세요.
복덕방: 난 그만 가 보겠소이다. 이런 일도 기분 문제니까요! 다른 사람 골라서 공동묘지로 보내구려! 에잇.
최 노인: 아 김 첨지! 김 선생! (하며 뒤를 쫓아 나간다.)
경수: 제길 무슨 놈의 영감이 저래?
어머니: 네가 잘못이지 뭐니……
경수: 집을 팔지 말라고 했는데……

이때 최 노인 쌔근거리면서 등장하자 이 말을 듣고는 성을 더 낸다.

최 노인: 이눔아! ㉢누가 이 집을 판다고 했어? 응?
경수: 아니 그럼 이 집을 파시는 게 아니면 뭣 하러 복덕방은……
최 노인: 저런 쓸개 빠진 녀석 봤나! 아니 내가 뭣 때문에 이 집을 팔아? 응? 옳아 네놈 취직 자본을 대기 위해서? 응?
어머니: 아니 그럼 이백오십만 환이란 무슨 얘깁니까?
최 노인: 네 따위 놈을 위해서 하나 남은 집마저 팔아야만 속이 시원하겠니? ❶전세로 육 개월만 내놓겠다는 거야!
경수: 예? 전세라구요?
(어머니와 경운은 서로 얼굴을 바라본다.)
최 노인: 왜 아주 안 파는 게 양에 안 차지? 이눔아! 이 애비가 집도 절도 없는 거지가 되어서 죽는 꼴이 그렇게도 보고프냐?
경수: ❷(당황하며) 아버지 아니에요! 저는……
최 노인: 아니면 껍질이냐?
어머니: ㉣여보 그럼 집을 전세로 줘서 뭣 하시게요?
최 노인: 글쎄 아까 어떤 친구 얘기가 요즘 그 실내에서 하는 그 뭐드라 '샤풀이뿔'이라든가……
경운: '샤뿔뽀오드*' 말씀이에요?
최 노인: 그래 '샤뿔뽀오드' 말이다! 그건 차리는 데 돈도 안 들고 수입이 괜찮다고 하면서 4가에 적당한 집이 있다기에 그걸 해 볼까 하고 이 집을 보였지. 그래 얘기가 거이 익어 가는 판인데 글쎄 다 되어 간 음식에 코 빠치기로 저 녀석이……
어머니: 아니 그럼 전세로 이백오십만 환이란 말인가요?
최 노인: 그렇지! 저 가게만 해도 백만 환은 받을 수 있어!
어머니: ❸그런 걸 가지고 나는 괜히……
최 노인: 뭐가 괜히야?
경운: ㉤아버지께서 이 집을 팔으실 줄만 알았어요.
최 노인: 흥! 너희들은 모두 한속이 되어서 어쩌든지 내 일을 안 되게 하고 이 집을 날려 버릴

궁리들만 하고 있구나! 이 천하에 못된 것들! (하며 불쑥 일어선다.)

어머니: 그럴 리가 있겠어요! 다만……

최 노인: 듣기 싫어! (화초밭으로 나오며) 이 집안에서는 되는 거라곤 하나도 없어! 흔한 햇볕도 안 드는 집이 뭣이 된단 말이야! 뭣이 돼! (하며 화초밭을 함부로 작신작신 짓밟고 뽑아 헤친다.)

어머니: ❹(맨발로 뛰어내리며) 여보! 이게 무슨 짓이오! 그렇게 정성을 들여서 가꾼 것들을…… 원…… 당신도……

최 노인: 내가 정성을 안 들인 게 뭐가 있어…… 나는 모든 일에 정성을 들였지만 안 되지 않아! 하나도 씨도 말아!

– 차범석, 「불모지」

*사뿔뽀오드(shuffleboard) 오락의 한 종류.

문제 해결 전략

형상화 방식 파악

❷에서와 같이 지시문에서 직접적으로 인물의 심리를 표현하기도 하고, ❹에서와 같이 행동을 보여 줌으로써 다급한 심리를 간접적으로 제시하는 표현도 확인할 수 있다.

① 답용

유형 1 윗글에 대한 이해로 가장 적절한 것은? 8851-0105

① 지시문을 통해 인물들의 심리를 제시하고 있다.
② 무대 장치를 통해 인물이 처한 상황을 강조하고 있다.
③ 인물들의 복장을 통해 각 인물의 내면이 부각되고 있다.
④ 인물의 등퇴장을 통해 인물의 성격 변화를 드러내고 있다.
⑤ 실제 지명의 노출을 통해 인물 간의 긴장을 고조시키고 있다.

유형 2 〈보기〉와 ㉠~㉤를 관련지어 윗글을 감상한 내용으로 적절하지 않은 것은?

8851-0106

보기

'발견'이란 인물이 극의 전개 과정에서 사건의 숨겨진 측면을 알아차리는 계기를 드러내는 기법이다. '발견'의 대상은 중요한 의미를 지닌 물건이 될 수도 있고 몰랐던 사실이나 새로운 가치, 인물의 다른 면 등이 될 수도 있다. 이러한 '발견'을 통해 사건은 새로운 국면으로 바뀌기도 하고 인물들의 갈등 양상이 변모되기도 한다.

① '경재'는 ㉠을 통해 '최 노인'이 예전과 달라진 현실을 부정적으로 인식한다는 것을 발견함으로써, '최 노인'에게 변화를 수용하는 태도가 필요함을 드러내는군.

② '복덕방'은 ㉡을 통해 '경수'가 자신을 무시한다는 것을 발견함으로써, '최 노인'과의 흥정을 중지하게 되는군.

③ '경수'는 ㉢을 통해 '최 노인'이 집을 팔 의도가 없다는 것을 발견함으로써, '최 노인'에 대한 오해가 풀리게 되는군.

④ '최 노인'은 ㉣을 통해 자신의 계획을 '어머니'가 못마땅해한다는 것을 발견함으로써, 자신의 계획을 변경하게 되는군.

⑤ '최 노인'은 ㉤을 통해 집 문제에 대한 자신의 의도를 '경운'이 잘 모르고 있었다는 것을 발견함으로써, 가족들에 대한 불만을 드러내는군.

문제 해결 전략

작중 상황 파악

❸의 내용을 통해서 '어머니'의 대사인 ㉣이 ❶의 내용처럼 집을 전세로 육 개월만 내놓겠다는 '최 노인'의 계획을 '어머니'가 못마땅해한 것이 아니라 그 계획의 의도를 짐작도 못 하고 있었음을 알 수 있다. 그리고 '어머니'의 말로 인해 '최 노인'이 계획을 변경하고 있지도 않다.

ⓟ 문항

지문 연구

작자 미상, 「봉산 탈춤」

해제 | 이 작품은 약 200년 전부터 황해도 일대에서 연행된 민속극이다. 당시 황해도의 봉산 지역은 한양과 의주를 잇는 교통 요지였다. 따라서 경제적 여건과 관객 동원 능력 면에서 공연의 요건을 갖추고 있었기 때문에 널리 흥행할 수 있었고, 탈춤의 대표 작품이 될 수 있었다. 봉산 탈춤은 총 7과장으로 이루어져 있으며 양반춤은 이 중 하나의 재담이다.

주제 | 양반에 대한 풍자와 조롱

낱말 풀이 |

* 개잘량: 털이 붙어 있는 채로 부드럽게 만든 개의 가죽.
* 개다리소반: 상다리 모양이 개의 다리처럼 휜 막치 소반.
* 연죽전: 담뱃대를 파는 가게.
* 훤화: 시끄럽게 지껄이며 떠듦.
* 파자: 한자의 자획을 나누거나 합하여 맞히는 수수께끼.
* 노랑돈: 몹시 아끼는 많지 않은 돈. 또는 노란 빛깔의 엽전.
* 상통: '얼굴'을 속되게 이르는 말.
* 무량대각: 그 큼을 헤아릴 수 없음.

어구 풀이 |

• 짤따란 곰방대로 잡숫지 말고 ~ 죽 걸어 놓고 잡수시오.: 웃어른 앞에서 담배를 피우는 것은 예의에 어긋나는 일이다. 그런데 말뚝이는 담배를 화려하게 구색을 갖추어 피울 것을 권하고 있다. 이는 양반의 권위를 무시하고 조롱하는 행위이다.

• 오음 육률 다 버리고 ~ 바가지장단 좀 쳐 주오.: 오음 육률은 중국 음악의 다섯 가지 음과 여섯 가지 율을 이르는 말로, 예

제6과장 양반 마당

양반 삼 형제: [말뚝이 뒤를 따라 굿거리장단에 맞추어 점잔을 피우나, 어색하게 춤을 추며 등장. 양반 삼 형제 맏이는 샌님(생원), 둘째는 서방님, 끝은 도련님(도령)이다. 샌님과 서방님은 흰 창옷에 관을 썼다. 도련님은 남색 쾌자에 복건을 썼다. 샌님과 서방님은 언청이이며(샌님은 언청이 두 줄, 서방님은 한 줄이다.) 부채와 장죽을 가지고 있고, 도련님은 입이 삐뚤어졌고 부채만 가졌다. 도련님은 대사는 일절 없으며, 형들과 동작을 같이하면서 형들의 면상을 부채로 때리며 방정맞게 군다.]

말뚝이: (가운데쯤에 나와서) ㉠쉬이. (음악과 춤 멈춘다.) 양반 나오신다아! 양반이라고 하니까 노론, 소론, 호조, 병조, 옥당을 다 지내고 삼정승, 육판서를 다 지낸 퇴로 재상으로 계신 양반인 줄 알지 마시오. 개잘량*이라는 '양' 자에 개다리소반*이라는 '반' 자 쓰는 양반이 나오신단 말이오.

양반들: 야아, 이놈, 뭐야아!

말뚝이: 아, 이 양반들, 어찌 듣는지 모르갔소. 노론, 소론, 호조, 병조, 옥당을 다 지내고 삼정승, 육판서 다 지내고 퇴로 재상으로 계신 이 생원네 삼 형제분이 나오신다고 그리하였소.

양반들: (합창) 이 생원이라네. (㉡굿거리장단으로 모두 춤을 춘다. 도령은 때때로 형들의 면상을 치며 논다. 끝까지 그런 행동을 한다.)

[A]

말뚝이: 쉬이. (반주 그친다.) 여보, 구경하시는 양반들, 말씀 좀 들어 보시오. •짤따란 곰방대로 잡숫지 말고 저 연죽전*으로 가서 돈이 없으면 내게 기별이라도 해서 양칠간죽, 자문죽을 한 발가웃씩 되는 것을 사다가 육모깍지, 희자죽, 오동수복 연변죽을 사다가 이리저리 맞추어 가지고 저 재령 나무리 거이 낚시 걸듯 죽 걸어 놓고 잡수시오.

양반들: 뭐야아!

말뚝이: 아, 이 양반들, 어찌 듣소. 양반 나오시는데 담배와 훤화*를 금하라고 그리하였소.

양반들: (합창) 훤화를 금하였다네. (굿거리장단으로 모두 춤을 춘다.)

말뚝이: 쉬이. (춤과 반주 그친다.) 여보, 악공들 말씀 들으시오. •오음 육률 다 버리고 저 버드나무 홀뚜기 뽑아다 불고 바가지장단 좀 쳐 주오. / 양반들: 야아, 이놈, 뭐야!

말뚝이: 아, 이 양반들, 어찌 듣소. 용두 해금, 북, 장고, 피리, 젓대 한 가락도 뽑지 말고 건건드러지게 치라고 그리하였소.

양반들: (합창) 건건드러지게 치라네. (굿거리장단으로 춤을 춘다.) 〈중략〉

생원: 그러면 이번엔 파자*나 하여 보자. 주둥이는 하얗고 몸뚱이는 알락달락한 자가 무슨 자냐?

서방: (한참 생각하다가) 네에, 거 운고 옥편에도 없는 자인데, 그것참, 어렵습니다. 그 피마자라고 하는 자가 아닙니까? / 생원: 아, 거 동생 참 용할세. / 서방: 형님, 내가 그럼 한 자 부르라우?

생원: 부르게. / 서방: 논두렁에 살피 짚고 섰는 자가 무슨 잡니까?

생원: (한참 생각하다가) 아, 그것참, 어려운 잘세. 그것은 논임자가 아닌가?

서방: 하하, 그것 형님 잘 맞혔습니다. (이러는 동안에 취발이 살짝 들어와 한편 구석에 서 있다.)

생원: 이놈, 말뚝아. / 말뚝이: 예에. / 생원: 나랏돈 노랑돈* 칠 푼 잘라먹은 놈, 상통*이 무르익은 대춧빛 같고, 울룩줄룩 배미 잔등 같은 놈을 잡아들여라.

말뚝이: 그놈이 힘이 무량대각*이요, 날램이 비호 같은데, 샌님의 전령이나 있으면 잡아 올는지 거저는 잡아 올 수 없습니다.

생원: 오오, 그리하여라. 옛다. 여기 전령 가지고 가거라. (종이에 무엇을 써서 준다.)

말뚝이: (종이를 받아 들고 취발이한테로 가서) 당신 잡히었소. / 취발이: 어데, 전령 보자.

말뚝이 : (종이를 취발이에게 보인다.) / 취발이 : (종이를 보더니 말뚝이에게 끌려 양반의 앞에 온다.)

말뚝이 : (취발이 엉덩이를 양반 코앞에 내밀게 하며) 그놈 잡아들였소.

생원 : 아, 이놈 말뚝아. 이게 무슨 냄새냐?

말뚝이 : 예, 이놈이 피신을 하여 다니기 때문에, 양치를 못하여서 그렇게 냄새가 나는 모양이외다.

생원 : 그러면 이놈의 모가지를 뽑아서 밑구녕에다 갖다 박아라. 〈중략〉

말뚝이 : 샌님, 말씀 들으시오. 시대가 금전이면 그만인데, 하필 이놈을 잡아다 죽이면 뭣 하오? 돈이나 몇백 냥 내라고 하야 우리끼리 노나 쓰도록 하면, 샌님도 좋고 나도 돈냥이나 벌어 쓰지 않겠소. 그러니 샌님은 못 본 체하고 가만히 계시면 내 다 잘 처리하고 갈 것이니, 그리 알고 계시오. (굿거리장단에 맞추어 일제히 어울려서 한바탕 춤추다가 전원 퇴장한다.)

– 작자 미상, 「봉산 탈춤」

법을 갖춘 격조 있는 음악을 연주할 때 사용된다. 말뚝이는 이러한 격조 있는 음률을 버리고 일반 백성들이 즐기는 홀뚜기와 바가지장단을 치라고 함으로써 양반의 권위를 무시하고 있다.

유제 1 ㉠과 ㉡에 대한 설명으로 적절하지 않은 것은? ▶ 8851-0107

	㉠	㉡
①	재담의 시작을 알림.	재담의 마무리를 알림.
②	춤과 대사의 경계를 보여 줌.	각 재담의 장면을 구분함.
③	관객의 주의를 환기함.	갈등의 일시적 해소를 보여 줌.
④	새로운 사건의 시작을 예고함.	흥겨운 분위기를 조성함.
⑤	관객의 참여를 유도함.	새로운 인물의 등장을 알림.

유제 2 [A]의 재담에서 알 수 있는 내용으로 가장 적절한 것은? ▶ 8851-0108

① 양반들은 말뚝이에게 조롱의 대상이 되고 있다.
② 말뚝이는 양반들에게 원망하는 마음을 나타내고 있다.
③ 양반들은 말뚝이가 하는 말을 듣고 서로 원망하고 있다.
④ 양반들은 자신들을 책망하는 말뚝이에게 고마워하고 있다.
⑤ 말뚝이는 양반들에게 자신의 잘못에 대한 용서를 구하고 있다.

유제 3 〈보기〉를 바탕으로 윗글을 감상한 것으로 적절하지 않은 것은? ▶ 8851-0109

보기

이 작품은 탈의 익명성을 기반으로 민중들이 양반들을 자유롭게 풍자하며 기존 사회 질서에 대해 비판한다. 말뚝이로 대변되는 민중들의 언어유희나 양반들의 우스꽝스러운 행동 등을 통해 양반을 희화화하여 웃음을 유발하기도 하고, 양반들의 무식함과 무능함을 폭로하기도 한다. 또한 서민에 대한 양반의 폭력적 억압을 보여 주는 동시에 물질적 가치를 중시하는 근대적인 사고방식이 드러나기도 한다.

① 생원과 서방의 파자 놀이를 통해 양반의 무식한 면모가 폭로되고 있군.
② 말뚝이가 양반 삼 형제에 대한 소개를 말장난처럼 표현하여 희화화하고 있군.
③ 도련님이 형들의 면상을 부채로 치는 행동을 우스꽝스럽게 제시하여 웃음을 유발하고 있군.
④ 취발이의 외양을 해학적으로 표현하여 기존의 사회 질서에 대한 비판 의식을 드러내고 있군.
⑤ 말뚝이가 취발이를 죽이지 말고 금전을 받자고 하는 모습을 통해 물질적 가치를 중시하는 모습을 엿볼 수 있군.

남자, **관객석을 투덕투덕 걸어 다니**다가 **넥타이를 맨 남성 관객 앞에 앉는**다.

남자: 물론 그래요. (속상하다는 듯이) 저 인정사정도 없는 하인이 나더러 잘해 보라고 그런 말 한마디 하진 않았어요. 하지만 말입니다, 나도 그래요, 기죽을 필요야 없는 겁니다. 그렇잖아요? 도대체 지가 뭐라고 겨우 심부름이나 하는 주제에……. 속 좀 상합니다만, 그야 뭐 그건 당신에게도 마찬가지니까 말해 보나 마나겠고……. 저어, 당신 넥타이 참 좋습니다. 정말 좋아요. 아름다운 색깔, 기막히게 멋진 무늬, 딱 오 분만 빌립시다. 정확하게 오 분만. 더 이상은 어기지 않겠습니다. 빌려주시렵니까? (남성 관객으로부터 **넥타이를 빌려 착용**하며) 고맙습니다.

[중략 부분 줄거리] '남자'와 '여자'는 서로에게 사랑을 느끼며 행복해한다. 그 사이 '하인'은 '남자'의 저고리를 빼앗아 간다. '남자'는 물건을 주인에게 돌려주면서 자신의 사랑이 더 커졌다고 고백하며 '여자'에게 진심을 담아 다시 청혼한다.

남자: 내 것이라곤 없습니다. / **여자**: (충격을 받는다.)
남자: 모두 빌린 것들뿐이었지요. 저기 두둥실 떠 있는 달님도, 저 은빛의 구름도, 이 하늬바람도, 그리고 어쩌면 여기 있는 나마저도, 또 당신마저도……. (미소를 짓고) 잠시 빌린 겁니다.
여자: 잠시 빌렸다고요? / **남자**: 네, 그렇습니다.

하인, 엄청나게 큰 구두 한 짝을 가져오더니 주저앉아 자기 발에 신는다. 그 구둣발로 차 낼 듯한 험악한 분위기가 조성된다.

남자: 결혼해 주십시오. 당신을 빌린 동안에 오직 사랑만을 하겠습니다. / **여자**: ……. 아, 어쩌면 좋아?

하인, 구두를 거의 다 신는다.

여자: 맹세는요, 맹세는 어떻게 하죠? 어머니께 오른손을 든…….
남자: 글쎄 그건……. (탁상 위의 사진들을 쓸어 모아 여자에게 주면서) 이것을 보여 드립시다. 시간이 가고 남자에게 남는 건 사랑이라면, 여자에게 남는 것은 무엇이겠습니까? 그건 사진 석 장입니다. 젊을 때 한 장, 그다음에 한 장, 늙고 나서 한 장. 당신 어머니도 이해하실 겁니다.
여자: 이해 못하실 걸요, 어머닌. (천천히 슬프고 낙담해서 사진들을 핸드백 속에 담는다.) 오늘 즐거웠어요. 정말이에요……. 그럼, 안녕히 계세요. / 여자, 작별 인사를 하고 문 앞까지 걸어 나간다.
남자: 잠깐만요, 덤……. / **여자**: (멈칫 선다. 그러나 얼굴은 남자를 외면한다.)
남자: 가시는 겁니까, 나를 두고서? / **여자**: (침묵)
남자: 덤으로 내 말을 조금 더 들어 봐요. / **여자**: (악의적인 느낌이 없이) 당신은 사기꾼이에요.
남자: 그래요, 난 사기꾼입니다. 이 세상 것을 잠시 빌렸었죠. 그리고 시간이 되니까 하나둘씩 되돌려 주어야 했습니다. 이제 난 본색이 드러나고 이렇게 빈털터리입니다. 그러나 덤, 여기 있는 사람들에게 물어봐요. 누구 하나 자신 있게 이건 내 것이다, 말할 수 있는가를. 아무도 없을 겁니다. 없다니까요. 모두들 덤으로 빌렸지요. 눈동자, 코, 입술, 그 어느 것 하나 자기 것이 아니고 잠시 빌려 가진 거예요. (누구든 관객석의 사람을 붙들고 그가 가지고 있는 물건을 가리키며) 이게 당신 겁니까? 정해진 시간이 얼마지요? 잘 아꼈다가 그 시간이 되면 꼭 돌려주십시오. 덤, 이젠 알겠어요?

여자, 얼굴을 외면한 채 걸어 나간다. / 하인, 서서히 그 무서운 구둣발을 이끌고 남자에게 다가온다. 남자는 뒷걸음질을 친다. 그는 마지막으로 절규하듯이 여자에게 말한다.

남자: 덤, 난 가진 것 하나 없습니다. 모두 빌렸던 겁니다. 그런데 덤, 당신은 어떻습니까? **당신이 가진 건 뭡니까?** 무엇이 정말 당신 겁니까? (넥타이를 빌렸던 남성 관객에게) 내 말을 들어 보시오. 그럼 당신은 나를 이해할 거요. 내가 당신에게서 넥타이를 빌렸을 때, 그때 내가 당신 물건을 어떻게 다뤘었소? 마구 험하게

했었소? 어딜 망가뜨렸소? 아니요, 그렇진 않았습니다. 오히려 빌렸던 것이니까 소중하게 아꼈다간 되돌려 드렸지요. 덤, 당신은 내 말을 들었어요? 여기 증인이 있습니다. **이 증인 앞에서 약속**하지만, 내가 이 세상에서 덤 당신을 빌리는 동안에, 아끼고, 사랑하고, 그랬다가 언젠가 그 시간이 되면 공손하게 되돌려 줄 테요. 덤! 내 인생에서 당신은 나의 소중한 덤입니다. 덤! 덤! 덤!

– 이강백, 「결혼」

---

1 **윗글의 '여자'에 대한 설명으로 적절하지 않은 것은?** 8851-0110

① '남자'의 말을 듣고 충격을 받는다.
② '남자'에게 하는 말과 속마음이 다르다.
③ '남자'에 관한 결정을 두고 고민한다.
④ '어머니'의 반응이 예상되어 낙담한다.
⑤ '남자'의 고백이 거짓이라고 생각한다.

2 **〈보기〉는 윗글을 바탕으로 상연된 연극을 보고 나눈 두 사람의 대화이다. ㉠~㉤ 중 작가의 의도를 이해한 내용으로 적절하지 않은 것은?** 8851-0111

보기

A: 연극을 보고 나니까 소유하고 있는 것에 대해 다시 한번 생각하게 되는 것 같아. 아마도 작가는 ㉠인간이 소유하고 있다고 믿는 것들은 잠시 빌렸다는 것을 말하고 싶었던 것이겠지?
B: 나도 그런 의도라고 생각했어. 그런 면에서 ㉡자연의 섭리도 빌렸다고 보고 있는 것 같아. 그뿐만 아니라 사람과 사람의 관계 속에서도 ㉢누군가를 사랑하는 것은 그 사람을 잠시 빌리는 것으로 보는 것 같기도 해.
A: 아마도 작가는 ㉣누군가를 사랑했을 때에도 헤어질 때까지 빌린 물건처럼 아껴 주었을 것 같아. 그런데 이 세상에서 빌리지 않은 것은 하나도 없다고 보는 걸까?
B: 글쎄……. ㉤아마 자기 자신에 대해서는 빌리지 않은 것이라고 생각하고 있는 것 아닐까?

① ㉠　② ㉡　③ ㉢　④ ㉣　⑤ ㉤

3점 문항 따라잡기

3 **〈보기〉를 바탕으로 윗글을 감상한 것으로 적절하지 않은 것은?** 8851-0112

보기

이 작품은 다양한 실험적 기법을 활용한다. 우선 다른 연극 무대와는 달리 특별한 무대 장치를 마련하지 않고, 등장인물들이 자유롭게 무대를 활용할 수 있도록 객석과의 구분을 없앴다. 이와 더불어 등장인물들이 관객에게 직접 다가가는 행위, 관객의 물건을 소품으로 활용하는 행위 등과 같은 장면들을 연출하였다. 또한 등장인물이 관객에게 질문을 던지거나 관객을 이야기 흐름에 참여시키기도 한다. 이러한 기법들을 통해 작품의 주제 의식을 강조하고 있다.

① '관객석을 투덕투덕 걸어 다니'는 모습을 통해 객석과의 구분이 없이 자유롭게 무대를 활용하고 있음을 알 수 있겠군.
② '넥타이를 맨 남성 관객 앞에 앉는' 모습을 통해 등장인물이 관객에게 직접 다가갈 수 있음을 알 수 있겠군.
③ '넥타이를 빌려 착용'하는 등장인물의 모습을 통해 관객의 물건이 소품으로 활용되고 있음을 알 수 있겠군.
④ '당신이 가진 건 뭡니까?'라고 묻는 모습을 통해 등장인물이 관객에게 질문을 던지고 있음을 알 수 있겠군.
⑤ '이 증인 앞에서 약속'하는 등장인물의 모습을 통해 관객이 이야기의 흐름에 참여하고 있음을 알 수 있겠군.

13 실전 문제

[1~3] 다음 글을 읽고 물음에 답하시오.

개똥이: 도시 **농사 같은 게 손아귀에 차야 해 먹지**……. 어머니, 이것 봐! 나 [소] 팔어 가지구 그만 만주 갈 테야. 거기 가서 돈 많이 벌어 오면 그만이지. **만주 가서 돈벌이하기는 그야말로 자는 놈 뿔 자르기래. 참 벌잇거리가 많**대. 생각해 봐요. 우리가 여기서 농사를 지어서 언제 허리를 펴 볼 건지. 우리두 어서 돈을 모아 가지구 규모 있게 살어 봐야죠. 여봐란듯이 살지는 못하더래도 그래도 입에 풀칠은 해 봐야 하지 않어. 그렇잖어? 어머니?

국서 아내: (솔깃이 끌려서) 만주란 덴 그렇게 돈벌이가 많으니?

개똥이: 이 멍텅구리 봐! 박 면장집 큰아들이 불시에 부자 됐단 말을 못 들었수? 그것이 다 만주 가서 이태 동안에 벌어들인 돈이야. 불과 이태 동안이야!

국서 아내: 그럼 나두 한번 네 아버지를 구슬려 볼까?

개똥이: 정말 그래 줄 테야?! 그래야 우리 어머니지!

국서 아내: 나도 말해 볼 테니까 너두 이치를 잘 따져서 순순히 여쭈어봐.

개똥이: 그럼 잘 말해 주. 어머니!!

국서 아내: 음, 해 보지. ……겨우 다 집었구나. 나는 이 함지를 가지구 타작마당에 가 봐야겠다. 이게 급하대. (함지를 겨우 다 꿰매 가지고 집 뒤로 퇴장.)

개똥이: (혼자서 좋아서) ……옳지! 어머니가 졸라 대면 응당 아버지는 들으렷다. 나는 그저 소만 팔리기만 하면 하루바삐 만주로 뛰어야 해. 그래야 살지. ……가서 쇠여물이나 쑤어 줄까? 흥정할 적에 한 푼이라두 값을 더 받게.

말똥이: (일어서서 개똥이의 나가려는 길을 막으며) 이 자식, 안 돼! 어머니를 구슬려 가지구 그저 소 한 마리 있는 걸 마저 집어 새려구.

개똥이: 네 소야? 흥, 네 아랑곳 아냐. 저리 비켜!

말똥이: **철없이 까불지 말구 바다에 가서 우다싯배나 타!** 네까짓 것한테 그게 막 제일이야!

개똥이: 마당 벌어지는데 웬 솔뿌리 걱정이야? 너 따위가 세상이 어찌 되어 먹는지 알기나 하나? 꾸어다 놓은 보릿자루 같으니! 너 같은 건 감나무 밑에 그저 눌어붙어 있어! 그동안에 난 만주 가서 돈 벌 테니.

말똥이: 이걸! 고만 막 밟어 죽일라! 에그, 화나 죽겠네! (멱살을 잡고) 망할 자식 같으니! 만주? 왜떡은 어떠냐? 세상에서 만주 만주 허니까, 이 자식! 먹는 만주 떡인 줄 알구, 괜히.

개똥이: 멱살 놔! (뿌리치고 도망하며) 꾸어다 놓은 보릿자루 같으니! 그저 잠자코 있어! 왜 남의 일에 헤살은 놓아……? (집 뒤로 숨는다.)

[중략 부분 줄거리] 개똥이는 소를 팔기 위해서 국서 몰래 계략을 꾸미고, 말똥이는 귀찬이와 결혼하지 못하는 신세를 한탄하며 지낸다. 국서는 소를 처분해서 말똥이와 귀찬이를 결혼시켜 주려고 계획을 한다. 하지만 국서의 땅 주인은 국서가 가진 소를 탐내게 되고, 도지를 갚지 못하면 소를 가져가겠다고 위협을 한다.

국진: 그러지 말고 형님, 저…… 우리 소를 그만 팔기로 하는 게 어떨까요.

국서: 아니, 자네 미쳤나? 우리 소는 저 소의 사촌의 아버지의 큰형이……

국진: 도 장관에게서 일등상 받었단 말씀이죠? 아무리 그렇더래두 여기서 저 소를 파는 게 그중 상책일 것 같습니다. 자, 여기서 누가 우리 소원대로 돈을 꾸어 준다 합시다. 그러면 생각해 보세요. 대체 그 비싼 변리를 우리가 어떻게 갚어 낸단 말요? 변리가 본전이 되구 본전이 변리를 낳아서 급기야는,

소를 팔지 않아선 안 될 고비가 닥쳐오고야 말 겁니다. 그러니까 여기서 소를 파나, 좀 두었다가 파나 팔기는 마찬가지죠?

국서: 안 돼! 이전부터 일르는 말이 있어. 소는 농가의 명줄이야. 소 팔어먹구 잘되는 놈의 집안은 고금에 없거든!

국진: 그래두 자식보다야 소중하지 않겠지요?

국서: 말 말게. 세상에서는 자식 있는 것보다 송아지 가진 것을 더 중하게 여겨 준다네. 자식이 몇 놈이 있어 봐. 누가 문간에 송아지 한 마리 매어 둔 것보다 낫게 봐 주는지?

국서 아내: 그건 옳은 말입네다. 우리 집에 소 한 마리 키운다구 동리에서 우리를 부자라구 그러지 않아요. 그리고 귀찬이 집에서도 우리 소 매어 둔 걸 보고 색시를 준대요.

국서: 암, 그렇겠지. 술집에서 내게 막걸리 잔 외상으로 놓는 것도 우리 집 소를 보구 놓는 거야. "국서 자네 같으면 얼마라두 외상으로 먹게. 자네헌텐 소가 있는걸." 이러거든! 그들이 어디 자식 보고 그러는 줄 아나?

국진: 그야 소를 가지면 안 가진 것보다야 훨씬 낫겠죠. 그렇지만 형님, **이 판에는 하는 수 없**어요. 색시 집에서두 도지를 못 갚어서 거리에 나앉는 변이 있더래두, 그걸 참고 계집애를 주려구 하지 않았어요. 그러니까.

국서: 정신없는 사람아. 이 조선 땅에서 누가 남을 위해서 제 몸을 바치는 사람이 있어? 그 집에서 색시를 주려는 것은 기왕 선금으로 몸값은 반이나 받어 썼겠다, 그 쓴 돈은 우리가 갚어 주려구 하겠다, 그러니까 그 집에서는 이리 구나 저리 구나 해되는 것은 없거든! 그래서 색시를 내놓는 거야.

[A] 국진: 형님, 이것 보세요. 형님이 **아무리 저 소를 소중히** 여겨도 우리 논임자가 저걸 가만두지는 않을 겁니다. 알겠어요. 거기서는 **묵은 도지**를 어떻게든지 금년 안으로 받어 내려구 하지 않어요? 내년부터서는 무슨 **법령이 갈**린다구. 이런 **좋은 핑계**를 코앞에 두고 그 **영리한 양반들이 우리 소를 제자리에 둬두**겠어요? 쑥스러운 생각이지요.

국서 아내: 참, 아까 마름이 여간 노허구 가지를 않었다우. 그 묵은 도지 때문에.

국진: 에그, 저것 보세요. 그 악바리헌테 걸려서 큰일 났군요. 형님. 이럴 적에 맘을 뚝 잘러 버려요? 네?

국서: 허긴 그래……. 묵은 도지가 걱정이야…….

국진: 그리고 어디 자기 소가 있어야 농사를 지으란 법은 없죠. 명년부터서는 남의 병작소라두 먹이죠. 그래두 농사짓는 덴 걱정 없지 않어요?

국서 아내: 허기야 소가 없어진대두 그 대신 일꾼이 하나 붙는 걸요. 실상 말이지 농사는 부칠 게 없어요. 귀찬이 걔는 나이는 어려두 일에는 벌써 이골이 났어요. 길쌈도 능허구 쌍일두 잘허니까.

국서: 그러면 소를 판다면 살 임자는 곧 나서겠나? 오늘내일 안으로.

국진: 금방 읍내 소전에 들어서 제가 순돌이에게 알아봤지요. 그랬더니 판다면 그 사람이 사두 좋다구 그랬어요. / 국서: 순돌이가?

국진: 네, 마침 그 사람이 소 살 일이 있어서 나중에 우리 동리로 오겠다나요. 그래서 이왕이면 우리 집에 두 들러 봐 달라구 해 두었어요.

국서 아내: ……저기 누군지 소를 한 마리 몰고 일루 와요. / 국진: 저게 순돌이로군요. 벌써 소를 샀구나.

국서: 가만있어라. 소를 팔려거든 내가 없는 데서 팔어라. 저게 팔리는 걸 내가 어떻게 본담. 간장이 쓰라려서.

– 유치진, 「소」

1 소 에 대한 설명으로 가장 적절한 것은? ▶ 8851-0113

① 마름과 국서가 서로 대립하게 되는 원인이다.
② 개똥이와 국서 아내가 갈등을 겪는 매개체이다.
③ 국서가 정서적으로 애착의 마음을 갖는 대상이다.
④ 국진이 무엇보다 가장 중요하게 생각하는 가치이다.
⑤ 국서 아내가 생활의 터전을 옮기게 되는 계기가 된다.

2 [A]에서 알 수 있는 '국진'의 말하기 방식으로 적절하지 않은 것은? ▶ 8851-0114

① 상대방이 처한 상황을 강조하며 자신의 주장대로 결단하기를 촉구하고 있다.
② 상대방과 비슷한 상황의 다른 시람을 사례로 들어 자신의 주장을 뒷받침하고 있다.
③ 과거에 자신의 제안을 수용했던 상대방의 결정이 긍정적인 결과였음을 언급하고 있다.
④ 상대방이 질문하는 찰나에 미리 마련해 놓은 대안을 제시하여 상대방을 설득하고 있다.
⑤ 예측을 통해 상대방이 기대하는 상황이 부정적 결과를 가져올 수 있음을 언급하고 있다.

3 〈보기〉를 바탕으로 윗글을 감상한 것으로 적절하지 않은 것은? ▶ 8851-0115

보기

이 작품은 1930년대 궁핍한 농촌의 구체적이고 생생한 현실을 보여 주고 있다. 자신들의 이익을 우선시하고 제도를 악용하려는 지주들의 횡포 속에서 생존의 기반마저 잃을까 봐 걱정하는 농민들의 모습을 통해 피폐한 농촌의 현실을 사실적으로 그려 내고 있다. 특히 이러한 농촌의 현실을 부정적으로 인식하는 젊은이들이 농사를 포기하고 돈을 벌기 위해 타지로 떠나 다른 일을 하려고 하는 모습을 통해 물질적 풍요를 추구하는 모습을 그려 냄으로써 농촌을 지키고자 하는 부모 세대와의 세대 간의 갈등을 제시하기도 한다.

① '농사 같은 게 손아귀에 차야 해 먹지'라는 상황을 통해 젊은이들이 인식하고 있는 농촌의 현실을 엿볼 수 있겠군.
② '만주 가서 돈벌이하기는 그야말로 자는 놈 뿔 자르기래. 참 벌잇거리가 많'다는 표현을 통해 농사 대신에 다른 일을 추구하는 모습을 알 수 있겠군.
③ '철없이 까불지 말구 바다에 가서 우다싯배나 타!'라는 표현을 통해 세대 간에 겪고 있는 물질에 대한 갈등을 짐작할 수 있겠군.
④ '아무리 저 소를 소중히' 여기더라도 '묵은 도지' 때문에 '이 판에는 하는 수 없'다고 말하는 국진의 모습에서 소를 지키려다 생존의 기반을 잃을까 봐 걱정하는 농민의 모습을 엿볼 수 있겠군.
⑤ '법령이 갈'리는 '좋은 핑계'를 이용해 '영리한 양반들이 우리 소를 제자리에 둬 두'지 않으려는 모습을 통해 지주들이 제도를 악용하려는 것을 엿볼 수 있겠군.

[4~6] 다음 글을 읽고 물음에 답하시오.

나무는 **덕**을 지녔다. 나무는 **주어진 분수에 만족**할 줄을 안다. 나무로 태어난 것을 탓하지 아니하고, 왜 여기에 놓이고 저기 놓이지 않았는가를 말하지 아니한다. 등성이에 서면 햇살이 따사로울까, 골짝에 내려서면 물이 좋을까 하여, 새로운 자리를 엿보는 일도 없다. 물과 흙과 태양의 아들로 물과 흙과 태양이 주는 대로 받고, 후박(厚薄)과 불만족을 말하지 아니한다. 이웃 친구의 처지에 눈떠 보는 일도 없다. 소나무는 진달래를 내려다보되 깔보는 일이 없고, 진달래는 소나무를 우러러보되 부러워하는 일이 없다. 소나무는 소나무대로 스스로 족하고, 진달래는 진달래대로 스스로 족하다.

나무는 고독하다. 나무는 모든 고독을 안다. 안개에 잠긴 아침의 고독을 알고, 구름에 덮인 저녁의 고독을 안다. 부슬비 내리는 가을 저녁의 고독도 알고, 함박눈 펄펄 날리는 겨울 아침의 고독도 안다. 나무는 파리 옴짝 않는 한여름 대낮의 고독도 알고, 별 얼고 돌 우는 동짓달 한밤의 고독도 안다. 그러나 나무는 어디까지든지 고독에 견디고 고독을 이기고 또 고독을 즐긴다.

나무에 아주 친구가 없는 것은 아니다. 달이 있고, 바람이 있고, 새가 있다. ㉠달은 때를 어기지 아니하고 찾고, 고독한 여름밤을 같이 지내고 가는 의리 있고 다정한 친구다. 웃을 뿐 말이 없으나, 이심전심(以心傳心) 의사가 잘 소통되고 아주 비위(脾胃)에 맞는 친구다. ㉡바람은 달과 달라 아주 변덕 많고 수다스럽고 믿지 못할 친구다. 그야말로 바람잡이 친구다. 자기 마음 내키는 때 찾아올 뿐 아니라, 어떤 때는 쏘삭쏘삭 알랑대고, 어떤 때는 난데없이 휘갈기고, 또 어떤 때는 공연히 뒤틀려 우악스럽게 남의 팔다리에 생채기를 내놓고 달아난다. ㉢새 역시 바람같이 믿지 못할 친구다. 역시 자기 마음 내키는 때 찾아오고, 자기 마음 내키는 때 달아난다. 그러나 가다 믿고 와 둥지를 틀고, 지쳤을 때 찾아와 쉬며 푸념하는 것이 귀엽다. 그리고 가다 흥겨워 노래할 때 노래 들을 수 있는 것이 또한 기쁨이 되지 아니할 수 없다.

나무는 이 모든 것을 잘 가릴 줄 안다. 그러나 좋은 친구라 하여 달만을 반기고, 믿지 못할 친구라 하여 새와 바람을 물리치는 일도 없다. 그리고 달을 유달리 후대(厚待)하고 새와 바람을 박대(薄待)하는 일도 없다. 달은 달대로, 새는 새대로, 바람은 바람대로 다 같이 친구로 대한다. 그리고 친구가 오면 다행으로 생각하고, 오지 않는다고 하여 불행해하는 법이 없다. 같은 나무 ㉣이웃 나무가 가장 좋은 친구가 되는 것은 두말할 것이 없다. 나무는 서로 속속들이 이해하고 진심으로 동정하고 공감한다. 서로 마주 보기만 해도 기쁘고, 일생을 이웃하고 살아도 싫증 나지 않는 참다운 친구다. 그러나 나무는 친구끼리 서로 즐긴다느니보다는 제각기 하늘이 준 힘을 다하여 널리 가지를 펴고, 아름다운 꽃을 피우고, 열매를 맺는 데 더 힘을 쓴다. 그리고 하늘을 우러러 항상 감사하고 찬송하고 묵도(默禱)하는 것으로 일삼는다. 그러기에 나무는 언제나 하늘을 향하여 손을 쳐들고 있다. 그리고 온갖 나뭇잎이 우거진 숲을 찾는 사람이 거룩한 전당에 들어선 것처럼 **엄숙하고 경건한 마음**으로 자연 옷깃을 여미고 우렁찬 찬가에 귀를 기울이게 되는 이유도 여기 있다.

나무에 하나 더 원하는 것이 있다면, 그것은 천명(天命)을 다한 뒤에 하늘 뜻대로 다시 흙과 물로 돌아가는 것이다. 그러나 ㉤사람은 가다 장난삼아 칼로 제 이름을 새겨 보고, 흔히는 자기 쓸 곳 닿는 대로 가지를 쳐 가고, 송두리째 베어 가곤 한다. 나무는 그래도 원망하지 않는다. 새긴 이름은 도리어 그들의 원대로 키워지고, 베어 간 재목이 혹 자기를 해칠 도낏자루가 되고 톱 손잡이가 된다 하더라도 이렇다 하는 법이 없다. 나무는 훌륭한 견인주의자요, 고독의 **철인(哲人)**이요, **안분지족(安分知足)의 현인**이다. 불교의 소위 윤회설이 참말이라면 나는 **죽어서 나무가 되고 싶다**.

'무슨 나무가 될까?' 이미 나무를 뜻하였으니 **진달래가 될까, 소나무가 될까**는 가리지 않으련다.

– 이양하, 「나무」

4 **윗글을 이해한 내용으로 가장 적절한 것은?** 8851-0116

① '진달래'는 '소나무'를 우러러보며 부러워한다.
② '나무'는 자신의 위치에 불만을 가질 때도 있다.
③ '나무'는 계절이 바뀌어도 고독을 느끼고 괴로워한다.
④ '나무'는 사람들이 자신을 해치는 것에 대해 원망한다.
⑤ '사람'들은 숲에 들어서게 되면 거룩한 마음을 갖게 된다.

5 **윗글의 '나무'와 ㉠~㉤의 관계에 대한 설명으로 적절하지 않은 것은?** 8851-0117

① ㉠: '나무'와 말은 별로 하지 않지만, '나무'에게 의리 있고 다정한 대상이다.
② ㉡: '나무'에게 말은 많이 하지만, '나무'에게 상처를 내기도 하는 대상이다.
③ ㉢: '나무'에게 믿음을 주는 것은 아니지만, '나무'에게 기쁨을 주기도 하는 대상이다.
④ ㉣: '나무'와 일생을 이웃하며 속속들이 이해하고 진심으로 공감을 나누는 대상이다.
⑤ ㉤: '나무'가 많은 것들을 베풀어 주며 서로 친밀한 소통을 나누는 대상이다.

6 **〈보기〉를 바탕으로 윗글을 감상한 것으로 적절하지 않은 것은?** 8851-0118

보기

이 작품은 나무에 대한 애정 어린 성찰을 나타내고 있다. 특히 나무의 속성을 인간의 삶을 아름답게 하고 성숙시키는 덕성에 비유하고 있으며, 한자어를 사용하여 나무의 속성을 표현하기도 한다. 또한 나무의 속성을 예찬하고 동경하는 태도를 통해 글쓴이 자신이 바라는 삶의 모습을 그려 내고 있으며, 자연과 인생에 대한 깊이 있는 통찰을 제시하고 있다.

① '주어진 분수에 만족'하는 '덕'을 지닌 모습에 빗대어 나무가 지닌 덕성을 드러내고 있다.
② '엄숙하고 경건한 마음'과 같이 나무를 통해 느낀 글쓴이의 애정 어린 성찰의 태도를 나타내고 있다.
③ '철인(哲人)', '안분지족(安分知足)의 현인' 등의 한자어를 통해 나무의 속성을 표현하고 있다.
④ '죽어서 나무가 되고 싶'다는 글쓴이의 말을 통해 나무의 속성에 대한 예찬과 동경의 태도를 드러내고 있다.
⑤ '진달래가 될까, 소나무가 될까'를 고민하는 모습을 통해 자연과 인생에 대한 깊이 있는 통찰을 나타내고 있다.

[7~9] 다음 글을 읽고 물음에 답하시오.

[앞부분 줄거리] 가족 뒷바라지로 항상 분주한 인희는 남편 정철이 퇴직하면 교외에서 살기 위해 전원주택을 짓고 있다. 그러던 어느 날 가끔 느끼는 통증 때문에 진료를 받으러 갔다가 자궁암 말기임을 알게 된다. 정철은 아프다는 아내의 말을 흘려들은 자신을 자책한다. 수술 후 인희의 병세는 더욱 악화되고, 인희는 자신의 죽음을 예상하며 죽음 이후를 생각한다. 인희는 자신이 죽으면 시어머니를 돌보아 줄 사람이 없을 것이라는 생각에 걱정한다.

S# 51. 화장실 안

인희, 변기 위에 앉아 있는 할머니에게 새 속옷을 갈아입히고 있다. / 윗옷까지 마저 다 갈아입혀 주고.

인희 : (할머니 눈을 보며, 마음 아픈 것을 참고) 좋아요?

할머니 : ……. / 인희 : (쪼그려 앉으며) 개운하지?

할머니 : (인희의 눈을 보고 있다. 정신이 들었는지 인희의 마음을 알 것 같다.)

인희 : (눈물을 참고, 대견해하며) 이렇게 입으니까 꼭 새색시 같네. (할머니 손을 잡고, 차마 눈은 못 보고) 어머니, 나 먼저 가 있을게, 빨리 와. (다시 할머니 눈을 보며) 싸우다 정든다고 나 어머니랑 정 많이 들었네. 친정어머니 먼저 가시고 애들 아비 공부한다고 객지 생활할 때, 애들도 없고 외롭고 그럴 때도…… 어머니는 내 옆에 있었는데……. 나 밉다고 해도 가끔 나한테 당신이 좋아하시는 거 아꼈다가 주곤 하셨는데……. 어머니, 이제 기억 하나도 안 나지?

연수 : (E.) 엄마? / 할머니 : (갑자기 버럭, 밖에 대고) 저리 가, 이년아!

인희 : (놀라, 할머니를 보고 정신이 드는가 싶어 눈물이 난다.) 어머니, 아까 미안해요. 내 마음 알죠?

할머니 : (눈물이 나는 것을 참는다.) …….

인희 : (손을 잡고, 울며) 이런 말 하는 거 아닌데…… 정신 드실 때 혀라도 깨물어, 나 따라와요. 아범이랑 애들 고생시키지 말고. 기다릴게. (손을 잡아 얼굴에 대고 울며) 아이고, 어머니…….

〈중략〉

S# 67. 차 안

연수, 정철의 안전띠를 풀어 주고, 몸을 뒤로 돌려 인희를 본다.

연수 : 다 왔어요. / 인희 : (깜빡 자다가 일어나 둘레를 보며) 여긴, 우리 집이잖아?

정철 : 내가 연수랑 대충 정리했어. 들어가자. (보따리를 들고 내린다.)

인희 : (마음이 짠해져, 집을 한번 본다.) / 정수 : (눈물을 참으며, 창밖만 본다.)

인희 : (정수의 손을 잡고) 정수야, 엄마 봐야지?

정수 : (힘들게 고개 돌리다, 차마 인희를 못 보고 고개 숙인다.)

인희 : (마음 아픈 것을 참고, 정수의 남방 단추를 모두 채워 주고) 엄마, 내일이라도 다 쉬었다 싶으면 갈게. 울어?

정수 : (고개를 젓는다.) / 인희 : (장난처럼, 밝게) 정수야, 나 누구야?

정수 : (고개를 들고 눈을 부릅떠 눈물을 참고, 아이처럼) 엄마.

인희 : 다시 한번만 더 불러 봐. / 정수 : (목이 메어) 엄……마.

인희 : (눈물이 그렁그렁하여) 정수야, 너…… 다 잊어버려도, 엄마 얼굴도 웃음도 다 잊어버려도…… 니가 이 엄마 배 속에서 나온 것은 잊으면 안 돼.

정수 : (힘들게 끄덕인다.)

인희: (손가락에 낀 반지를 빼서, 정수 손에 쥐여 주고) 이거, 네 마누라 줘. / 정수: !
인희: 잊어 먹을까 봐 그래. (정수를 안으며 눈물이 주룩 흐르고) 아무리 뒤져 봐도 엄마가 이거밖에 줄 게 없다. 미안해.
정수: (안겨, 이를 앙다물고 운다.)
인희: (정수를 떼어 내고, 창가로 얼굴을 돌려 외면하고) 잠깐 내려 봐. 누나랑 할 얘기 있어.

〈중략〉

S# 70. 거실

정철과 인희, 차를 마시고 있다.

정철: 훌훌 불면서 먹어, 뜨거워. / 인희: 무슨 차인지 향이 좋네. 무슨 차야?
정철: (차를 마시며) 몰라, 그냥 향이 좋은 차야.
인희: (웃으면서 바깥 전경을 보며) 꼭 신혼여행 온 것 같다. 당신이 공부한다고 우리 신방도 못 차리고 산 것 알죠?
정철: 응.

〈중략〉

S# 73. 침실

조금은 어두운, 그러나 따뜻해 보이는. / 인희, 정철, 조금은 낯설고 멋쩍게 침대에 걸터앉아 있다.

정철: (멀뚱하게 앞만 보며) 텔레비전이라도 하나 갖다 놓을걸. 심심하네.
인희: 여보, 나 소원 있어.
정철: 뭐?
인희: ㉠나 무덤 만들어 줘.
정철: 언제는 답답해서 싫다고 화장해 달라며?
인희: 우리 엄마 화장하니까 별로더라. 강에 뿌렸는데 하도 오래되니까 여기다 뿌렸는지, 저기다 뿌렸는지 도통 기억에 없고. 여기 가서 울다 저기 가서 울다, 꼭 미친 사람처럼. 당신하고 애들은 그러지 말라고.

〈중략〉

S# 74. 몽타주

정원에서 돌을 고르며 행복한 얼굴을 한 인희와 정철.
화장실에서 정철에게 등목을 해 주는 인희. / 서로 밥을 먹여 주는 인희와 정철.
거실 소파에서 인희, 정철 무릎에 누워 있다. 정철, 재미난 책을 읽어 주고, 인희는 재미있는지 환하게 웃는다.

〈중략〉

S# 76. 침실

침실 가득 밝은 햇살이 들어온다.
인희, 정철의 팔에 안겨 깊은 잠이 들어 있다. / 정철, 물기 가득한 눈으로 인희를 안고 있다.

정철: (인희의 죽음을 느낀다. 인희를 보지 않고) 여보. / 인희: …….

정철: 여보…….
인희: …….
정철: 인희야.

그러나 인희는 대답 없고, 정철, 이를 앙다물고 운다. / 눈물 뚝 떨어져 인희의 뺨 위로 흐른다.
인희, 너무도 편안하게 깊이 잠들어 있다. / 그런 두 사람 보여 주며 카메라 멀어지면서, 엔딩.

– 노희경, 「세상에서 가장 아름다운 이별」

7 **윗글의 각 장면에 대한 설명으로 적절하지 않은 것은?** ▶ 8851-0119

① S# 51 : 인희의 대사를 통해 시어머니에게 애정을 갖고 있는 인희의 마음을 나타내고 있다.
② S# 67 : 인희가 자녀들과 이별하는 공간을 좁은 차 안으로 설정해서 몰입하게 한다.
③ S# 67 : 반지를 소품으로 활용해 정수에게 경제적 도움을 주지 못하는 인희의 안타까움을 드러내고 있다.
④ S# 74 : 몽타주 기법을 활용해서 죽음을 준비하는 인희와 정철의 모습을 표현하고 있다.
⑤ S# 76 : 밝은 햇살이라는 배경과 죽은 인희의 모습을 대비하여 슬픔을 극대화하고 있다.

8 **㉠을 이해한 내용으로 적절하지 않은 것은?** ▶ 8851-0120

① 자신의 죽음 이후의 일에 대한 자신의 바람이 드러난다.
② 시신을 소각하는 화장의 방식에 대한 두려움이 드러난다.
③ 죽음이 곧 다가오고 있기 때문에 가족에 대한 배려심이 드러난다.
④ 죽은 후에도 가족들이 자신을 잊지 않았으면 하는 바람이 드러난다.
⑤ 자신이 겪은 힘든 경험이 가족들에게 되풀이되지 않았으면 하는 바람이 드러난다.

9 **〈보기〉는 윗글을 원작으로 한 소설의 일부이다. 〈보기〉와 S# 70을 비교하여 이해한 내용으로 가장 적절한 것은?** ▶ 8851-0121

보기

정철은 곧 차를 끓여 거실로 가져왔다.
"무슨 차야? 향이 좋네."
"몰라. 그냥 향이 좋은 차야. 훌훌 불어서 마셔. 뜨거워."
"꼭 신혼여행 온 것 같다. 당신 공부한다고 우리 신방도 못 차리고 산 거 알지?"
차를 한 모금 마시며 방긋 미소 짓는 인희를 정철은 처연하게 본다. 이름 모를 차 한 잔에도 저렇게 행복해하는 여자에게 그동안 왜 그렇게 못 해 줬던가. 하루에 한 시간만이라도, 아니 한 달에 십 분만이라도 저렇게 아내를 기쁘게 해 주었더라면 지금처럼 마음이 헛헛하지는 않았을 것을.

① S# 70과 달리 〈보기〉에서는 지시문을 통해 인물의 행동을 제시한다.
② S# 70과 달리 〈보기〉에서는 인물이 느끼는 감정을 직접적으로 서술한다.
③ 〈보기〉와 달리 S# 70에서는 인물의 표정을 묘사하고 있다.
④ 〈보기〉와 달리 S# 70에서는 인물의 내적 독백 장면이 드러난다.
⑤ S# 70과 〈보기〉 모두 작품 내부의 서술자가 사건을 전개한다.

memo

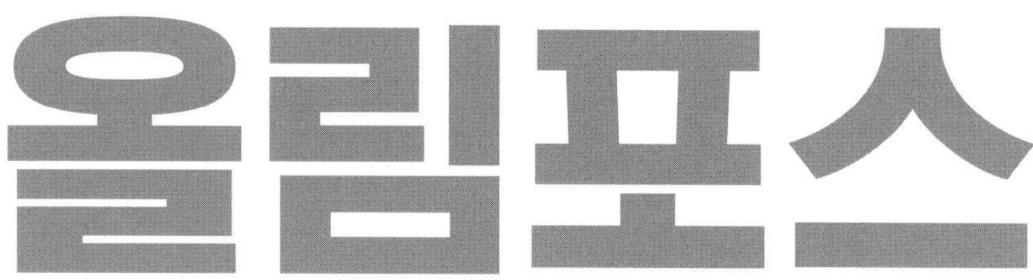

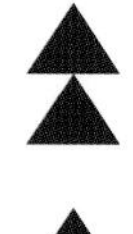

EBS

정답과 해설

단기간에 내신을 끝내는 유형별 문항 연습

단기 특강 문학

EBS 단기 특강 **문학**

정답과 해설

1부 시 문학

01 화자의 정서와 태도

유제 1 화자의 정서 파악

「쉽게 씌어진 시」의 화자는 일제 강점기라는 억압된 현실에 맞서 적극적으로 행동하지 않는 자신을 못마땅하게 여기는 사람이다. 현실 앞에서 스스로를 돌아보며 홀로 앉아 시를 써 내려가는 모습은 적극적인 저항은 아닐지라도 자신이 할 수 있는 일로써 현실에 대응하는 것이다. 이를 아무것도 할 수 없는 무기력함과 연결하는 것은 적절하지 않다.

오답 피하기 |

① [A]에서 일본식 돗자리 다다미 여섯 장이 깔린 '육첩방'과 '밤비'는 당시의 어두운 시대 현실을 드러내는 시·공간적 배경이다. 그 속에서 화자의 자아는 현실적 자아와 이상적 자아로 분열되고 있다.

③ [C]에서 화자는 살아가기 어려운 시대에 쉽게 시를 쓰고 있다며 당대의 암울한 분위기와 비교해 '쉽게' 시를 쓰며 살아가고 있는 자신의 삶 사이에서 괴리감을 느끼며 부끄러워하고 있다.

④ [D]의 '최후의 나'는 '등불'을 밝혀 어둠을 내모는 존재로서 '아침'을 기다리고 있다. 성찰의 과정을 거쳐 현실을 극복하는 의지를 갖추게 된 이상적 자아로서의 기대감이 드러난다.

⑤ [E]에서 '악수'라는 표현을 통해 현실 속 무기력한 자아와 현실 극복 의지를 지닌 이상적 자아의 갈등이 해소된 것으로 파악할 수 있다.

유제 2 화자의 태도 파악

「어느 날 고궁을 나오면서」의 화자는 현실 속 커다란 문제들 앞에서 침묵하고 힘없는 사람들에게만 자신의 분노를 표출하고 있다. 화자는 ㉣에서 '옹졸하게 반항한다.'며 자신의 모습에 대해 자조하고 반성할 뿐 태도의 변화를 다짐하고 있지는 않다.

오답 피하기 |

① 화자는 '왕궁의 음탕'처럼 권력의 부당함 앞에서 분개하지 못하고 '오십 원짜리 갈비가 기름 덩어리만 나'올 때와 같이 사소한 문제를 두고 '분개하고' 있다.

② '붙잡혀 간 소설가', '언론의 자유' 등 커다란 사회적 문제 앞에서 화자가 '자유를 이행하지 못하고' '야경꾼만 증오하'는 것은 현실의 부조리에 저항하지 못한 채 살고 있는 것으로 이해할 수 있다.

③ '지금도 내가 반항하고 있는' 행위를 자신의 옹졸함을 드러내는 과거 경험인 '스폰지 만들기'와 '거즈 접는 일'과 '다름없다'고 표현한 것은 오랜 시간 화자가 무기력하게 살아왔음을 뜻한다.

⑤ 화자는 현실 앞에서 왜소한 자신의 모습을 보잘것없는 자연물인 '모래'와 연관시키며 애꿎은 이웃에게 화풀이를 하는 자신을 씁쓸하게 비웃고 있다.

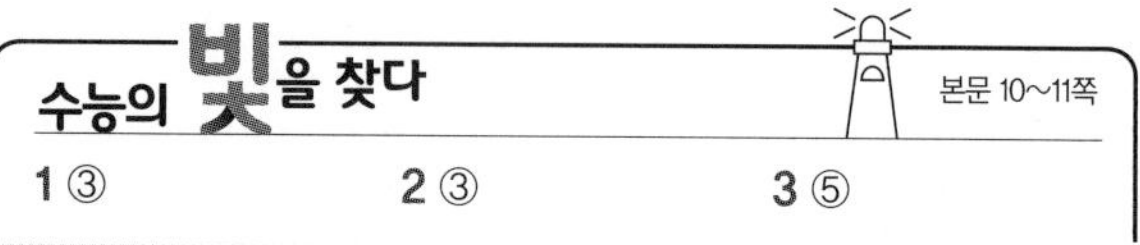

권호문, 「한거십팔곡」

해제 | 이 작품은 자연 속에서 살아가는 즐거움을 나타낸 총 19수의 연시조이다. 내용상의 특징은 자연 속에서의 한가로운 정취가 이어지는 일반적인 강호한정가의 내용이 아니라, 벼슬길에 나가 임금을 섬기는 삶과 자연에 은거하며 풍류를 즐기는 삶 사이의 고민을 표현하는 화자가 등장한다는 점이다. 화자는 제2수와 제4수에서 입신양명에 대한 미련을 내비치고 있지만, 결국 이상향인 자연에서의 삶을 택하고 거기에 만족하고자 한다. 이상과 현실의 기로에서 머뭇거리는 인간 본연의 모습을 확인할 수 있는 작품이다.

주제 | 입신양명을 이루지 못한 안타까움과 자연 속에서 은거하는 안빈낙도의 즐거움

구성 |

- 제1수: 평생토록 충효를 추구하는 마음
- 제2수: 계교로 인해 입신이 늦은 안타까움
- 제3수: 세사를 잊고 임천을 즐기려는 마음
- 제4수: 자연을 즐기는 일과 벼슬에 오르는 일 사이의 고민
- 제15수: 주색과 부귀 대신 적막한 자연에 살려는 마음

1 화자의 정서 파악

'강호'는 자연물이지만 계절감을 드러내는 시어는 아니다. 그리고 [C]는 이상향인 강호와 벼슬길에 나가 성주와 함께하는 삶 가운데 갈등하는 마음이 드러나 있는 부분이다.

오답 피하기 |

① 충과 효를 다하지 않는 것은 짐승과 다를 바 없다는 뜻으

로, 평서형 종결 어미 대신 '다라리야(다를쏘냐)'와 같은 의문문의 형식을 사용하여 사대부로서 충효에 대한 당위성을 강조하고 있다.
② 제2수의 종장에서 화자는 공명을 '못이롤가' 걱정하고 있지만, 제3수의 첫 장에서는 '못 일워두 임천이 됴ᄒᆞ니라'라고 말하며 내용을 서로 이어 표현하면서 벼슬길 대신 자연에서의 은거를 택하겠다는 심경의 변화를 드러내고 있다.
④ '주색'과 '부귀'는 화자가 부정적으로 여기는 것이고, 각각 '~ᄒᆞ니'에 이어 부정어로 끝맺는 유사한 문장 구조를 반복하여 부정적인 대상을 강조하고 있다.
⑤ 자신이 택한 자연에서의 은거를 뜻하는 '적막빈'에서 '놀쟈'라는 청유형의 표현을 한 것은 스스로의 삶이 만족스럽다는 인식이 바탕에 깔린 것이다. 이는 자연에서 살겠다는 화자의 의지로 읽을 수 있다.

2 소재의 의미 파악

'금수'는 짐승을 뜻하는 말로 충효를 지키지 않는 자를 일컫는 표현이고, '무심어조'는 자연 속에서 한가로이 살아가는 생물이다. '무심'은 감정이 없음을 뜻하는 것이 아니라 욕심이 없는 것을 뜻한다. '충효'라는 '두일'을 하지 않는 사람을 '금수ㅣ나 다라리야'와 같이 표현했는데, 이는 '금수와 다를 것이 없다'는 의미이다. 따라서 '금수'는 화자가 못마땅하게 여기는 대상으로 이해할 수 있다. '무심어조'의 경우 종장에 '너를 조ᄎᆞ려 ᄒᆞ노라'라는 표현이 이어지는데, 이는 자연 속에서 속세에 대한 욕심 없이 고요한 마음으로 은거하려는 화자가 지향하는 모습과 연결된다.

3 화자의 태도 파악

'어목'은 고기 잡는 어부와 가축을 기르는 목자를 뜻하므로, 벼슬길에 나아가려는 포부가 아니라 자연 속에서 조화롭게 살아가려는 태도와 연관 있는 시어이다.

오답 피하기 |

① '충효'는 유교에서 중시하는 삶의 태도이다. '생평'은 '평생'을 뜻하는데, 평생 동안 그를 원한다는 말로 사대부로서의 지켜야 할 유교적 가치를 드러내고 있다.
② '공명'은 세상에 공을 세워 이름을 알린다는 뜻이다. '세월'이 물 흐르듯 하여 그를 못 이룰까 걱정한다는 것은 입신양명의 꿈에 대한 욕구가 있음을 의미한다.
③ 세상의 온갖 일인 '세사'를 잊겠다는 것은 자연에서 은거하며 세상의 시끄러움과의 단절을 바란다는 말이다.
④ 화자가 '갈ᄃᆡ 몰라' 하는 것은 '소락'을 추구하며 이상향에 머무르는 길과 현실적 성취를 위해 '성주' 옆 벼슬길에 나아가는 길을 놓고 결정을 내리기가 힘들기 때문이다.

02 시어의 의미와 기능

교과서에서 길을 보다 본문 14~15쪽

유제 1 ④ 유제 2 ⑤

유제 1 시어의 의미 파악

㉠'막이 내렸다'는 하강의 이미지로 무대에서 농무가 끝난 것을 나타낸다. 이는 도시화의 과정에서 소외되어 피폐해진 농촌의 현실을 비유적으로 나타낸 표현이다. ㉡'신명'은 장거리로 나서 농민들이 농무를 추는 과정에서 등장하는 시어이다. '발버둥 치'듯 농사일을 열심히 해도 '답답하고 고달프게' 살아가는 농민들의 처지에 대한 울분을 '신명'으로 표현하며 그들의 암담한 상황을 역설적으로 드러내고 있다.

유제 2 시어의 기능 파악

「모닥불」의 마지막 연에서는 할아버지의 과거 체험을 드러내며 모닥불의 따뜻함을 통해 공동체에서 소외된 개인이 겪은 아픔을 환기한다. 공동체의 따뜻함과 대비되는 내용을 전달함으로써 여운을 주고 있는 3연의 '모닥불'을 서러운 과거를 소각하는 소재라고 설명한 것은 의미를 지나치게 확대 해석한 것이다.

오답 피하기 |

① 1연에서 일일이 열거되는 것들은 농촌에서 흔히 볼 수 있는 사소한 것들이지만, 이것들이 모여 '모닥불'을 만들었다. 이는 2연에서 여러 사람들을 한자리로 모으고 온기를 주는 요긴한 존재가 된다.
② 1연과 2연에서 '모닥불'을 이루는 존재들을 열거할 때, 여러 가지를 공통으로 아우른다는 의미를 내포하는 보조사 '도'를 활용하여 각각의 존재들이 서로 유사성을 지니고 있음을 보다 강하게 드러내고 있다.

③ 모두가 하나 되는 '모닥불'을 떠올리던 화자는 3연에서 '모닥불'에 어린 시절 '어미아비 없'이 자란 '할아버지'의 '슬픈 역사'가 있다고 하였으므로, '모닥불'이 소외되어 자란 개인의 슬픔을 떠올리는 매개체라는 설명은 적절하다.
④ '모닥불'을 둘러싼 존재들이 같은 자리에서 함께 모닥불을 쪼이고 있다는 점에서 차이는 무너지고 서로 평등한 관계가 된 것으로 해석할 수 있다.

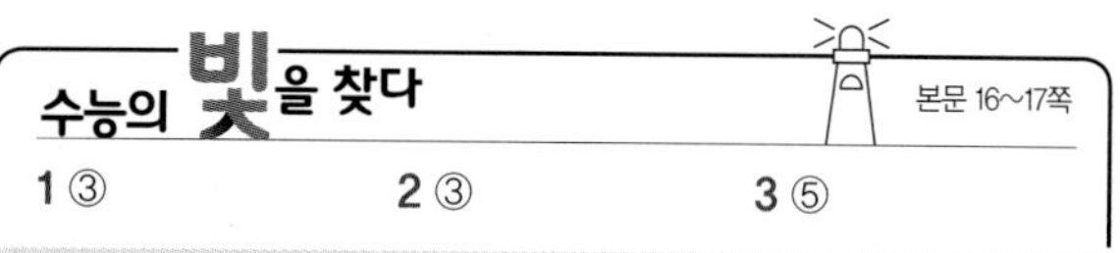

1 ③ 2 ③ 3 ⑤

(가) 서정주, 「무등을 보며」

해제 | 이 작품에서 화자는 가난이 인간의 타고난 본질까지 훼손시킬 수는 없으므로 삶에서 곤란한 문제가 생겼을 때 의연하게 대처하면서 살아가기를 권유하고 있다. 화자는 무등산을 바라보면서 세상 사람들이 그 청산을 본받아 굳건하게 살아가기를 바란다. 또한 '목숨이 가다 가다 농울쳐 휘어드는' 현실에서도 가족 간의 믿음과 사랑으로 곤궁한 삶을 헤쳐 나가야 함을 역설한다. 그러한 모습을 모두 지닌 '청산'은 화자가 지향하는 세계이자 화자가 사람들이 지향하기를 바라는 세계이며, '갈매빛', '청산', '지란', '옥돌', '청태' 등에서 나타나는 푸른색의 이미지를 통해 화자는 자신이 말하고자 하는 바를 구체적으로 형상화하고 있다.

주제 | 가난으로 힘든 삶 속에서도 의연히 살아가는 태도의 중요성

구성 |
- 1연: 가난이 인간의 타고난 본질을 가리지 못함.
- 2연: 청산이 지란을 기르듯 자식을 기르며 의연히 살아가기를 권함.
- 3연: 삶의 고난 속에서 부부가 서로 의지하며 살아가기를 권함.
- 4연: 청산과 옥돌의 모습처럼 의연한 자세로 어려움을 이겨 내기를 권함.

(나) 김준태, 「강강술래」

해제 | 이 작품은 자연에 대한 배려와 사람끼리의 인정이 넘치던 농촌 공동체에 대한 그리움을 표현하고 있다. 화자가 명절을 맞아 '천릿길'을 마다 않고 고향에 내려가 느끼는 것은, 생명을 소중히 생각하고 자기 자신보다 공동체를 우선시하던 과거 농촌의 모습이다. 화자는 '풀여치 하나'에도 안절부절못하셨고 '죽순 하나' 함부로 하지 않으며 '대밭'을 가꾸셨던 '할머니'와 '할아버지'를 통해 자연과의 조화 및 공동체를 소중히 여겼던 과거 농촌을 그리워한다. 그리고 그러한 모습이 사라져 가는 것에 대한 안타까움, 공동체 회복에 대한 염원 등의 정서는 마지막 부분에 나오는 '강강술래'에 그 의미가 집약되어 있다.

주제 | 과거 농촌 공동체에 대한 그리움

구성 |
- 1~3행: 늙은 할머니의 손톱과 발톱을 깎아 드리는 '나'
- 4~6행: 자연을 사랑하며 평생을 살아오신 할머니
- 7~9행: 변함없는 대밭을 바라보는 '나'
- 10~15행: 대밭을 소중히 가꾸시던 할아버님에 대한 그리움
- 16~19행: 더불어 사는 삶을 그리워하는 '나'

1 작품 간의 공통점 파악

(가)의 화자는 자신이 처한 가난한 상황 속에서도 의연히 살아가는 태도의 중요성을 '청산'을 통해 드러내고 있다. (나)의 화자는 농촌 공동체에서 지키던 가치를 '대밭', '강강술래'를 통해 드러내고 있으며, 그러한 것이 사라져 가는 현실 앞에서 과거에 대한 그리움을 표현하고 있다.

오답 피하기 |
① (가)에서 화자는 내용을 현재형으로만 서술하고 있으며 과거형은 사용하고 있지 않다. 따라서 과거와 현재를 병치하여 상황을 부각한다는 설명은 적절하지 않다.
② (가)와 (나)의 시상은 주로 시각적 이미지를 통해 드러나고 있으며, 감각의 전이를 통한 공감각적 표현은 활용하고 있지 않다.
④ (가)에는 명령형 종결 어미와 평서형 종결 어미가 드러나고 (나)에는 평서형 종결 어미가 등장하는데, 공통적으로 등장하는 평서형 종결 어미는 혼자서 내용을 읊조리는 느낌을 줄 뿐 긴장감을 조성하는 역할과는 거리가 멀다.
⑤ (가)와 (나)에는 감탄사나 감탄형 어미를 활용하여 자신의 감정을 강조하는 부분이 없으므로 영탄적 어조를 사용했다는 설명은 적절하지 않다.

2 시구의 의미 파악

㉢의 '언제나 변함없는 대밭을 바라본다.'에는 문장의 주체가 생략되었지만, 앞뒤 맥락을 살펴볼 때 할아버님께서 소중히 가꾸신 '대밭을 바라'보며 그리움을 느끼고 있는 주체는 '할머니'가 아니라 화자임을 알 수 있다.

오답 피하기 |
① ㉠에서 할머니의 '손톱과 발톱을 깎아 드'리는 행동을 통해 화자는 할머니에 대한 애정을 표현하고 있다.
② ㉡의 수더분하고 은은한 '산국화 냄새'는 작은 자연물도 배려하며 살아오신 할머니의 삶을 함축하는 표현이다.
④ ㉣에서는 내용과 형식 면에서 유사한 의미를 가진 어구를 반복하여 사용함으로써 '대밭'을 관리하시던 '할아버님'의 정

성을 부각하고 있다.
⑤ ⓜ에서 화자의 상상을 통해 등장하는 '도깨비들이 춤추던' 이라는 표현과 화자가 직접 관찰하는 '대밭'이라는 표현은 하나의 의미 단위를 이루고 있다. 더 이상 '그 시절'의 '대밭'은 존재하지 않기에 이는 과거에 대한 그리움의 심정을 지니고 있는 화자의 심정과 연결된다.

3 시어의 의미 파악

'청태'는 푸른 이끼를 일컫는 것으로, '갈매빛', '청산', '지란', '옥돌'처럼 푸른색의 이미지를 지닌다. 이 시어들은 화자가 힘든 삶 속에서도 흔들리지 않고 의연하게 살아 나가는 모습을 보여 주므로 고통의 무게가 커지는 것과는 관련이 없다.

오답 피하기 |

① '갈매빛의 등성이'는 <보기>의 시인이 '무등산'을 보며 삶의 자세에 대한 다짐을 하였다고 말한 내용과 일맥상통한다.
② '우리 새끼들을 기를 수밖엔 없다.'라는 표현은 '청산'이 '지란을 기르'는 모습에서 착안한 것으로, 현실이 어려워도 가족끼리의 믿음과 사랑으로 상황을 헤쳐 나가고자 하는 화자의 태도를 보여 준다.
③ '오후의 때'는 '목숨이 가다 가다 농울쳐 휘어드는' 시간이다. '농울치다'는 큰 물결이 사납게 일어나는 모습을 일컫는 것으로, 궁핍으로 인해 목숨을 부지하기 힘겨운 상황과 관련 있다.
④ '호젓이 묻혔다고 생각할 일'은 가난으로 인한 고통의 시간이 왔을 때 동요하지 말고 고요하고 정결한 마음으로 그때가 지나가기를 기다리자는 의미를 드러내고 있다.

03 작품의 종합적 이해 및 감상

유제 1 내적 준거에 의한 감상

[C]에서 화자는 '즈믄 ᄒᆡ를 아즐가 즈믄 ᄒᆡ를 외오곰 녀신ᄃᆞᆯ ~ 신잇ᄃᆞᆫ 아즐가 신잇ᄃᆞᆫ 그츠리잇가 나ᄂᆞᆫ'이라는 설의적 표현을 통해 몸이 떨어져 있다 하더라도 믿음을 잃지 않겠다며 사랑에 대한 맹세를 하고 있다. 이는 이별의 상황을 가정하며 임을 대하는 자신의 절실한 마음을 드러낸 것이므로 재회에 대한 가정을 하는 것과는 관련이 없다.

오답 피하기 |

① 화자가 사랑하는 '닷곤ᄃᆡ', '쇼셩경'은 생활의 기반을 잡아 놓은 장소를 뜻하므로 화자가 '고외마른' 한다는 점에서 '서경'에 대한 애착을 가지고 있음을 추론할 수 있다.
② 화자가 버릴 수도 있다고 이야기하는 것은 '질삼뵈'이다. 이는 여성으로 추정되는 화자가 자신의 생업을 버리고서라도 임을 따라가겠다는 의지를 드러내기 위해 사용한 소재이다.
④ '대동강 아즐가 대동강 너븐디 몰라셔 ~ ᄇᆡ 내여 아즐가 ᄇᆡ 내여 노ᄒᆞᆫ다 샤공아'라고 사공에게 묻는 것은 왜 사랑하는 사람을 배로 건네주느냐는 힐난의 의미로 파악할 수 있다. 이는 화자가 차마 떠나는 임을 탓할 수 없어서 애꿎은 뱃사공에게 원망의 화살을 돌리고 있는 것이다.
⑤ '위 두어렁셩 두어렁셩 다링디리'는 작품 내용과는 관련이 없으며, 흥을 돋우기 위해 추가된 후렴구이다. 당대 민중 유행가의 가사가 궁중의 연희를 위해 차용되는 과정에서 삽입된 것으로 추정되며, 이와 같은 후렴구는 고려 가요의 큰 특징 중 하나이다.

유제 2 외적 준거를 통한 이해

(나)의 화자는 '묏버들'을 통해 임이 자신을 떠올리기를 바라는데, 이는 과장된 표현이 아니라 임을 향한 자신의 마음을 상징물을 통해 형상화한 것이다. (다)에는 임이 오신다는 소식을 듣고 나서 이어지는 화자의 행동들이 구체적으로 묘사되어 있는데, 허둥지둥하다가 착각하는 모습이 독자에게 웃음을 자아내게 한다.

오답 피하기 |

① (나)는 평시조, (다)는 사설시조이긴 하나 모두 각각 세 줄, 3장으로 이루어진 시조의 형식이라는 점에서 공통적이므로 형식적으로 앞 세대의 전통을 후대에 수용한 것이다.
② (다)는 (나)와 같은 3장으로 이루어져 있으나 각 장의 길이가 (나)에 비해 길며, 특히 중장의 길이 차이가 두드러진다. 이는 이전의 형식에 대한 변화를 꾀하는 것으로 앞 세대의 전통을 창조적으로 계승한 것으로 볼 수 있다.
④ (나)와 (다)의 화자는 모두 임을 향한 연모의 정을 작품 속에서 표현하고 있으므로 (다)가 내용 면에서 (나)와 같은 전통을 수용적으로 계승한 것으로 볼 수 있다.

⑤ (나)에서는 객관적 상관물인 '뫼버들'을 통해 그리운 마음을 간접적으로 드러내고 있으나 (다)에서는 그 마음을 과장된 표현을 통해 해학적으로 드러내고 있으므로, (다)는 내용 면에서 (나)의 전통을 창조적으로 계승한 것으로 볼 수 있다.

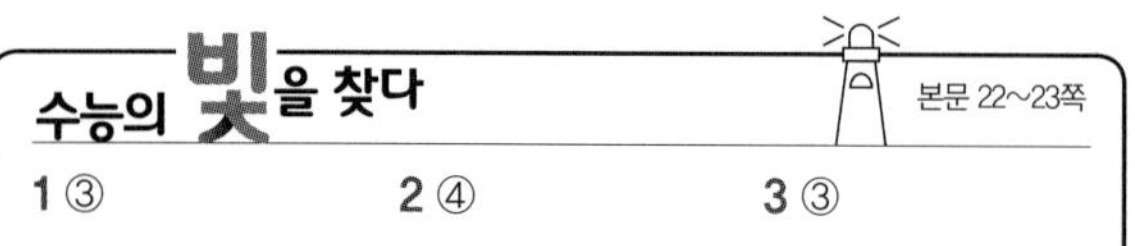

1 ③ 2 ④ 3 ③

(가) 박목월, 「만술 아비의 축문」

해제 | 이 작품은 가난하지만 정성을 다해 제를 올리는 '만술 아비'와, '만술 아비'에게 그의 마음이 저승에 닿아 망자도 감동하리라는 말을 건네는 또 다른 화자의 말로 구성되어 있다. '만술 아비'는 배움이 짧아 축문을 쓰지도 못하고, 제사상에 등잔불을 켜거나 아버지가 생전에 좋아하시던 '간고등어'조차 올리지 못할 정도로 가난하다. 그래도 화자는 '소금에 밥'을 정성껏 마련하여 아버지를 대접하고 애도한다. 2연에서는 제삼자인 다른 화자가 '만술 아비'에게 아버지의 혼이 감동하여 '굵은 밤이슬'이 내린다고 함으로써 '만술 아비'의 마음에서 우러난 인정과 정성을 높이 평가하고 있다. 이승과 저승 사이의 교감을 정감 있는 언어로 따뜻하게 표현한 작품이다.

주제 | 돌아가신 아버지에 대한 애틋한 사랑과 정성

구성 |

- 1연: 가난한 아들이 아버지의 제사상에 올리는 축문
- 2연: 아들의 정성에 대한 제삼자의 평가와 망령의 감동

(나) 김춘수, 「강우」

해제 | 이 작품은 아내의 죽음을 쉽게 받아들이지 못하며 아내를 그리워하는 화자의 심정을 애절하게 드러낸다. 밥상의 이미지를 통해 여느 때와 같은 일상의 풍경을 제시하고, 아내의 죽음을 인정하지 못한 채 계속해서 아내를 찾는 화자의 모습은 보는 사람을 안타깝게 만든다. 아내의 죽음으로 인한 슬픔을 쏟아지는 비에 비유하여 표현하고 있으며, 다양한 심상을 활용하여 상황과 정서를 구체적으로 형상화하고 있다.

주제 | 아내의 죽음으로 인한 슬픔

구성 |

- 1~10행: 부재한 아내를 애타게 찾음.
- 11~13행: 아내의 죽음을 인식하고 받아들임.
- 14~19행: 아내의 죽음으로 인한 슬픔과 체념

1 작품 간의 공통점 파악

(가)의 '축문이 당한기요.'는 '만술 아비'가 스스로의 처지로 인한 곤란함을, '귀한 것 있을락꼬.'는 '만술 아비'의 정성에 탄복하는 또 다른 화자의 마음을 드러내기 위한 설의적 표현이며, (나)의 '어디로 갔나,', '누웠나,'와 같은 의문문에서는 대상의 부재를 절감하는 '나'의 안타까운 심정이 배어난다.

오답 피하기 |

① (가)와 (나)는 모두 유사한 어구의 반복을 통해 자신의 심정을 부각하고 있으며, 3음보와 같은 전통적 율격을 기본으로 하고 있지는 않다.

② (가)에는 '만술 아비'와 '만술 아비'의 독백에 대답을 하는 사람, 두 명의 화자가 등장하지만, 서로 대상에 대한 절절한 마음을 드러낼 뿐 어조의 변화가 나타나지는 않는다. (나)는 한 명의 화자가 독백을 통해 시상을 전개하고 있다.

④ (가)와 (나)에서는 각각의 화자가 자신의 심정을 표현하는 부분이 주를 이루고 있다. 하지만 자신의 심정을 강조하기 위해 의인화된 대상을 설정한 부분은 찾아볼 수 없다.

⑤ (가)에서는 방언을 통해 토속적 정취를 느낄 수 있으나, (나)에는 방언이 사용되지 않았다.

2 시구의 의미 파악

ⓔ은 부재하는 대상이 잠깐 동안 다른 곳으로 간 것인지 의구심을 품는 구절로, '이번에는 그게 아닌가 보다.'와 이어지는 전후 맥락상 대상과의 재회를 확신한다는 내용은 적절하지 않다.

오답 피하기 |

① ㉠'티눈'은 문맹을 뜻하는 표현으로 화자가 축문을 준비하지 못한 상황의 원인이 된다.

② 먹을 것이 부족한 '보릿고개'에 화자인 '만술 아비'의 아버지 제사가 다가왔다. 화자는 ㉡에서 돌아가신 아버지의 제사상에 올릴 것이 '소금에 밥' 말고는 없어 안타까운 마음에 아버지에게 이해를 구하고 있다.

③ (가)의 2연의 화자는 어려운 처지에서도 제사상을 차린 '만술 아비'에게 말을 건네는 사람으로, ㉢에서처럼 '만술 아비'의 정성을 알아주고 그에 감복하는 태도를 보여 준다.

⑤ 대상이 돌아오지 않을 것임을 깨닫고 체념한 이후에 화자가 느끼는 슬픔의 감정을 ㉤에서 퍼붓는 비의 모습을 통해 형상화하고 있다.

3 감상의 적절성 평가

(가)의 '굵은 밤이슬'은 '만술 아비'의 정성에 감복한 '망령'의 '응감'을 자연물을 통해 형상화한 것이다. 이는 화자의 정성이 '망령'에게 닿아 전달되었음을 의미하기에, 화자의 절망감이 형상화되었다는 설명은 적절하지 않다.

오답 피하기 |

① (가)의 화자 중 한 명인 '만술 아비'는 돌아가신 아버지께 말을 건네고 있고, (나)의 화자는 세상을 떠난 자신의 아내의 존재를 확인하고자 계속하여 아내를 부름으로써 대상과 소통하기 위해 노력을 기울이고 있다.

② (가)의 '만술 아비'는 아버지께 말을 건네며 '알지러요.'를 반복한다. 이는 자신의 어려운 처지에 대한 이해를 바라고, 아버지와 함께 겪었던 시절을 상기하는 표현이다.

④ (나)의 화자가 맡는 '맵싸한 냄새'는 아내의 음식 냄새가 나는 듯한 환후(실제로 나지 아니하는 냄새를 맡는 환각 현상)의 느낌을 표현한 것이다. 이는 아내가 곁에 있는 것처럼 착각하는 화자의 모습을 드러낸다.

⑤ (나)의 화자는 아내에게 말을 건네지만 받아 줄 아내가 없다는 것을 '내 목소리는 메아리가 되어' 되돌아온다는 표현으로 형상화하였다. 이후 아내의 부재를 재차 확인하며 화자는 결국 '풀이 죽'고 마는데, 이는 화자의 좌절과 체념의 정서를 수반한다.

04 실전 문제 1

본문 24~29쪽

1 ④	2 ④	3 ②	4 ②
5 ②	6 ③	7 ③	8 ①
9 ④			

[1~3]

(가) 김광균, 「노신」

해제 | 이 작품은 예술가로서 시인의 신념과 생활인으로서 가장의 현실적 고통이 충돌하며 생기는 복잡한 감정을 다루고 있다. '잠들은 아내와 어린것'을 부양해야 하는 가장인 화자는 '시를 믿고 어떻게 살어가나' 하는 고민으로 잠을 못 이룬다. 생계의 문제조차 원활히 해결하지 못하고 무수한 시련을 겪으며 추락해 온 삶을 떠올리던 화자는, 등불을 켜고 일어나 앉아 쓸쓸한 생각에 잠기다가 문득 중국의 문인 '노신'을 떠올린다. 화자는 상심한 상황에서도 쓸쓸히 앉아 등불을 지키듯 굳세게 살았던 노신과 자기 자신을 동일시함으로써 현실의 고통을 극복하려는 의지를 다지고 있다.

주제 | 시인의 현실적 고통으로 인한 고민과 그 극복 의지

구성 |

- 1연: 현실의 고통 때문에 시에 대한 신념에 회의를 품게 되는 가장의 밤
- 2연: 쓸쓸함을 느끼다 등불을 켜고 노신을 떠올리며 다져 보는 시인으로서의 의지

(나) 김사인, 「지상의 방 한 칸 – 박영한 님의 제를 빌려」

해제 | 이 작품은 가난한 삶의 현실 때문에 힘겨워하는 시인이 화자가 되어 자신의 처지를 토로하는 시이다. 화자는 '원고지 메꿔 밥 비는 재주'밖에 없다. 그는 '초라한 몸 가릴 방 한 칸'이 없는 상황이고, '며칠 후면 남이 누울 방바닥'으로 보아 세 든 방을 비워 줘야 하는 상황이다. 현실적 난관에 직면한 가장의 처지에서 잠든 가족을 보며 잠을 이루지 못하고 있다.

주제 | 가난한 시인이 겪는 생활인으로서의 고통

구성 |

- 1연 1~3행: 생활의 어려움으로 잠 못 드는 밤
- 1연 4~8행: 자식을 바라보며 드는 안타까운 마음
- 1연 9~14행: 방 한 칸 없는 고달픈 시인으로의 삶
- 2연: 삶의 고통으로 인해 이루지 못하는 잠

1 작품 간의 공통점 파악

(가)에서 '시를 믿고 어떻게 살어가나', '너는 언제까지 나를 쫓아오느냐.'라는 표현, (나)에서 '망망천지에 없단 말이냐'라는 표현은 분명한 답이 있음에도 의문의 형식을 사용한 설의적 표현이다. 이는 두 화자가 현재 상황을 암담하게 느끼고 있음을 강조하기 위한 표현이다.

오답 피하기 |

① 모순 형용은 양립할 수 없는 진술, 이치에 어긋나는 모순적 표현을 통해 의미를 드러내는 방법인데, (가)와 (나)에는 모순 형용 표현이 없다.

② (가)에서는 '등불'과 '밤'이 대비를 이루며 의미를 강조한다고 볼 수도 있으나, (나)에는 색채의 대비로 여길 만한 시어가 등장하지 않는다.
③ (가)와 (나)의 화자가 주로 평서형 종결 어미를 사용하여 담담한 어조로 자신의 고민을 드러내고 있으나, 이것이 현실을 비판하는 것으로 연결되고 있지는 않다.
⑤ (가)와 (나)의 화자는 가족들이 잠든 밤의 시간에 자신의 정서를 드러내고 있기에 시간의 이동에 따라 시상이 전개된다는 설명은 적절하지 않을 뿐만 아니라, 미래의 전망을 제시하고 있지도 않다.

2 화자의 처지 및 태도 이해

(나)의 화자가 '원고지 칸'이 '운명의 강처럼 넓'다고 한 것은 가난으로 인해 '쫓기듯' 살아가는 자신의 삶이 막막함을 드러내는 구절인데, 이는 가난을 정신적으로 극복하려는 태도와는 관련이 없다.

오답 피하기 |
① (가)에서 '곤두박질해 온 생활의 노래', (나)에서 '식은땀이 등을 적신다'와 같은 표현을 통해 가족을 부양해야 하는 화자가 가난으로 인해 삶이 어려운 상황임을 파악할 수 있다.
② (가)와 (나)의 화자는 '시'를 쓰고, '원고지 메꿔' 살아가는 자신의 삶이 가족을 힘들게 하는 원인은 아닌지 자신의 삶을 되돌아보고 있다.
③ (가)의 화자는 '등불을 켜고' '노신'을 떠올리면서 '굳세게 살아온 인생'을 떠올린다. 이는 흔들렸던 자신의 의지를 '노신'을 통해 '굳세게' 다지는 것이다.
⑤ (나)에서 '잠이 오지 않는다'를 시의 앞부분과 뒷부분에 배치한 것에서 상황이 앞으로도 나아지기 힘들 것이라 생각하는 화자의 슬픔을 파악할 수 있다.

3 시구의 함축적 의미 이해

'너는 언제까지 나를 쫓아오느냐.'는 가난을 '너'로 의인화하여 화자의 처지를 드러내는 표현인데, 이는 미래에 대한 다짐이 아니라 현실의 문제로 인한 고뇌를 형상화한 것이다.

오답 피하기 |
① '밤눈'은 시간적 배경을 의미하며, 눈이 내려 쌓이는 모습을 통해 화자가 생계를 걱정하는 마음의 크기를 암시하고 있다.
③ '또'라는 부사어는 화자가 겪는 '고비'의 상황이 과거에도 있었음을 드러낸다.
④ '밥 비는 재주'라는 표현을 통해 화자가 생활을 위한 자신의 역할이 부족함을 자조적으로 바라보고 있음을 알 수 있다.
⑤ '며칠 후면 남이 누울 방바닥'은 곧 지금 살고 있는 곳에서 떠나야 하는 상황을 뜻하며, 어디로 가야할지를 정해 놓지 못한 것에서 시인은 막막함을 느끼고 있다.

[4~6]

(가) 이용악, 「그리움」

해제 | 이 작품에서는 추운 함경도 지방을 고향으로 둔 화자가 그곳에 대한 그리움을 슬픔과 애정의 정서로 노래하고 있다. 밤잠을 이루지 못하며 가족을 생각하는 화자의 정서는 '그리운 곳 차마 그리운 곳'에서 응축되어 드러난다. 1연에서 고향에도 눈이 내리는가에 대해 물으며 가족에 대한 사랑을 드러낸 화자는, 5연에서 수미상관의 구조를 통해 함박눈이 쏟아져 내리는 고향의 모습을 재차 환기하면서 고향에 대한 그리움을 토로하고 있다.
주제 | 고향에 대한 그리움
구성 |
- 1연: 함박눈을 보며 고향이 떠오름.
- 2~3연: 떠나온 기찻길과 고향 마을을 떠올림.
- 4연: 추운 겨울, 잠 못 이루며 그리워하는 고향
- 5연: 고향에 대한 생각에 젖음.

(나) 오세영, 「자화상 2」

해제 | 이 작품의 화자는 '까마귀'와 '까치', '눈'을 대비하며 까마귀의 의연하고 순수한 태도를 지향한다. 까마귀는 얼어붙은 지상 속 낟알 한 톨 보이지 않는 현실 앞에서도 인가(人家)의 안마당은 넘보지 않는 고고한 존재이다. 화자는 눈이 모든 것을 분장한 듯 가려 버린 현실 속에서도 대상의 본질을 응시하려는 '검은 까마귀'와 같이 살고자 한다는 의지적인 마음을 드러내며 시를 맺고 있다.
주제 | 까마귀처럼 의연하고 순수한 삶을 추구하고자 하는 의지
구성 |
- 1~6행: 까마귀의 외양 묘사
- 7~11행: 까치와 달리 힘든 현실 앞에서도 고고함을 잃지 않는 까마귀
- 12~21행: 까마귀와 같이 고고하고 순결하게 살아가려는 화자의 의지

4 표현상 특징 파악

수미상관은 처음과 끝을 동일하거나 유사한 형태로 맞추는 기법으로 주제의 강조, 리듬감의 형성, 구조적인 안정감과 같은 효과를 불러일으키는데, (가)는 '눈이 오는가 북쪽엔 / 함박눈 쏟아져 내리는가'를 첫 연과 끝 연에 배치하였기에 수미상관을 활용한 것이다. (나)에서는 이러한 기법을 찾아볼 수 없다.

오답 피하기 |

① (가)의 화자는 시종일관 고향에 대한 그리움을 드러내는 어조를 보이고, (나)의 화자는 '까마귀'를 계속 등장시키며 양심을 지키는 올바른 태도를 향한 의지를 보여 주고 있다. (가)와 (나)에서는 어조의 변화가 드러나지 않는다.

③ (나)의 화자는 '인가의 안마당을 넘보진 않는' 까마귀의 속성을 제시하며 양심을 지키겠다는 순수한 삶의 자세를 추구하고 있기에 앞날의 상황을 관조적으로 전망한다는 설명은 적절하지 않다.

④ (가)와 (나)는 모두 독백적 어조로, 대화체를 사용하였다고 볼 수 없다.

⑤ (가)는 '내리는가'와 같이 설의적 표현을 사용하였지만, (나)에서는 설의적 표현을 찾아볼 수 없다. '되리라.'는 자신의 의지를 다지는 단정적 어조로 의문형 종결 어미가 아니다.

5 외적 준거에 따른 작품 감상

'백무선 철길'은 화자의 고향과 멀리 떨어진 곳을 서로 연결하는 사물이다. 이는 유랑민의 불안정한 삶을 나타내는 의미로 볼 수는 있으나 문명에 대한 비판적 태도로 파악하는 것은 적절하지 않다. 해당 내용은 〈보기〉에서도 찾을 수 없다.

오답 피하기 |

① 시인은 한반도 북부 지역 출신이므로 '북쪽'을 떠올리며 '함박눈'이 내리는지를 궁금해하는 것은 그리움의 정서를 시각적으로 형상화한 것으로 볼 수 있다.

③ 고향을 의미하는 '너를 남기고 온 작은 마을'에 '복된 눈'이 내리는지 궁금해하는 표현에서 고향에 좋은 일이 있기를 바라는 시인의 마음을 읽을 수 있다.

④ 고향의 소식을 궁금해하며 '내리는가'와 같은 의문형 종결 표현을 반복적으로 등장시키는 것은 고향을 의미하는 '연달린 산과 산 사이'를 향한 그리움이 깊어지는 것으로 볼 수 있다.

⑤ '어쩌자고'는 어찌할 도리 없이 고향을 생각할 수밖에 없는 모습을 나타내고, '차마'는 고향을 생각하는 안타까운 마음을 강조한다고 볼 수 있다.

6 시어의 의미 파악

'인가의 안마당'은 '까치'가 자신의 공간이 아님에도 먹이를 구하기 위해 침범하는 공간이다. 즉 부정적인 것과 타협하여 안락하게 살아가려는 '까치'와 연관 있는 곳으로, 화자에게 안식처를 의미한다는 설명은 적절하지 않다.

오답 피하기 |

① '얼어붙은 지상'은 까마귀가 먹이를 찾기 힘든 공간적 배경을 나타내므로 시련의 상황을 의미한다.

② 까마귀가 죽는 한이 있더라도 '인가의 안마당을 넘보'지 않고 누구의 도움 없이 스스로 살아남겠다는 의지를 '눈발을 뒤지다'라는 표현에서 알 수 있다.

④ '눈'은 세상의 본모습을 분장하듯 가리는 존재로서 부정적인 의미를 지니고 있다. 이와 대비되는 색채를 활용한 표현으로서 '철저하게 검어라.'는 까마귀와 같이 의지를 잃지 않는 존재가 되겠다는 화자의 다짐을 드러낸다.

⑤ '하얗게 분장하지만'은 '눈'이 하얗게 쌓이는 모습에서 착안한 표현으로 '눈'이 세상의 본모습을 감추는 존재임을 암시한다.

[7~9]

(가) 이육사, 「교목」

해제 | 이 작품은 일제 강점기에 광복을 위해 자신의 삶을 바쳤던 시인 이육사가 자신이 지향하는 의연한 삶의 자세를 드러낸 시이다. 줄기가 곧고 굵으며 높이 자라는 나무인 '교목'을 통해, 시인은 일제에 의해 갖은 시련을 겪으면서도 굴복하지 않고 현실적 유혹과도 타협하지 않았던 자신의 강건한 의지를 상징적으로 형상화하였다. 이 시는 강인하면서도 절제된 어조를 사용하여 지사(志士)적 자세를 드러내고 있으며, 각 연을 부정어로 종결하여 저항의 의지를 강조하는 효과를 내고 있다.

주제 | 엄혹한 현실에도 굴복하지 않는 강한 의지

구성 |

- 1연: 지향하는 바를 단호한 마음으로 지켜 내려는 신념
- 2연: 어려운 현실에서도 후회 없는 삶을 살겠다는 결의
- 3연: 죽음도 각오할 수 있다는 강인한 의지

(나) 김현승, 「양심의 금속성」

해제 | 이 시의 화자는 양심에 따르는 삶을 살고자 노력하는 사람이다. 구체적 실체가 없는 양심을 '은빛, 파편, 금속성, 무기' 등과 같은 구체적 시어로 표현하며 '날카로움', '불변'이라는 속성을 드러낸다. 화자는 '오늘'의 현실이 양심을 '무기'로 삼아 살아가지 않으면 안 될 정도로 비양심적인 시대라고 생각한다. '등불'로 표현된 세속적인 욕망이 지배하는 현실에서 양심은 우리를 '파편'처럼 찌르며 가책을 느끼게 만든다. 양심을 지키는 삶은 '호올로 눈물'을 흘릴 만큼 고독하지만 불합리한 세상에서 올바르게 살 수 있게 하는 힘을 준다. 즉 올바른 삶을 살아가려는 자아와 양심은 동지적 관계이며, 인간의 욕구에 충실한 비양심적 자아와는 격렬한 싸움이 불가피하다.

주제 | 양심에 따르는 의연한 삶의 자세를 추구

구성 |
- 1~2연: 육체와 대비되는 양심의 날카로움과 견고함
- 3연: 세속적 욕망을 질타하는 양심
- 4연: 사라지지 않아야 할 양심과 그 양심을 지키며 사는 삶의 고독함
- 5연: 타협하지 않으며 삶을 올바른 곳으로 이끌 양심의 필요성
- 6연: 양심의 본질을 지키기 위한 심리적 긴장

7 작품 간의 공통점 파악

(가)는 조국의 밝은 미래를, (나)는 양심을 지키면서 사는 삶을 추구하고 있으며, 두 화자는 강인한 어조를 통해 어떠한 상황에서도 자신의 신념을 지키겠다는 의지를 드러내고 있다.

오답 피하기 |

① (가)는 자신과 주변 상황의 미래, (나)는 자신의 내면을 시적 대상을 통해 드러내고 있으나 이것을 대상과의 합일을 이루고자 한다고 여기는 것은 적절하지 않다.
② (가)는 부정적 현실을 이겨 내고 미래의 상황에 대한 기대를, (나)는 양심을 지키는 삶의 태도를 향해 냉철한 의지를 표현하고 있다. 포용과 조화를 강조한다는 설명은 적절하지 않다.
④ (가)와 (나)의 화자가 보여 주는 의지적 태도는 현실에 순응하는 것과 거리가 멀다.
⑤ 관조적은 사물을 멀리서 담담한 마음으로 바라보며 관찰한다는 뜻이다. (가)와 (나)는 의지를 드러내기 위해 강인한 어조로 시상을 전개하므로 관조적으로 바라본다는 설명은 적절하지 않다.

8 외적 준거에 따른 작품 감상

'차라리 봄도 꽃피진 말아라'라는 구절은 부정적인 상황 속에서 홀로 기쁨을 바라며 영화를 누리지 않겠다는 의미로, 화자의 저항 정신이 표현된 구절이다.

오답 피하기 |

② '세월에 불타고', '낡은 거미집'은 화자가 처한 부정적인 시대 상황을 상징적으로 표현한 시어이다. 이는 일제 강점기라는 현실에서 무장 투쟁에 헌신한 시인의 경험과도 연관된다.
③ '바람'은 화자가 자신의 분신처럼 떠올리는 '교목'을 흔드는 존재이므로 〈보기〉에서 시인을 괴롭게 한 일제의 착취를 의미하는 것으로 볼 수 있다.
④ 각 연의 두 번째 행의 가운데에 두 음절 부사어가 위치한 것은 〈보기〉의 정제된 형식미를 확인할 수 있는 표현으로, 시인의 또 다른 모습인 '교목'과 연결되고 있기에 그의 의지를 드러내는 시어로 볼 수 있다.
⑤ 각 연의 마지막에 사용된 부정어 '말아라', '아니라', '못해라'는 화자의 단호한 의지를 보여 주는 표현으로 시인의 저항 정신과 일맥상통한다.

9 시어의 의미 파악

'취하여'는 옳은 것을 자기 것으로 만드는 과정이 아니라, 화자가 정신이 흐려지는 것처럼 자신의 욕망에 빠지는 상태를 뜻하기 위해 사용한 시어이다.

오답 피하기 |

① 양심을 '모나고'라고 표현한 이유는 화자가 유약하게 현실과 타협하려 할 때 양심이 스스로를 찔러 바른 길로 가도록 이끌어야 한다는 맥락과 연결된다.
② '꿈과 사랑'은 일반적으로 긍정의 의미로 쓰이나, (나)의 맥락 안에서는 양심에 의해 찔리는 존재로 사용되었으므로 양심을 통해 단련되어야 할 요소를 의미한다.
③ '모든 것'은 연소하더라도 '너(양심)'만은 물러나 있다고 하였으므로 '모든 것'은 양심을 뺀 나머지를 의미한다.
⑤ '금속성'은 냉혹하고 비인간적이라는 부정적인 일상적 의미를 넘어, 시의 맥락 속에서 화자가 가져야 하는 양심이 냉철하고 엄정해야 함을 암시한다.

05 실전 문제 2

본문 30~35쪽

1 ④	2 ①	3 ②	4 ⑤
5 ③	6 ③	7 ①	8 ⑤
9 ④			

[1~3]

(가) 월명사 지음 / 양주동 해독, 「제망매가」

해제 | 이 작품은 신라 경덕왕 때 승려 월명사가 지은 10구체 향가로, 작가 월명사가 죽은 누이동생의 명복을 비는 추모적 성격의 노래이다. 이른 나이에 요절한 누이동생을 안타깝게 여기는 애상적 정서가 담겨 있다. '바람', '잎', '가지' 등의 표현을 통하여 누이동생의 죽음에 대한 슬픔과 허무감을 절묘하고 감각적으로 형상화하였다. 또한 누이동생이 극락에 갔을 것이라 믿고 자신도 불도에 정진하여 누이동생과 재회하겠다는 구도자적 다짐이 드러나 있다. 불심을 통하여 개인적 고뇌와 삶의 허무함을 극복하고 있어 종교적 색채도 드러난다.

주제 | 죽은 누이에 대한 추모와 죽음에 대한 종교적 초극

구성 |

- 1~4행: 누이의 죽음으로 인해 삶과 죽음에 대해 고뇌하고 번민함.
- 5~8행: 삶과 죽음의 무상성 심화
- 9~10행: 불교적 사유를 통한 고뇌의 극복

(나) 정지용, 「유리창」

해제 | 이 작품은 작가가 어린 자식을 잃고 아버지로서 느끼는 애절한 슬픔을 노래한 시이다. 어린 자식의 죽음을 목격한 화자가 '유리창'이라는 사물을 통해 자식의 환영을 바라보지만, 곧 사라지는 환영으로 인해 외로움과 슬픔을 느끼며 체념하는 정서를 다양한 이미지를 통해 제시하고 있다. 이 시에서 '유리창'은 죽은 자식과의 만남을 매개하기도 하지만, 생사(生死)의 길에서 죽은 아이와 화자는 함께할 수 없다는 점에서 단절의 의미도 지니고 있다.

주제 | 죽은 아이에 대한 그리움과 슬픔

구성 |

- 1~3행: 유리창에 비친 죽은 아이의 모습
- 4~6행: 유리창에 비친 죽은 아이의 모습
- 7~8행: 밤에 홀로 유리를 닦는 이유
- 9~10행: 죽은 아이에 대한 안타까움과 그리움

1 표현상 특징 파악

(가)는 '아으'를 활용하여 누이의 죽음으로 인한 고조되었던 정서를 집약하고 있고, (나)는 '아아'를 활용하여 아이의 죽음을 깨닫는 화자의 정서를 집약적으로 드러내고 있으므로 적절하다.

오답 피하기 |

① 도치법이란 정상적인 언어 배열 순서를 바꾸어 놓음으로써 강한 인상을 주려는 표현 기법으로, (가)와 (나)에는 도치법이 나타나지 않으므로 적절하지 않다.

② 반복법이란 같거나 비슷한 단어, 구, 절, 문장 등을 되풀이하는 표현법으로, (나)에는 '유리'라는 시어와, '지우고 보고 지우고 보아도'에서 반복법이 나타나지만 (가)에는 반복법이 나타나지 않으므로 적절하지 않다.

③ 역설법이란 표면적으로는 모순되거나 부조리한 것 같지만 그 표면적인 진술 너머에서 진실을 드러내고 있는 표현법으로, (나)의 '외로운 황홀한 심사이어니'에서 역설법이 나타나지만 (가)에는 역설법이 나타나지 않으므로 적절하지 않다.

⑤ 의인법이란 사람이 아닌 것을 사람인 것처럼 표현하는 방법으로, (가)와 (나)에는 의인법이 나타나지 않으므로 적절하지 않다.

2 외적 준거에 따른 작품 감상

(가)의 '몯다 닏고 가ᄂᆞ닛고'에는 누이를 상실한 화자의 두려움이 아니라 안타까움의 정서가 드러나 있다. 그리고 (나)의 '외로운 황홀한 심사'에는 아들의 죽음을 초월한 화자의 정서가 드러나는 것이 아니라, 아들의 죽음에 대한 화자의 외로움과, 유리를 통해 아들의 모습을 엿보게 된 황홀함이 역설적으로 나타난 것이므로 적절하지 않다.

오답 피하기 |

② (가)의 'ᄠᅥ딜 닙다이'에서는 누이의 죽음을 떨어지는 잎에 빗대어 표현하였고, (나)의 '산새처럼 날아'에서는 아들의 죽음을 '산새처럼 날아'간 것으로 표현하였으므로 적절하다.

③ (가)의 '가논 곧 모ᄃᆞ온뎌'에는 같은 부모에게 태어났어도 누이가 떠난 곳을 모르겠다는 화자의 허망함이 나타나 있다. (나)의 '물먹은 별이, 반짝, 보석처럼 박힌다.'는 눈물이 맺힌 화자의 눈에 별이 보석처럼 박힌 것으로 이해할 수 있는데, 이는 죽은 아이에 대한 화자의 그리움과 슬픔을 드러내는 것으로 이해할 수 있으므로 적절하다.

④ (가)의 '어느 ᄀᆞᅀᆞᆯ 이른 ᄇᆞᄅᆞ매'는 너무 이른 나이에 누이가 죽었음을 표현한 것이고, (나)의 '고운 폐혈관이 찢어진 채'에서는 아들이 죽게 된 원인을 짐작할 수 있으므로 적절하다.

⑤ (가)의 '道(도) 닷가 기드리고다'에는 '도'를 닦으며 미타찰에서 누이를 만날 날을 기다리겠다는 화자의 태도가 드러나 있는데, 이는 슬픔을 극복하려는 화자의 기다림으로 이해할 수 있다. 또한 (나)의 '밤에 홀로 유리를 닦는 것'에는 죽은 아이와 만나기 위해 '유리를 닦'는 화자의 간절한 노력이 드러나 있으므로 적절하다.

3 갈래별 특징, 성격

〈보기〉에서 향가는 4구체가 민요와 유사한 형식을 보인다고 하였다. (가)는 월명사 개인의 서정, 즉 죽은 누이를 추모하

는 마음을 노래한 것이지만, 10구체 형식의 노래이므로 민요와 유사한 형식을 보인다고 할 수 없으므로 적절하지 않다.

오답 피하기 |

① 〈보기〉에서 향가는 행의 수에 따라 4구체, 8구체, 10구체로 나뉘는데, 10구체는 단연체 시가로서 정형적 서정시로서의 형식미를 갖춘다고 하였다. (가)의 행은 10행으로 10구체 형식의 향가로 이해할 수 있으므로 적절하다.

③ 〈보기〉에서 (가)는 죽은 누이를 위해 '재(齋)'를 올리고 향가를 지어 제사를 지냈다고 하였고, (가)의 '아으 미타찰애 맛보올 내'에서는 죽은 누이가 극락세계에 다시 태어나기를 염원하였다는 점에서 죽은 누이를 추모하는 성격의 노래라는 것을 알 수 있으므로 적절하다.

④ 〈보기〉에서 (가)는 '월명사가 향가를 부르자 갑자기 광풍이 일어 지전을 서쪽으로 날려 버렸다.'라는 배경 설화와 함께 전하며 주술적인 성격을 띤다고 하였으므로 적절하다.

⑤ 〈보기〉에서 (가)에는 불교적인 믿음이 깔려 있다고 하였다. (가)의 '아으 미타찰애 맛보올 내 / 도 닷가 기드리고다'에서는 미타찰에서 죽은 누이와 다시 만날 것이라는 불교의 윤회 사상이 나타나 있으므로 적절하다.

[4~6]

(가) 김영랑, 「독을 차고」

해제 | 이 작품은 일제 강점하의 암담한 현실 속에서 치열하게 살아가려는 삶의 자세와 대결 의지를 그리고 있다. 이 시의 화자는 허무한 세상에 독은 차서 무엇하느냐는 벗의 설득에도 불구하고, 죽는 날 외로운 혼을 건지기 위해 끝까지 독을 차고 살아가겠노라고 다짐하고 있다. 여기에서 '독'은 험난하고 암울한 현실 속에서 치열하게 살아가려는 화자의 순결성과 대결 의지의 표현이다.

주제 | 일제 강점하의 현실에 저항하는 대결 의지

구성 |

- 1연: 독을 차고 살아가는 '나'
- 2연: 허무주의적 세계관을 지닌 '벗'의 충고와 회유
- 3연: '독'을 차고 살 수밖에 없는 험난한 현실
- 4연: '독'을 차고 살아가려는 '나'의 의지

(나) 최승호, 「대설주의보」

해제 | 이 작품은 1980년대의 억압적인 정치 상황을 비판적으로 보여 주고 있는 시이다. 이 시의 제목인 '대설주의보'는 눈이 많이 내릴 것임을 알리는 기상 주의보로, 폭설로 인해 고립된 어느 두메산골의 모습을 통해 군부 독재 정권의 폭력성을 드러내고 있다.

주제 | 폭력적인 시대 현실에 대한 비판

구성 |

- 1연: 눈보라 속으로 날아가는 굴뚝새
- 2연: 눈보라의 폭력적인 모습
- 3연: 솔개를 피해 몸을 감추는 굴뚝새
- 4연: 생존을 위협하는 눈보라

4 표현상 특징 파악

'날아온다 꺼칠한 굴뚝새가'에서 도치법이 사용된 것은 적절하지만, '서둘러 뒷간에 몸을 감'추는 것은 현실에 저항하기보다는 두려움에 숨어 버리는 행위로 이해할 수 있으므로 적절하지 않다.

오답 피하기 |

① '아'라는 감탄사를 사용하여 삶의 '허무'함을 인식한 화자의 정서가 나타나 있으므로 적절하다.

② '~리라'라는 의지적 어조를 통해 '독을 품고' 가겠다는 화자의 의지적 태도를 드러내고 있으므로 적절하다.

③ 눈 덮인 '백색의 산들'을 '해일처럼 굽이'친다고 비유적으로 표현함으로써 눈 덮인 산의 모습을 묘사하고 있으므로 적절하다.

④ '굵은 눈발'이 '휘몰아치'는 것과 '쪼그마한 숯덩이만한 게 짧은 날개를 파닥이'는 것이 대비되어 '굴뚝새'의 연약한 모습이 부각되고 있으므로 적절하다.

5 외적 준거에 따른 작품 감상

(나)의 '눈'은 '은하수가 펑펑 쏟아져 날아오듯 덤벼드는 눈'으로 폭설을 연상시켜 눈의 폭력성을 드러내는 것이지 순수함을 상실해 가는 현실의 모습을 떠올리게 하는 것은 아니므로 적절하지 않다.

오답 피하기 |

① 〈보기〉에서 '독'은 일제 식민지 치하에서 작가의 삶의 태도를 드러내는 것이라 하였다. (가)에서 '독'은 화자가 자신의 가슴에 오랫동안 지녀 온 것으로, '아직 아무도 해한 일 없는 새로 뽑은 독'이라는 것에서 흔들림 없이 독을 지켜 온 화자의 의지적 태도를 엿볼 수 있으므로 적절하다.

② 〈보기〉에서 '독'은 일제 식민지 치하에서 작가의 삶의 태도를 드러내는 것이라 하였다. (가)의 '독'은 '내 외로운 혼'을 '건지기 위'해 차고 있는 것이기 때문에 건강이나 생명에 해가 되는 성분을 말하는 것이 아니라, 일제 식민지 치하에서 자신을 지키기 위한 것이므로 적절하다.

④ 〈보기〉에서 '눈'은 일반적으로 하얀색이 주는 이미지로 인해 순수함, 깨끗함의 이미지를 떠오르게 하지만, (나)에서는 군부 독재 정권이라는 암울한 시대적 상황을 형상화하는 것으로 쓰였다고 하였다. (나)에서 '눈'은 '다투어 몰려오는 힘찬 눈보라의 군단'으로 형상화되어 있는데, '군단'이라는 표현은 군부 독재 이미지를 연상하게 하고 있으므로 적절하다.

⑤ 〈보기〉에서 '눈'은 일반적으로 하얀색이 주는 이미지로 인해 순수함, 깨끗함의 이미지를 떠오르게 하지만, (나)에서는 군부 독재 정권이라는 암울한 시대적 상황을 형상화하는 것으로 쓰였다고 하였다. (나)의 '눈'은 국가 원수가 계엄의 실시를 선포하는 명령인 '계엄령'으로 형상화되어 있는데, 이는 독재 정권이라는 암울한 시대적 상황의 폭력성을 떠올리게 하고 있으므로 적절하다.

6 소재의 기능 파악

'이리 승냥이'는 '앞뒤로 덤'벼 화자의 '마음을 노리'고 있으므로, '이리 승냥이'는 '나'의 의지를 꺾으려 기회를 엿보는 존재에 해당한다고 할 수 있다. 또한 '굴뚝새'는 '솔개라도 도사리고 있'을까 봐 '서둘러 뒷간에 몸을 감'추므로, '솔개'는 '굴뚝새'가 두려워하는 존재에 해당한다고 할 수 있으므로 적절하다.

오답 피하기 |

① ⓑ는 '굴뚝새'가 두려워하는 대상이므로 '굴뚝새' 위에 군림하는 존재라고 생각할 수도 있겠지만, ⓐ는 '나'에게 아첨하는 존재로 이해할 수 없으므로 적절하지 않다.

② ⓐ가 '나'와 '벗'을 이간질시키는 존재도 아니고, ⓑ가 '굴뚝새'를 도와주는 존재도 아니므로 적절하지 않다.

④ ⓐ가 숨어서 '나'를 감시하는 장면은 시에 나타나 있지 않고, ⓑ는 '굴뚝새'와 공생하는 관계가 아니므로 적절하지 않다.

⑤ ⓐ는 '나'의 꿈을 실현 가능하게 하는 존재가 아니다. 그리고 (나)에는 '굴뚝새'의 꿈이 나타나지 않으므로 ⓑ를 '굴뚝새'의 꿈을 좌절하게 하는 존재로 이해하는 것은 적절하지 않다.

[7~9]

(가) 정서, 「정과정」

해제 | 이 작품은 고려 의종 때 문인인 정서가 지은 가요로 『악학궤범』에 기록되어 있다. 자신이 유배당한 일을 참소 때문이라 애통해하면서 다시 자신의 자리로 돌아가기를 바라고 있다.

주제 | 억울한 마음의 토로와 복귀 염원

구성 |

- 1~4행: 임을 그리워하는 마음과 억울한 심경의 토로
- 5~6행: 임에 대한 영원한 연모와 자신을 참소한 자에 대한 분노
- 7~9행: 자신의 결백 호소와 비참한 심경 토로
- 10~11행: 임이 자신을 다시 찾아 주기를 갈망함.

(나) 윤선도, 「견회요」

해제 | 이 작품은 1616년에 윤선도가 권신 이이첨의 횡포를 규탄하는 상소문을 올렸다가 이이첨 일파의 모함을 받아 함경북도 경원으로 유배되었을 때 쓴 작품이다. 유배지에서도 자신의 신념을 굽히지 않고 불의와 타협하지 않은 정의감과 함께, 고향에 두고 온 어버이를 그리는 정과 임금에 대한 충성심이 애절하게 표현되어 있다.

주제 | 유배지에서 느끼는 정회와 연군지정

구성 |

- 제1수: 자신의 신념에 따라 행동하려는 소신과 의지
- 제2수: 충성심을 알아주지 않는 데 대한 원망과 결백의 호소
- 제3수: 임금을 향한 변함없는 충정과 의지
- 제4수: 부모에 대한 간절한 그리움
- 제5수: 충과 효에 대한 깨달음과 연군 지향

7 표현상 특징 파악

(가)의 화자는 임에 대한 그리움과 슬픔의 정서를 '산 접동새'를 통해 드러내고 있고, [A]의 화자는 임과 헤어진 슬픔을 '시내'를 통해, 어버이에 대한 그리움을 '외기러기'를 통해 드러내고 있으므로 적절하다.

오답 피하기 |

② (가)에는 상승적 이미지가 나타나지 않는다. [A]의 '외기러기'가 가는 것을 상승적 이미지로 볼 수도 있으나, 이를 통해 화자의 태도를 부각하는 것은 아니므로 적절하지 않다.

③ [A]의 '뫼흔 길고 길고 믈은 멀고 멀고 / 어버이 그린 뜯은 만코 만코 하고 하고'에서 유사한 통사 구조의 반복을 통해 리듬감을 형성하고 있지만 (가)에는 유사한 통사 구조의 반복이 나타나지 않으므로 적절하지 않다.

④ (가)와 (나)에는 의성어의 사용이 나타나지 않으므로 적절하지 않다.

⑤ (가)의 '졉동새'와 (나)의 '외기러기'가 계절감을 환기할 수는 있지만, 이를 통해 자연 친화적인 태도를 드러내는 것은 아니므로 적절하지 않다.

8 작품 간의 공통점, 차이점 파악

(가)의 '아소 님하 도람 드르샤 괴오소셔'에서는 임금이 다시 자신을 불러 주기를 바라는 화자의 소망이 드러난 것으로 이해할 수 있다. 하지만 (나)의 '님이 혜여 보쇼셔.'에는 자신을 모함하는 세력이 아무리 임금 곁에서 이야기를 하여도 임금이 생각해서 판단하란 것이지, 자신을 다시 불러 달라고 직접적으로 요청하고 있는 것은 아니므로 적절하지 않다.

오답 피하기 |

① 〈보기〉에서 (가)와 (나)는 모두 정치적 세력에 의해 유배를 가게 된 작가가 유배지에서 임금을 그리워하며 부른 유배 문학이라고 하였다. 따라서 (가)의 '내 님믈 그리ᅀᆞ와'는 임금을 그리워하는 신하의 마음으로 이해할 수 있고, (나)의 '님 향ᄒᆞᆫ 내 뜯을 조차 그칠 뉘를 모로ᄂᆞ다.'는 임금을 향한 변함없는 신하의 절개로 이해할 수 있으므로 적절하다.

② 〈보기〉에서 유배 문학에는 자신을 모함한 세력에 대한 울분이 드러나기도 한다고 하였다. 따라서 (가)의 '벼기더시니'와 (나)의 '아ᄆᆡ'는 자신을 모함한 세력으로 이해할 수 있으므로 적절하다.

③ 〈보기〉에서 유배 문학에는 자신을 모함한 세력에 대한 울분과 그로 인한 억울함이 드러나기도 한다고 하였다. (가)의 '과도 허믈도 천만 업'다는 것에서 자신의 잘못이 없다는 작가의 억울함이 드러나 있다. 또한 (나)의 '이 ᄆᆞᄋᆞᆷ 어리기도 님 위ᄒᆞᆫ' 탓에서 자신이 이렇게 한 것은 임을 위한 것이었음을 밝히고 있으므로 이를 자신의 억울함에 대한 작가의 하소연으로 이해할 수 있으므로 적절하다.

④ 〈보기〉에서 유배 문학에는 자신을 버린 임금에 대한 원망과 임금에 대한 변함없는 신하로서의 충정이 드러나 있다고 하였다. (가)의 '니미 나ᄅᆞᆯ ᄒᆞ마 니ᄌᆞ시니잇가'에서는 자신을 잊은 임금에 대한 원망이 드러난 것으로 이해할 수 있고, (나)의 '진실로 님군을 니ᄌᆞ면 긔 불효인가 녀기롸.'에서는 임금을 잊지 않겠다는 화자의 다짐이 드러난 것으로 이해할 수 있으므로 적절하다.

9 소재의 기능 파악

㉠은 '아니시며 거츠르신ᄃᆞᆯ' 아는 존재로서 화자의 결백을 알아주는 절대자이다. ㉡은 '님군 향ᄒᆞᆫ 뜯'을 생기게 한 존재로 화자의 운명을 결정한 대상으로 이해할 수 있으므로 적절하다.

오답 피하기 |

① ㉠을 아름다움을 나타내는 대상으로, ㉡을 그리움의 대상으로 이해하는 것은 적절하지 않다.

② ㉠은 자신의 결백을 증명해 주길 바란다는 점에서 소망과 기원의 대상으로 이해할 수 있지만, ㉡을 화자를 위협하는 대상으로 이해하는 것은 적절하지 않다.

③ ㉠은 자신의 결백을 알아준다는 점에서 화자가 긍정하는 대상으로 이해할 수 있지만, ㉡을 화자가 비판하는 대상으로 이해하는 것은 적절하지 않다.

⑤ ㉠은 밤에 하늘에 뜨는 것으로 시·공간적 배경을 제시한다고 이해할 수 있지만, ㉡이 시간적 배경을 제시하는 것은 아니므로 적절하지 않다.

2부 소설 문학

06 서술상의 특징과 인물의 태도

교과서에서 길을 보다 본문 38~39쪽

유제 1 ① 유제 2 ④

유제 1 서술상 특징 파악

이 글은 '나'가 일본에서 조선으로 배를 타고 건너오는 동안 겪었던 경험들과 그때의 심정을 서술하고 있다.

오답 피하기 |

② 시간의 흐름에 따라 사건이 서술되고 있다. 하지만 부산에 도착하여 파출소에 불려가 검문을 받는 장면에서는 긴장감이 해소되고 있다.

③ 현실에 대한 불만이나 비판 의식은 '나'의 내면 의식을 통해 드러나고 있다.

④ 문장이 간결하지 않아 이야기의 속도감을 높이고 있다고 할 수 없다.

⑤ 목욕탕에서의 장면과 부산 선창에서의 장면이 전환되고 있지만 이를 통해 심리적 갈등이 부각되지는 않는다.

유제 2 인물의 태도 파악

[A]의 '나'는 조선 사람임을 짐작한 여러 일인의 시선을 느끼면서, 까닭을 밝히지 않고 자신을 찾는 사람을 향해 불편한 심사를 그대로 드러내는 반면, [B]의 '나'는 부산의 선창에서 조선인들 사이에 섞여 검문을 받을까 조마조마해하며 위축된 모습을 보이고 있다.

오답 피하기 |

① [A]의 '나'는 '우리 두 사람은 일본 사람 앞에서 희극을 연작하는 앵무새 모양이었다.'를 통해 주변의 일본인들을 의식하고 있음을 알 수 있다.

② [A]의 '나'는 낯선 사람의 부름에 불쾌한 어조로 대꾸하고 있으며, [B]의 '나'는 파출소로 불려와 검문을 받으며 움츠러들고 있어 솔직한 태도로 위기를 모면하려 한다는 설명은 적절하지 않다.

③ [A]의 '나'는 낯선 사람의 부름에 불쾌한 어조로 대꾸하고 있어 불만스러워한다고 할 수 있지만, [B]의 '나'는 검문을 받으며 움츠러들고 있어 만족하고 있다고 할 수 없다.

⑤ [B]의 '나'는 파출소에 들어서면서 이미 위축되어 있기 때문에 불쾌감을 직접 드러낸다고 할 수 없다.

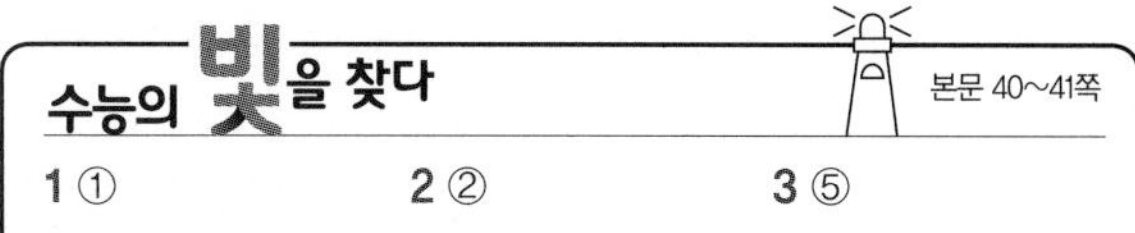

수능의 빛을 찾다 본문 40~41쪽

1 ① 2 ② 3 ⑤

황석영, 「삼포 가는 길」

해제 | 이 작품은 1970년대 이후 급속하게 진행되었던 농촌의 해체와 근대화 과정에서 고향을 잃고 떠도는 사람들의 삶의 모습을 그리고 있다. 작품 속의 인물들은 하층 노동자, 술집 작부 등으로 산업화의 피해를 가장 많이 받았던 하층 계급에 속하는 인물 유형들이다. 제목에 쓰인 '삼포'는 가공의 지명이지만, 이 작품의 등장인물 중 정 씨에게는 고달픈 삶에서 벗어나 정신적인 안식을 누릴 수 있는 이상적 공간이다. 하지만 급속한 산업화의 물결 속에서 사라져 버렸고, 이를 통해 고향 상실의 아픔을 그려 내고 있다. 또한 이 작품은 우연히 만난 세 인물들의 여정을 그리고 있다. 처음에는 서먹서먹했지만 여정이 끝날 무렵에는 인간적인 정을 나누는 관계로 변화한다는 점에서 이 소설은 '길'을 배경으로 한 일종의 '여로 소설'로 볼 수 있다.

주제 | 산업화 과정에서 소외된 하층민들의 애환과 연대 의식

전체 줄거리 |

영달은 공사가 중단되자 밀린 밥값을 떼어먹고 도망하다가, 고향인 삼포를 찾아가는 정 씨를 만나 동행하게 된다. 두 사람은 찬샘이라는 마을의 국밥집에 들러 술집 작부인 백화가 도망쳤다는 이야기를 듣게 되고 그녀를 잡아오면 만 원을 주겠다는 술집 주인의 제안을 받는다. 그들은 월출 방향이 험할 것 같아 감천에 있는 기차역을 찾아가다가 백화를 만나 동행을 하게 된다. 그리고 추위를 피해 폐가에 들어갔다가 백화의 과거사를 듣게 되며 서로의 내면에 대해 이해하고 동정심을 갖게 된다. 기차역에 도착하자 백화는 영달에게 자신의 고향으로 가자고 제안을 하지만 영달은 거절하고 가진 돈을 모두 털어 기차표와 먹을거리를 사 주며 혼자 보낸다. 개찰구로 나가다가 다시 뛰어온 백화는 자신의 본명을 알려 준다. 정 씨와 영달은 대합실에서 만난 한 노인에게 삼포가 공사판으로 변했다는 이야기를 듣게 된다. 정 씨는 갑자기 멍해지고, 그 이야기를 듣고 영달은 일자리를 잡자고 제안한다.

1 서술상 특징 파악

'기차가 눈발이 날리는 어두운 들판을 향해서 달려갔다.'라는 표현을 통해 고향으로 가는 '정 씨'와 '영달'에게 다가올 삶의 분위기를 형성하고 있고, 만남과 헤어짐이 이루어지는 역이라는 공간에서 '백화'와 헤어짐으로써 슬픈 분위기를 형성하고 있으므로 적절하다.

오답 피하기 |

② 과거와 현재가 교차하는 장면은 나타나지 않으므로 적절하지 않다.

③ 인물들끼리 겪고 있는 갈등은 나타나지 않으므로 적절하지 않다.

④ 서술자가 내부에 존재하지 않고 외부에 존재하고 있으므로 적절하지 않다.

⑤ 인물들 간에 대비되는 부분이 없고, 삶에 대한 반성 등을 강조하고 있지 않으므로 적절하지 않다.

2 인물의 심리 파악

'정 씨'는 자신이 '백화'의 고향으로 가겠다는 의미로 말한 것이 아니라, 자신은 삼포로 갈 것이지만, '영달'이가 '백화'와 함께 떠나서 정착하는 삶을 살길 바라는 의미로 말한 것이므로 적절하지 않다.

오답 피하기 |

① '더 드세요. 날 업구 왔으니 기운이 배나 들었을 텐데.'를 통해 확인할 수 있으므로 적절하다.

③ '이런 때 아주 뜨내기 신셀 청산해야지.'라는 '정 씨'의 말을 듣고 난 뒤의 행위임을 알 수 있으므로 적절하다.

④ '정말, 잊어버리지…… 않을게요.'라는 말과 '내 이름 백화가 아니에요. 본명은요…… 이점례예요.'라는 말을 통해 '백화'가 '정 씨'와 '영달'이를 진심으로 대하고 있음을 확인할 수 있으므로 적절하다.

⑤ '그는 마음의 정처를 방금 잃어버렸던 때문이었다.'를 통해 자신의 기대와 다르게 흘러가는 상황에 대한 '정 씨'의 마음을 확인할 수 있으므로 적절하다.

3 외적 준거에 따른 작품 감상

'장'이 들어선 것은 일하러 온 사람들에게 물건을 팔기 위한 이유이다. 따라서 고향에 새로 들어선 '장'이 서로를 위로하는 공간이라고 보기 어려우므로 적절하지 않다.

오답 피하기 |

① '일자리가 있는 데면 어디든' 가려는 것은 산업화 속에서 일자리를 우선적으로 추구하는 모습을 보여 주고 있으므로 적절하다.

② '뜨내기 신셀 청산해야' 한다는 것은 삶의 터전으로부터 소외되어 떠돌아다니는 모습을 보여 주고 있으므로 적절하다.

③ '고기잡이나 하고 감자나 매는데요.'라는 말을 통해 아직 고향이 옛 모습을 지니고 있다고 생각하는 모습을 보여 주고 있으므로 적절하다.

④ '십 년' 사이에 '바다'가 '육지'가 된 것은 1970년대 빠르게 진행된 산업화를 보여 주고 있으므로 적절하다.

07 인물의 심리와 서사의 이해

교과서에서 길을 보다 본문 44~45쪽

유제 1 ④ 유제 2 ③

유제 1 인물의 심리 파악

세상을 원망하는 것이 아니라 반복되는 이별을 통해 깨닫게 된 바를 고백하고 있다.

오답 피하기 |

① 전란에 헤어졌던 아내를 만나 반가워하며 안부를 묻고 있다.

② '짝을 잃고 외따로 날아가는 새의 신세'는 이별한 자신의 처지를 비유하는 말이다.

③ 전날의 맹세를 지켜 함께 지낼 것을 기대하기 때문에 허락해 달라고 묻고 있다.

⑤ 이별이 닥쳤다는 최 여인의 말에 놀라 이유를 되묻고 있다.

유제 2 서사의 이해

하소연할 사람이 없다는 것은 자신의 억울한 죽음을 말하거나 알릴 사람이 없다는 의미이다.

오답 피하기 |

① '창과 방패가 시야에 가득 어지러운 곳'은 싸움의 흔적이 어지럽게 흩어져 있는 전쟁터로 볼 수 있다. 따라서 전쟁과 같은 혼란한 싸움을 죽음의 원인으로 짐작할 수 있다.

② 어지러운 싸움 때문에 옥구슬이 부서지고 꽃잎이 떨어진다고 볼 수 있다. 따라서 옥구슬이 부서지고 꽃잎이 떨어진 것은 자신의 죽음을 비유한 것이다.

④ 깨진 구리거울은 전란으로 인한 이별을 비유하며, 깨진 구리거울이 다시 갈라진다는 것은 재회하였던 관계가 다시 헤어지게 되었다는 것이다.

⑤ 자신은 저승으로 떠나고 이생은 이승에 남아 있게 되는 처지를 '천상과 인간 사이'로 암시하는 말이다.

수능의 빛을 찾다 본문 46~47쪽

1 ③ 2 ② 3 ⑤

남영로, 「옥루몽」

해제 | 이 작품은 몽자 소설의 계보를 집대성한 작품이자 군담계 영웅 소설이다. 처첩 간의 갈등을 다루면서도, 인물들이 극적으로 사랑을 이뤄 나가 대중적인 재미와 문학적인 품격을 모두 갖추고 있다. 뛰어난 능력을 가진 여성의 모습도 형상화하였으며, 현실 정치에 대한 비판적 인식도 드러내고 있다.

주제 | 양창곡의 영웅적 일생과 부패한 현실에 대한 비판

전체 줄거리 |

천상계에서 문창성이 취중에 지상계를 그리워하는 시를 읊고 선녀들을 희롱한다. 이를 안 옥황상제가 크게 노하여 문창성은 양창곡, 선녀들은 각각 윤 소저, 황 소저, 강남홍, 벽성선, 일지련으로 인간 세상에 태어나게 한다. 인간 세상으로 하강한 양창곡은 과거를 보러 가던 중 기생 강남홍과 연을 맺고, 강남홍의 천거로 윤 소저와도 연을 맺는다. 곡절 끝에 강남홍은 만의 장수로, 양창곡은 명의 원수로 출전하여 다시 만나게 되고, 연왕으로 책봉된 양창곡은 처첩들과 함께 부귀영화를 누리다가 천상계로 돌아가게 된다.

1 인물의 심리 파악

㉢은 상대방의 의사를 타진한다기보다 자신의 능력을 과시하고 상대방을 깔보는 말이다.

오답 피하기 |

① 강남홍은 남만의 장수가 되어 출전하였으나 본래 자신의 나라였던 명나라와 싸우지 않았으면 하는 마음으로 피리를 불고 있다.
② 강남홍은 상대 장수가 누구인지는 모르나 병법을 펼치는 모습이나 들려오는 피리 소리를 듣고 그 능력에 감탄하고 있다.
④ '노쇠한 정력을 함부로 낭비하지 마시오.'는 상대방의 사정을 고려해 주는 듯한 인상을 주는 말로, 죽음을 자초하지 말라는 위협에 해당한다.
⑤ 양창곡은 원수가 싸움에 질 것을 염려하는 소유경의 간언을 듣지 않고 승부를 내 보고 싶어 출전하고 있다.

2 서사적 기능 파악

[A]에서 강남홍은 일부러 칼을 떨어뜨려 양창곡에게 자신의 정체를 알리고 있다. 그리고 '오늘 밤 삼경에 군중'에서 만날 것을 약속하고 있어 사건의 새로운 국면을 기대하게 한다.

오답 피하기 |

① 과거의 인연을 떠오르게 하고 있지만 현재 상황의 원인을 밝히지는 않는다.
③ 거짓된 행동으로 도망한다고 볼 수 있지만 이런 행동을 통해 새로운 갈등이 조장되는 것이 아니라 현재의 싸움이 해소된다.
④ 개인적 입장과 사회적 입장의 갈등을 언급하지 않았다.
⑤ 거짓으로 싸움터에서 물러나고 있지만 패전의 책임을 회피하려는 것이 아니다.

3 종합적 감상

죽은 줄로만 알았던 강남홍이 죽지 않고 적진의 장수로 출장하고 있다. 따라서 천상계의 홍란성으로 복귀하는 구조라는 감상은 적절하지 않다.

오답 피하기 |

① 강남홍은 옥적(옥피리)을 불다가 화답하는 듯한 피리 소리를 듣고 문창성을 떠올리고 있다.
② 천상계의 문창성에게 있던 피리가 지상으로 이어지고 있어 문창성과 양창곡이 같은 인물이라는 것을 짐작할 수 있다.
③ '내일 싸움'은 강남홍과 양창곡이 재회하게 되는 계기가 된다.
④ 양창곡은 강남홍이 오랑캐의 장수가 되어 출장하리라고는 상상조차 못하고 있다.

08 소설의 종합적 감상 및 창작적 변용

교과서에서 길을 보다 본문 52~53쪽

유제 1 ⑤ 유제 2 ④

유제 1 종합적 감상

〈보기〉는 조선 후기에 발달한 경제관념에 대해 설명하고 있다. 돈의 중요성과 필요성을 인식하게 된 사회적 분위기를 언급한 것이다. 매를 대신 맞아 주고 돈을 받는다는 것은 돈이 필요한 사회가 되었음을, 또한 돈이 중시되는 사회가 되었음을 보여 준다고 할 수 있다.

오답 피하기 |

① 서로 인사를 나누는 대목을 경제관념의 발달로 볼 수 없다.

② 처음 만난 사이임에도 묻고 답하는 상황을 사회 부패의 가속화로 볼 수 없다.
③ 매품을 파는 순서는 도착한 순서이거나 가난한 순서로 정하려고 하고 있다. 이 대목은 물신주의가 팽배한 몰인정한 세태와는 관련이 없다.
④ 〈보기〉를 통해 화폐 경제가 발달하고 있는 내용을 확인할 수 없다.

유제 2 장르 바꾸기

흥보가 대화의 맥락을 이해하지 못하여 ㉣과 같이 말하는 것이 아니다. 도착한 순서대로 매품을 팔면 자신의 순번이 뒤로 밀리기 때문에 상황을 바꾸어 보고자 새롭게 제안을 하는 것이다.

오답 피하기 |

① '인사하오.'라는 인사말에 '에 마오.'라고 대답하여 웃음을 자아내는 대목이다.
② 돈 많은 '장자'가 왜 매품을 팔러 왔느냐고 되묻는 대목으로, 흥보에게 부자라고 하고 있으므로 반어법을 통해 웃음을 유발한다고 할 수 있다.
③ 언제 왔냐는 물음에 지난 장날 아침밥 먹기도 전 동이 틀 때 왔다는 과장된 내용을 진지하게 말하여 웃음을 유발한다고 할 수 있다.
⑤ 내 가난을 들어 보라는 말로 시작하여 삼순구식조차 먹어 본 아들이 없다고 지나치게 과장하여 이야기하고 있다.

수능의 빛을 찾다

본문 54~55쪽

1 ②　　2 ③　　3 ⑤

현진건, 「고향」

해제 | 1920년대 일제 강점기의 현실에서 삶의 터전을 잃고 유랑하는 우리 민족의 피폐한 삶을 그린 작품이다. '나'는 서울행 기차를 타고 가다가 우연히 '그'와 이야기를 나누게 되고, '그'는 동양 3국을 떠돌게 된 사연을 '나'에게 털어놓는다. 특히 이 작품은 액자식 구성을 취하고 있는데, 외부 이야기에는 '나'와 '그'의 대화가 있고, 내부 이야기에는 '그'의 삶의 내력이 제시되고 있다.

주제 | 식민지 백성의 고단하고 험난한 삶의 역정

1 서술상의 특징 파악

이 작품은 내부 이야기와 외부 이야기가 존재하는 액자식 구성을 취하고 있다. '나'와 '그'의 대화로 이루어지는 외부 이야기와, '그'를 3인칭으로 놓고 삶의 역정을 요약하는 내부 이야기를 통해 '그'가 살아온 삶이 드러나고 있다.

오답 피하기 |

① 기차 안이라는 외부 이야기의 장면은 변하지 않으며, 내부 이야기도 장면이 빈번하게 전환된다고 보기는 어렵다. 더욱이 긴박한 분위기가 드러나는 것이 아니다.
③ 내부 이야기와 외부 이야기의 서술자가 달라지기도 하지만 이를 통해 다양한 인간상들이 제시되는 것은 아니다.
④ 이 장면에는 인물의 다양한 심리 변화 양상이 드러나지 않는다.
⑤ 이 작품은 삶의 우연성보다는 삶의 비극성을 보여 주고 있다.

2 의도의 추리

'그'가 일본까지 가게 된 이유는 살기 좋은 곳을 찾아 이주한 서간도에서 부모를 잃고 더 이상 머물고 싶지 않아서이다. 그러므로 가난, 더 나아가 일제의 수탈이라는 문제를 근본적으로 해결하기 위해서가 아니다.

오답 피하기 |

① 서간도에서 '그'와 그의 가족의 생활 형편이 나아지기는커녕 오히려 부모를 잃고 만다.
② '나'는 '그'의 이야기를 듣고 '위로할' 말을 찾다가 '정종'을 권하고 있다.
④ '그'는 폐허가 된 고향 마을의 모습을 보고 더 큰 슬픔과 충격에 빠진다.
⑤ '그'가 흘리는 '눈물'은 슬픔과 울분이 응결된 것이다.

3 자료를 활용한 감상

이 작품에서 기차라는 배경은 '나'와 생면부지인 '그'가 자연스럽게 만나 대화를 나눌 수 있는 공간이라는 정도의 의미일 뿐이다. 기차라는 배경을 일제에 끌려다니는 존재로 이해하는 것은 지나친 면이 있다.

오답 피하기 |

① '나'는 외부 이야기에서 '그'의 대화 상대자이므로 내부 이야기에는 나타나지 않는다.
② 〈보기〉에서 1920년대를 배경으로 한다고 했는데 '그'가 고

향을 방문한 장면에서 당대 조선의 모습을 확인할 수 있다.
③ 기차 안에서 '나'와 '그'가 대화를 나누는 장면은 외부 이야기에 해당한다.
④ '그'가 서간도로 이주했다가 일본으로, 고향으로 떠도는 장면은 3인칭으로 서술되고 있다.

09 실전 문제 1

본문 56~63쪽

1 ⑤	2 ③	3 ①	4 ⑤
5 ⑤	6 ⑤	7 ③	8 ⑤
9 ②			

[1~3]

이태준, 「꽃나무는 심어 놓고」

해제 | 고향을 떠나 파국을 맞는 한 가족의 비극적인 삶을 사실적으로 형상화한 작품이다. 일제 강점기 순수했던 농민들이 도시 하층민으로 유입되는 과정이 사실적으로 잘 드러난다. 만개한 벚꽃나무의 아름다움과 현실의 비참함이 대비되어 비극성을 심화한다. 어디에서도 희망을 찾을 수 없었던 1930년대의 암담한 현실 상황이 섬뜩할 정도로 잘 표현되어 있다.

주제 | 일제 강점기 냉혹한 세상으로 인한 가정의 파멸

전체 줄거리 |

가혹한 수탈로 고향에서 더 이상 살 수 없게 된 방 서방네는 도망치듯 서울로 옮겨 오지만 마땅한 거처도 구하지 못한 채 다리 밑 움막에서 살림을 꾸린다. 바가지라도 팔아 볼 요량으로 길을 나선 아내는 집으로 돌아오는 길을 잃어버려 돌아오지 못한다. 아내가 떠난 것이라 오해하며 자식의 죽음을 겪은 방 서방은 우연히 술집에서 일하는 아내와 마주친다.

1 서술상 특징 파악

노파에게 속아 집에 돌아가지 못하는 김 씨의 처지나 먹지도 못하고 병으로 죽어 가는 어린아이의 비참한 처지가 과장 없이 담담하게 서술되고 있다. 이런 장면들이 감정이 배제된 채 서술되어 비극성이 심화되고 있다.

오답 피하기 |
① 시간에 따라 사건이 전개되고 있어 현재와 과거를 교차 서술한다는 것은 적절하지 않다.
② 공간적 배경이 세밀하게 묘사되고 있지 않다.
③ 인물들 간의 대화를 통해 갈등 해결 방향이 암시되고 있지 않다.
④ 방 서방과 김 씨의 생각과 처지가 대비되어 나타나고 있지만 해결책을 모색하고 있지 않다.

2 인물의 태도 파악

㉡의 '다른 큰 병원에 가 보'라는 말은 돈이 없는 방 서방네 아이를 치료해 줄 수 없다는 의도를 밝힌 것이다.

오답 피하기 |
① ㉡은 거짓으로 상대방을 속이는 말이 아니다.
② ㉠은 상대방을 위한 합리적 대안으로 볼 수 없다.
④ ㉡은 돈이 없는 처지를 알고 다른 병원으로 가라고 내모는 행동이므로 신뢰를 보인다고 할 수 없다.
⑤ ㉠은 자기가 집을 찾아 주겠다고 상대방을 속이는 것이므로 상대방의 행동 변화를 강요하는 것으로 볼 수 없다.

3 종합적 감상

〈보기〉에서 설명하는 단편 소설에서의 경험은 일상에서 깨닫지 못했던 진실과 감각을 깨닫게 되는 것이다. 새 바가지를 팔겠다고 나서는 김 씨가 다리를 후들거려 하는 것은 이러한 경험이 생전 처음이기 때문이거니와 일주야를 굶었기 때문이다.

오답 피하기 |
② 〈보기〉에서 단일한 사건으로부터 삶의 본질을 포착하게 한다고 하였으므로, 아내가 아이를 버리고 갔다는 오해가 세상이 냉혹하다는 인식을 형성할 수 있다.
③ 병원집을 돌아다니다가 아이를 치료하지 못하고 돌아오고만 방 서방의 경험은 세상의 비정함을 드러낸다고 할 수 있다.
④ 아이가 사경을 헤맴에도 '또 배가 고'파 오는 것은 삶의 본질에 대해 생각해 보게 한다고 할 수 있다.
⑤ 서울살이를 하며 몰락해 가는 가족의 모습은 세상의 냉혹함을 드러낸다고 할 수 있다.

[4~6]

채만식, 「미스터 방」

해제 | 이 작품은 구두 수선공이었던 '방삼복'이 우연한 기회를 얻어 출세한 후 몰락해 가는 과정을 그리고 있다. 채만식 특유의 문체를 통해 해방 직후 미군의 힘을 빌려 출세하는 미스터 방이 그려진다. 해방만 되면 모든 일이 공명정대하게 돌아갈 것이라는 기대와 달리, 사회적 혼란과 무질서 속에서 외세를 등에 업은 부정적 인물이 득세하는 세태가 풍자되고 있다.

주제 | 해방 직후 이익을 좇는 세태와 인간상 비판
전체 줄거리 |
구두 수선공이었던 방삼복은 우연히 미군 소위를 돕게 된 것을 계기로 미군 장교의 통역으로 일하게 된다. 미군 장교의 권세를 등에 업어 출세를 하게 된 미스터 방은 온갖 거드름을 피우며 안하무인으로 허세를 부린다. 그러던 중 무심코 뱉은 양칫물이 S 소위의 얼굴에 떨어져 몰락을 하게 된다.

4 문체상 특징 파악

전지적 작가 시점에서 미스터 방의 행동을 관찰하듯 서술하고 있다. 일정한 거리를 두며 미스터 방의 행동을 관찰하는 가운데 냉소적이고 비판적인 태도가 드러난다.

오답 피하기 |
① 독백체가 활용되고 있지 않다.
② 서술자를 교체하지 않고 전지적 작가 시점을 유지한다.
③ 등장인물의 내면 의식에 따라 내용이 전개되고 있지 않다.
④ 백 주사가 미스터 방에 대해 반감을 품고 있음이 제시되지만, 의문과 추측의 진술을 통해 제시하고 있지는 않다.

5 인물의 태도 파악

㉤은 우리 소설을 대표한다고 보기 어려운 「추월색」을 특별한 고민 없이 사다 주는 대목이다. '여러 날 사러 다니다 못해 동네 노마네 집에 치를 이 원에 사 주었다.'라는 것은 노마네 집에 호의를 베풀려는 것이 아니라 책을 구하지 못해 아무 집에서나 보던 책을 구해 준 것이다.

오답 피하기 |
① 동양 삼국 모두를 경험해 보았노라고 자랑하고 있다.
② 외국 술인 맥주를 칭송하고 있다.
③ 나이가 많은 상대방에게 예의를 갖추고 있지 않다.
④ 경회루를 술 마시고 춤추는 곳이라고 설명하고 있다.

6 종합적 감상

이 작품에서 문제적 인물은 미스터 방이다. S 소위와의 대화나 일화를 통해 미스터 방의 문제적 태도가 드러난다.

오답 피하기 |
① 신기료장수인 미스터 방의 갑작스러운 출세는 비정상적인 사회 현실과 관련 있다.
② 술에 취해 거칠 것 없이 행동하는 미스터 방은 문제적 인물이다.
③ 미스터 방의 외모 묘사는 미스터 방을 희화화한다.
④ S 소위의 질문에 대한 대답을 통해 미스터 방이 문제적 인물임이 드러난다.

[7~9]

황순원, 「너와 나만의 시간」
해제 | 이 작품은 전쟁이라는 극단적 상황 속에서 세 군인의 다양한 행동과 심리를 보여 주고 있다. 죽음을 눈앞에 둔 상황 속에서 인간이 선택할 수 있는 행동과 삶에 대한 욕구가 세 군인의 심리적 갈등을 통해 잘 그려지고 있으며, 김 일등병을 살리기 위한 주 대위의 행동을 통해 죽음 앞에서의 인간애가 잘 표현되었다.
주제 | 극단적 상황 속에서의 선택과 삶의 욕구
전체 줄거리 |
전쟁 중 낙오한 주 대위, 현 중위, 김 일등병은 본대를 찾아 남하하지만 주 대위의 다리 부상으로 길이 늦어지기만 한다. 주 대위를 교대로 업던 현 중위는 홀로 도망을 가지만 낭떠러지에서 떨어져 죽고, 김 일등병만이 주 대위를 업고 걷다가 절망에 빠진다. 이때 멀리서 개 짖는 소리를 들은 주 대위가 김 일등병을 재촉해 인가로 유도하고 주 대위 자신은 죽음을 맞이한다.

7 서술상 특징 파악

[A]에는 지쳐서 더 이상 걸을 수 없는 상황에서 인가를 발견하게 되는 김 일등병과, 김 일등병을 인가로 이끈 주 대위가 죽음을 맞이하는 장면이 제시되어 있다.

오답 피하기 |
① 김 일등병의 내면 심리를 통해 사건이 진행되고 있다.
② 배경 묘사가 김 일등병의 상태를 상징하지 않는다.
④ 주 대위와 김 일등병의 외형을 묘사하지 않는다.
⑤ 주 대위의 몰인정함이 강조되지 않는다.

8 인물의 심리 파악

꿈은 왕개미에 의해 목이 잘리는 개미 떼의 장면이다. 주 대위의 명령을 들을 수밖에 없는 현 중위는 자신 역시 무기력하게 목이 잘려 죽을 것만 같은 생각에 불안해하고 있는 것이다.

오답 피하기 |
① 자신의 생각과 다른 주 대위에게 불만을 품고 있으므로 '불만을 무마한다'는 것은 적절하지 않다.
② 한옆에 뚫어 놓은 구멍을 발견하기 때문에 '무기력한 처지를 자각하게 한다'는 것은 적절하지 않다.

③ 자신의 처지나 앞일과 관련된 꿈이므로 '김 일등병에 대한 동정을 표출한다'고 볼 수 없다.
④ '현재의 고통이나 절망을 죽음으로 극복할 수 있다'고 생각하고 있지 않다.

9 종합적 감상

주 대위는 자신의 죽음을 직감하고 있다. 자신이 죽을지라도 김 일등병은 살려야 한다는 생각으로 김 일등병을 걷게 하고 있다. 따라서 주 대위가 이기심을 드러냈다고 보기 어렵다.

오답 피하기 |

① 현 중위, 주 대위, 김 일등병 모두 죽음을 눈앞에 둔 극한의 상황 속에서 갈등하고 있다.
③ 주 대위는 자신의 죽음을 직감하면서도 김 일등병만은 살리기 위해 최선을 다하고 있다.
④ 주 대위는 김 일등병마저 죽을 것을 염려하여 떠나라고 말한다.
⑤ 주 대위와 현 중위, 김 일등병은 남으로 향하는 탈주 과정에서 죽을 고비를 넘기는 인간들이다.

10 실전 문제 2

본문 64~73쪽

1 ①	2 ④	3 ⑤	4 ①
5 ③	6 ③	7 ③	8 ④
9 ⑤			

[1~3]

김만중, 「사씨남정기」

해제 | 이 작품은 조선 시대 가부장적 사회를 배경으로 선인인 사 씨와 악인인 교 씨를 등장시켜 처첩 간의 갈등을 보여 주고 있다. 여성이 지녀야 할 올바른 행실뿐만 아니라 악행에 대한 처벌이 필연적임을 강조하는 주제를 담고 있다. 특히 정실부인인 사 씨를 덕이 있고 고매한 성품을 지닌 인물로, 첩인 교 씨를 간사하고 영악한 인물로 그려 냄으로써 첩실을 허용하는 제도를 간접적으로 비판하고 있다. 또 가정에서 생겨나는 갈등이 여자들 때문이라기보다는 무능한 가장에게도 책임이 있다는 것을 제시하면서 조선 후기 가부장적 사회에 대한 은근한 비판을 담고 있다.

주제 | 사 씨의 덕행에 대한 칭송과 악행을 저지른 교 씨에 대한 징벌

전체 줄거리 |
유연수는 중국 명나라 세종 때 금릉 순천부에 사는 유현의 아들로 태어나 15세에 장원 급제하고 한림학사를 제수받는다. 유 한림은 덕성과 재학을 겸비한 사 씨와 결혼하나 늦도록 후사가 없어 교 씨를 첩으로 맞아들인다. 교 씨는 천성이 간악한 인물로 아들을 낳자 정실이 되기 위해 사 씨를 참소한다. 결국 유 한림은 사 씨를 폐출하고 교 씨를 정실로 삼는다. 교 씨는 문객 동청과 모의하여 유 한림을 참소하여 유배시킨다. 이후 유 한림에 대한 혐의가 풀리자, 조정에서는 충신을 참소한 동청을 처형한다. 유 한림은 사방으로 사 씨의 행방을 찾다가 소식을 듣고 온 사 씨와 해후한다. 유 한림은 자신의 잘못을 뉘우치고 고향으로 돌아와 간악한 교 씨를 처형하고 사 씨를 다시 정실로 맞아들인다.

1 서술상 특징 파악

'냉진은 원래 이곳저곳을 떠도는 무뢰배인데 재물을 보면 목숨도 아끼지 않는 인물이라.'와 '모진 형벌에 살점이 떨어지고 피가 난들 아무것도 모르는 사람들이 무슨 말을 하리오.'에서 편집자적 논평을 통해 서술자의 생각을 드러내고 있으므로 적절하다.

오답 피하기 |

② 시간적 배경을 묘사한 부분이 나타나지 않으므로 적절하지 않다.
③ 전기적이란 '괴상하고 기이하여 세상에 전할 만한' 것으로, 이 글에는 전기적 요소가 나타나지 않으므로 적절하지 않다.
④ 소년을 '풍채가 빼어나게 아름다운 장부였다.'라고 서술하고 있지만, 이것을 외양을 구체적으로 묘사했다고 보기는 어려우므로 적절하지 않다.
⑤ 시간의 흐름에 따라 사건이 전개되고 있으므로 적절하지 않다.

2 서사 구조에 대한 이해

ⓑ로 인해 사 씨는 위기에 처하고, '넋이 달아난 듯 다만 눈물을 흘'린다. 두 부인은 한림이 사 씨를 의심하는 것을 어리석다고 여기며 한림을 질책하지만, 두 부인의 도움으로 사 씨가 적극적으로 결백을 주장한다고 볼 수 없으므로 적절하지 않다.

오답 피하기 |

① 교 씨는 설매를 불러 뇌물을 주며 납매와 함께 사 씨의 물건을 훔칠 일을 의논하고 있고, 동청 또한 냉진을 돈으로 매수하여 한림을 속여 사 씨와의 관계를 악화시키려 하고 있다. 따

라서 ⓐ는 교 씨와 동천이 주도해 꾸몄다고 할 수 있으며, 계교란 사 씨를 모함에 빠뜨리려는 것으로 이해할 수 있으므로 적절하다.

② 교 씨는 설매에게 사 씨의 물건을 훔쳐 오게 하고, 설매는 사 씨의 옥가락지를 훔쳐 온다. 동청은 사 씨의 옥가락지를 냉진에게 주고, 이를 이용해 한림을 속여 한림과 사 씨의 사이를 이간질하려 하고 있으므로 적절하다.

③ ⓑ의 과정에서 교 씨는 설매를, 동천은 냉진을 매수하여 구체적인 일을 도모하고 있으므로 적절하다.

⑤ 한림은 결국 교 씨와 동청이 만든 계교로 인해 사 씨를 불신하게 되고, 교 씨만을 찾는다. 그로 인해 교 씨가 매우 기뻐하며 모든 일을 제 마음대로 처리하고 있는데, 이는 ⓒ를 의미한다고 할 수 있으므로 적절하다.

3 대화의 특징 파악

[A]에서는 옛말을 인용하여 한림의 생각 변화를 요구하고 있고, [B]에서는 유 소사의 말을 인용하여 한림의 생각 변화를 요구하고 있으므로 적절하다.

오답 피하기 |

① [A]에서는 일어날 수 없는 상황을 가정하고 있지 않으므로 적절하지 않다.

② [B]에서는 ' 네 어찌 그 실상을 파헤쳐 어진 사람을 구하고 간악한 사람을 다스리지 못하는가? 이런 어리석은 사람이 어찌 나라의 일을 하리오. 참으로 한심하도다.'라고 말하며 한림을 비판하고 있을 뿐, 상황을 과장되게 표현하여 한림을 치켜세우고 있지 않으므로 적절하지 않다.

③ [A]에서는 '그러나 옛말에 이르기를 총명한 군자는 비방하는 말을 믿지 않는다 하였으니 원컨대 상공은 깊이 살피소서.'라며 자신의 의도를 드러내고 있고, [B]에서는 '이제 간악한 행실을 사 씨에게 뒤집어씌우려 함은 집안에 간악한 사람이 있어 사 씨를 모함함이라. 네 어찌 그 실상을 파헤쳐 어진 사람을 구하고 간악한 사람을 다스리지 못하는가?'라고 말하며 실상을 제대로 파헤쳐 어진 사람을 구하라는 자신의 의도를 드러내고 있으므로 적절하지 않다.

④ [A]에서는 타인의 행동을 직접적으로 원망하고 있지 않고, [B]에서도 자신의 행동을 반성하고 있지 않으므로 적절하지 않다.

[4~6]

박지원, 「광문자전」

해제 | 이 작품은 박지원의 한문 소설로, 재자가인형 인물을 주인공으로 내세우던 기존의 소설과는 달리 '광문'이라는 하층민을 통해 당대 사회를 비판하고 새로운 인간형과 가치관을 제시하고 있다. 이 작품의 주인공인 '광문'은 거지임에도 불구하고 따뜻하고 착한 심성을 지니고 있어 많은 사람에게 인정을 받고 있는 모습으로 제시되고 있다. 이는 가문과 계층을 중시하는 등의 당대의 가치관과 대비되는 새로운 인물형이라 볼 수 있다. 특히 작가는 '광문'의 성품을 보여 주는 여러 사건들을 삽화 형식으로 제시함으로써 이러한 의도를 효과적으로 드러내고 있다.

주제 | 신의 있는 생활 자세와 허욕을 부리지 않는 삶의 태도를 보여 주는 새로운 인간형

전체 줄거리 |

종루 저잣거리의 걸인인 광문은 어느 날 병든 거지 아이를 죽였다는 누명을 쓰고 동료들에게 쫓겨난다. 쫓겨난 광문은 어느 집으로 피신하게 되고, 광문을 도둑으로 오인한 주인은 그를 붙잡는다. 광문이 도둑이 아니라는 것을 안 후 주인은 광문을 풀어 주지만, 떨어진 거적대기를 달라는 광문을 이상하게 여긴 주인은 그를 몰래 뒤쫓아간다. 떨어진 거적으로 죽은 아이의 시신을 묻어 주는 광문을 목격한 주인은 그를 의롭게 여겨 약국을 운영하는 부자에게 천거하고 광문은 약국 점원이 된다. 어느 날 부자가 외출한 사이 돈이 없어져 부자는 광문을 의심하는데, 며칠 후 부자의 처조카가 돈을 돌려주면서 광문에 대한 오해가 풀린다. 광문을 오해한 부자는 부끄러워하며 광문에게 사죄하고, 주변 사람들에게 광문의 의로움을 칭찬해 광문의 이름이 널리 알려진다. 광문은 장가도 가지 않고 자신의 분수를 지키며 욕심 없는 삶을 산다. 도도하기로 유명한 기생 운심 또한 광문을 위해 춤을 추면서 함께 어울린다.

4 서술상 특징 파악

'눈가는 짓무르고 눈꼽이 끼었으며 취한 척 구역질을 해 대고, 헝클어진 머리로 북상투를 튼 채였다.'에서 인물의 외양을 묘사(ㄱ)하고 있고, 거지 아이를 도운 일, 마을 안 집주인과의 대화, 거지 아이를 묻어 준 일, 약방 부자와의 사건, 싸우던 사람들을 화해시킨 일, 결혼을 안 하는 이유, 집을 마련하라는 권유를 사양한 일, 유명한 기생 운심과의 일 등 광문에 대한 일화를 삽화식으로 나열(ㄴ)하고 있으므로 적절하다.

오답 피하기 |

ㄷ. 특정 인물의 시각에서 내면 심리를 서술하고 있지 않으므로 적절하지 않다.

ㄹ. 여러 개의 이야기들을 삽화식으로 나열하여 제시하고 있을 뿐, 역순행적 구성으로 사건의 인과 관계를 밝히고 있는 것은 아니므로 적절하지 않다.

5 인물의 성격, 태도 파악

ⓑ는 광문을 의심한 자신을 부끄러워하며 광문에게 사죄를 한다. 그 후 알고 지내는 여러 사람들뿐만 아니라 여러 종실의 빈객들, 공경 문하의 측근들에게도 광문을 의로운 사람이라고 칭찬을 한다. 하지만 이를 광문의 신분을 상승시킬 방법을 모의한 것으로 이해하는 것은 적절하지 않다.

오답 피하기 |

① '광문이 밤에 엉금엉금 기어서 마을의 어느 집으로 들어가다가 그 집 개를 놀라게 하였다. 집주인이 광문을 잡아다 꽁꽁 묶으니'와 '말이 몹시 순박하므로 집주인이 내심 광문이 도적이 아닌 것을 알고서 새벽녘에 풀어 주었다.'에서 확인할 수 있으므로 적절하다.

② '이에 집주인이 광문을 붙들고 사유를 물으니, 광문이 그제야 그전에 한 일과 어제 그렇게 된 상황을 낱낱이 고하였다. 집주인이 내심 광문을 의롭게 여겨, 데리고 집에 돌아와 의복을 주며 후히 대우하였다. 그리고 마침내 광문을 약국을 운영하는 어느 부자에게 천거하여 고용인으로 삼게 하였다.'에서 확인할 수 있으므로 적절하다.

④ 부자는 밖에 나가며 방에 자물쇠를 잠갔는지 확인하고 있는데, 이는 광문을 의심하는 데서 비롯된 것이다. 며칠이 지난 후 부자의 처조카가 와서 돈을 갚고 내력을 이야기하자, 광문을 의심한 자신을 부끄러워하며 사죄하고 있으므로 적절하다.

⑤ '온 좌상이 실색하여 광문에게 눈짓을 하며 쫓아내려고 하였다. 광문이 더욱 앞으로 나아가 무릎을 치며 곡조에 맞춰 높으락낮으락 콧노래를 부르자, 운심이 곧바로 일어나 옷을 바꿔 입고 광문을 위하여 칼춤을 한바탕 추었다.'에서 확인할 수 있으므로 적절하다.

6 감상의 적절성 평가

'싸움판에 뛰어들어' '판정이라도 하는 듯한 시늉을' 해 '싸움을 풀고 가 버'리는 광문의 모습에서는 해학적인 방법으로 사람들 사이의 갈등을 해소하는 광문의 재치가 엿보이는데, 이를 권력이 높은 자 앞에서도 소신을 굽히지 않는 것을 중요하게 여기는 작가의 모습으로 이해하는 것은 적절하지 않다.

오답 피하기 |

① 병이 든 거지 아이를 불쌍하게 여기고, 그 아이를 위해 몸소 밥을 빌어서 먹이려는 광문의 모습은 따뜻한 인간성을 지닌 모습으로 이해할 수 있으므로 적절하다.

② 죽은 거지 아이의 시체를 짊어지고 가 공동묘지에 묻고 장례를 치러 준 광문의 모습은 인간에 대한 예의와 의로움을 지닌 모습으로 이해할 수 있으므로 적절하다.

④ 남자와 여자의 구분 없이 잘생긴 사람은 누구나 좋아한다고 말하는 광문의 모습은 남자와 여자를 동등하게 바라보는 것으로 이해할 수 있으므로 적절하다.

⑤ 자신에게 딸린 식구가 없기 때문에 집을 가질 필요가 없다고 생각하는 광문의 모습은 자신의 분수를 지키며 자족하는 것으로 이해할 수 있으므로 적절하다.

[7~9]

작자 미상, 「조웅전」

해제 | 이 작품은 조선 후기 작자 미상의 영웅 군담 소설로, 많은 이본이 존재한다. 중국 송나라를 배경으로 조웅이 역적 이두병을 처단하고 태자를 복위시켜 나라를 구하는 영웅적 활약상을 영웅의 일대기 형식으로 그리고 있다. 조웅의 생애는 일반적으로 영웅의 일생을 따르고 있지만, 다른 영웅 소설과 달리 주인공의 출생 과정에서 부모의 기자(祈子) 정성이나 천상인의 하강과 같은 화소(話素)가 나타나지 않는다. 소설의 전반부는 조웅의 고행담과 애정담, 후반부는 조웅의 영웅적 무용담으로 구성되어 있으며, 도술적 힘에 의한 영웅적 활동을 통해 유교 이념인 충의 사상을 표현하고 있다.

주제 | 진충보국과 자유연애 사상

전체 줄거리 |

중국 송나라 때 승상 조정인이 간신 이두병에게 참소를 당하여 음독자살하고, 그의 외아들 조웅은 어머니와 함께 이두병을 피해 도망친다. 모진 고생을 하며 유랑하던 조웅 모자는 다행히 월경 대사를 만나 그 소개로 강선암으로 들어가서 거기에 의탁하게 된다. 대사를 찾아 병법과 무술을 전수받은 조웅은 강선암으로 다시 돌아가던 중 장진사댁에 유숙하게 된다. 조웅은 거기서 우연히 만난 장 소저와 혼인 약속을 한다. 이 무렵 서번이 침입하자 조웅은 전쟁터에 나가서 이들을 물리친다. 태자를 유배 보낸 뒤 스스로 태자의 자리에 오른 이두병은 유배 보낸 태자에게 사약을 내리나 조웅은 이두병의 무리를 모조리 잡고 이두병마저 사로잡는다. 태자는 이두병 일파를 처단한 뒤 조웅을 제후로 봉한다.

7 인물의 심리 파악

'일대'는 여러 장수들에게 자신이 거짓 패하여 여러 번 도망갔지만 원수가 끝내 자신을 쫓아오지 않아 이상하다고 말한다. 이것은 자신의 계략대로 일이 진행되지 않는 것에 대한 '일대'의 의구심으로, '일대'는 여러 장수들에게 숨은 계교를 누설하지 말 것을 당부한다. 따라서 '일대'가 여러 장수들을 의심하고 불신하는 것은 아니므로 적절하지 않다.

오답 피하기 |

① '그대 등은 천시를 알지 못하는지라. 내 말을 들으면 좋은

시절이 있을 것이니'에서 하늘의 운수를 언급하며 '삼대'를 위해 '군대를 해산하고 산중으로 돌아'갈 것을 제안하는 '도사'의 모습에서 '도사'의 진심을 느낄 수 있으므로 적절하다.
② 자신의 말을 듣지 않는 '삼 형제'에게 '참으로 아깝도다.'라고 말하는 것에서 '도사'의 비통함을 느낄 수 있으므로 적절하다.
④ 자신을 알아보지 못하고 공격하는 '군사'들에게 '이 군사들아 너희들의 장수를 알지 못하는가?'라고 말하는 것에서 '일대'의 안타까움을 느낄 수 있으므로 적절하다.
⑤ '망형의 원수를 갚으리라.'라고 말하며 형인 '일대'를 죽인 원수를 갚고자 하는 '이대'의 모습에서 '이대'의 분노를 느낄 수 있으므로 적절하다.

8 구절의 의미 파악

'원수'는 '적장 일대는 범상한 장수 아니라. 그리 쉽사리 잡지 못할 것이니 내일은 강백이 나아가 싸우되 적장과 접전하여 날이 저물거든 그대가 먼저 거짓으로 패하여 적진에 들라. 그러면 군사가 분명 저의 장순가 하여 무슨 일을 행할 것'이라고 하며 ⓐ를 알아내기 위해 계책을 세우고 있다(ㄴ). 또한 '원수와 강백이 본진에 돌아와 밤을 지낸 후에 이튿날 적진 진문에 나아가 보니 문에 구덩이 수백 간을 파고 창검을 무수히 묻었는지라.'에서 ⓐ는 '일대'가 적군을 무찌르기 위해 마련한 함정이라는 것을 알 수 있고(ㄷ), '"내가 거짓 패하여 여러 번 도망하였으나 조원수가 끝내 따르지 아니하니 실로 괴이하도다." 행여 누설할까 각별히 타일러서 경계하더라.'에서 '일대'는 ⓐ가 누설되지 않도록 여러 장수들에게 주의를 주었음을 알 수 있다(ㅁ).

오답 피하기 |

ㄱ. '도사'가 준 편지에는 '일대의 진중에는 안으로 들어가지 말'라는 내용이 있었다. '십여 합에 이르러 일대가 본진으로 도망하거늘 원수가 끝내 따르지 아니'하였고, '내가 거짓 패하여 여러 번 도망하였으나 조 원수가 끝내 따르지 아니하니 실로 괴이하도다.'에서 알 수 있듯이 '원수'는 '일대의 진중에는 안으로 들어가지 말'라는 '도사'의 조언을 따르고 있었으므로, ⓐ로 인해 '원수'가 죽을 위기에 처한다는 설명은 적절하지 않다.
ㄹ. ⓐ는 '일대'가 적군을 무찌르기 위해 파 놓은 함정으로, '원수'는 ⓐ를 파악하기 위해 계책을 세우고 강백에게 명을 내리고 있는 것이지, ⓐ를 파악한 후 그것을 역이용해 적을 공격하고 있는 것은 아니므로 '원수'가 ⓐ를 파악한 후 그것을 역이용해 적을 공격하고 있다는 설명은 적절하지 않다.

9 외적 준거에 따른 작품 감상

'원수가 놀래어 생각하되 '이대는 반드시 신장과 접하였도다.' 하더라.'를 보면, '원수'는 '이대'를 귀신 가운데 무력을 맡은 장수신인 신장과 접신한 것으로 여기고 있음을 알 수 있다. 따라서 '팔 척 신장이 울며 공중으로 날아가'는 것은 '이대'가 전투에서 죽게 된 것을 의미하는 것이므로 이것을 '영웅적 능력을 획득한 주인공의 모습'으로 보는 것은 적절하지 않다.

오답 피하기 |

① 〈보기〉에서 주인공은 신이한 조력자의 도움을 통해 적장들을 물리치게 된다고 하였다. '천기를 누설'하여 '원수'에게 도움을 주고, '두어 걸음에 문득 간 데 없'는 '도사'의 모습은 신이한 조력자의 모습으로 이해할 수 있으므로 적절하다.
② 〈보기〉에서 「조웅전」에 나타난 적장들은 그 능력이 출중하여 주인공과 접전을 벌이게 된다고 하였다. '용맹이 원수보다 십 배나 더'한 '이대'의 모습은 능력이 출중한 적장의 모습이라 할 수 있으므로 적절하다.
③ 〈보기〉에서 적대 세력과 주인공의 긴박한 대결은 독자들에게 팽팽한 긴장감을 주어 흥미를 배가시킨다고 하였다. '팔십여 합에 승부를 결단치 못하'는 '이대'와 '원수'의 전투는 적대 세력과 주인공의 긴박한 대결로 볼 수 있으므로 적절하다.
④ 〈보기〉에서 주인공은 신이한 조력자의 도움을 통해 적대 세력인 적장들을 물리치게 된다고 하였다. '도사'는 '원수'에게 '이대의 진에는 백마혈인검을 사용할 것이며, 귀신 쫓는 주문을 외우'라는 내용의 편지를 전하였다. 결국 '원수'는 '백마혈인검'과 '축귀문'으로 '이대의 목을 치'고 있으므로 적대 세력을 물리치는 데 조력자의 도움이 있었다고 볼 수 있으므로 적절하다.

3부 수필·극 문학

11 서술상의 특징과 글쓴이의 관점 및 태도

교과서에서 길을 보다 본문 76~77쪽

유제 1 ③ 유제 2 ③
유제 3 ④

유제 1 서술상 특징 파악

어떤 사건의 원인과 결과가 드러나지 않고 있고, 객관적으로 서술하고 있는 부분도 찾아보기 어려우므로 적절하지 않다.

오답 피하기 |

① '다를 것이 없다.', '별조차가 이렇게 싱겁다.' 등과 같이 현재형으로 서술된 부분을 찾아볼 수 있으므로 적절하다.
② '마당에서 밥을 먹으면', '저녁을 마치고 밖으로 나와 보면' 등과 같이 시간의 흐름에 따라 전개된 부분을 찾아볼 수 있으므로 적절하다.
④ '나는 소화를 촉진시키느라고 길을 왔다 갔다 한다.', '이것이 시체와 무엇이 다를까?' 등과 같이 글쓴이 자신의 체험을 독백적으로 표현하고 있음을 찾아볼 수 있으므로 적절하다.
⑤ '그것은 다만 향기도 촉감도 없는, 절대 권태의 도달할 수 없는 영원한 피안이다.'라는 표현에서 사물에 대한 깨달음을 비유적으로 표현하고 있음을 찾아볼 수 있으므로 적절하다.

유제 2 글쓴이의 의도 파악

㉢의 뒷부분 내용인 '그러니 농민은 참 불행하도다. 그럼, 이 흉악한 권태를 자각할 줄 아는 나는 얼마나 행복된가.'라는 표현을 통해 권태를 인식하지 못한 농민들의 삶이 불행하다고 인식하고 있음을 알 수 있으므로 적절하다.

오답 피하기 |

① ㉠의 뒷부분 내용에서 전선주들이 마을에 늘어선 포플러 나무와 다를 것이 없다는 것에서 그 기능을 제대로 못하고 있음을 알 수 있다. 따라서 새로운 문물에 대한 기대감은 찾아보기 어려우므로 적절하지 않다.
② ㉡의 앞과 뒷부분 문답을 통해 농민들에게 희망이 있지 않음을 알 수 있으므로 적절하지 않다.
④ ㉣의 뒷부분에서 농민들이 별을 보는 것이 아니라 그대로 눈을 감고 자고 있으며, 별은 농민들과 관계없음을 알 수 있다. 따라서 시상을 떠올린다고 보기 어려우므로 적절하지 않다.
⑤ ㉤의 뒷부분에서 농민들이 멍석 위에 누워 있는 모습이 먹고 잘 줄 아는 시체와 같다고 표현하고 있으나 이는 경제적인 면에서 농민들이 무기력하다는 생각과 관련이 없으므로 적절하지 않다.

유제 3 외적 준거에 따른 작품 감상

'무수한 별들이 야단'이지만 '별을 쳐다보면서 잔다.'는 것은 자신의 모습이 아니라 농민들에 대한 모습을 표현한 것으로 자연 앞에서 아무런 감흥이 없는 것에 대한 절망적 인식이 드러난다는 설명은 적절하지 않다.

오답 피하기 |

① '일할 때는 초록 벌판처럼 더워서 숨이 칵칵 막히게 싱거울 것이요, 일하지 않을 때에는 겨우 황원처럼 거칠고 구주레하게 싱거울 것이다.'라는 표현에서 무엇을 하더라도 희망이 없는 조선의 현실에 대한 절망적 인식이 드러나고 있으므로 적절하다.
② '그들이 무엇을 대상으로 흥분할 수 있으랴.'라는 표현에서 흥분의 대상이 될 만한 주변 상황의 변화에는 관심이 없는 농민들의 모습에서 느낀 절망적 인식이 드러나고 있으므로 적절하다.
③ '내일도 오늘 하던 계속의 일을 해야지 이 끝없는 권태의 내일은 왜 이렇게 끝없이 있나? 그러나 그들은 그런 것을 생각할 줄 모른다.'라는 표현에서 끝없이 이어지는 노동의 모습과 동일한 현실에 대한 절망적 인식이 드러나고 있으므로 적절하다.
⑤ '그러고는 눈을 감자마자 쿨쿨 잠이 든다.'라는 표현과 '이것이 시체와 무엇이 다를까? 먹고 잘 줄 아는 시체'라는 표현에서 자신에 대한 성찰이나 주변에 대한 관심이 없이 현실 속에서만 살아가고 있는 농민들의 모습에서 느낀 절망적 인식이 드러나고 있으므로 적절하다.

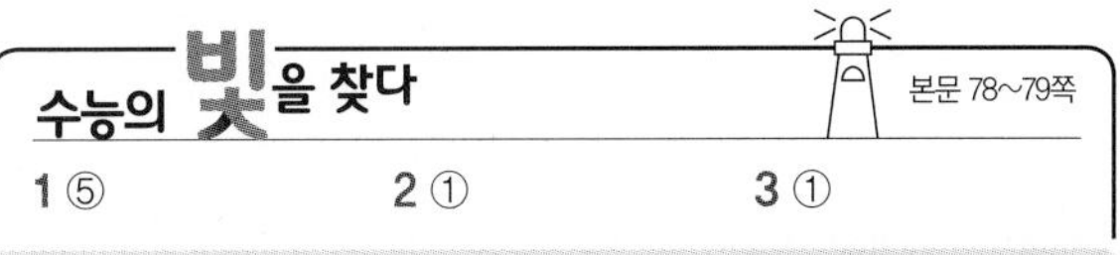

수능의 빛을 찾다 본문 78~79쪽

1 ⑤ 2 ① 3 ①

장영희, 「속는 자와 속이는 자」

해제 | 이 작품은 자신의 경험을 상기하며 우리 사회의 속는 자와 속이는 자에 대한 생각을 소박한 문체로 담담하게 서술하고 있다. 남의 말을 무조건 믿는 순진한 '나'는 굴비를 속아서 산 사건을 통해 잘 속는 자신과 세상의 각박함에 크게 실망한다. 그리고 택시 기사의 호의

가 자신을 속이려는 속임수인 줄 알고 다시 자괴감과 사회에 대한 염증을 느낀다. 그렇지만 뒤늦게 나타난 택시 기사의 배려를 통해 한 사람의 신의와 책임감이 세상을 살 만하게 만든다는 점을 깨닫게 된다.

주제 | 신의와 책임감 있는 사회에 대한 희망

전체 줄거리 |

어느 날 차를 몰고 가던 중에 한 청년이 굴비를 매우 싼 가격에 팔겠다는 말을 듣고 사 왔지만, 그것이 굴비가 아니라 중국산 부세라는 말을 듣고 사기를 당했다는 것을 알게 된다. 이런 이야기를 학교 제자들에게 해 주었더니 한 제자가 거리를 가다가 상점 주인이 예쁜 시계를 오늘만 이천 원에 팔고 있어서 2개를 사면서 사천 원을 냈더니 '오늘 만 이천 원'이라며 이만 사천 원을 내라고 하여 서로 협상 끝에 시계를 하나만 사고 왔다는 이야기를 듣는다. 그리고 다시 퇴근하는 차 안에서 자신을 속이기 위해 접근하는 사람들을 만나면서 속이는 자가 많은 현실에 대해 아쉬워한다. 얼마 후에는 택시를 기다리고 있는 자신에게 곧 돌아오겠다고 하고 오랜 시간 동안 나타나지 않는 택시 기사의 모습을 보며 자괴감을 느낀다. 하지만 곧 돌아온 택시 기사의 모습을 보면서 아직 세상이 살 만하다고 생각한다.

1 서술상 특징 파악

논리적으로 모순이 되는 역설적 표현을 찾기 어렵고, 대상에 대한 비판적 인식도 드러나고 있지 않으므로 적절하지 않다.

오답 피하기 |

① '지난주에는 ~', '며칠 전에는 ~' 등의 표현에서 글쓴이가 경험한 일화를 제시하고 있다고 볼 수 있고, 이를 통해 이야기의 신뢰성을 확보하고 있으므로 적절하다.

② '19세기 영국 작가 찰스 램은 인간을 크게 두 가지 유형, '빚을 지는 자와 빚을 지지 않는 자'로 나누었지만'이라는 다른 사람의 말을 인용하여 글의 첫머리에 제시함으로써 흥미를 유발하고 있으므로 적절하다.

③ 서로 상반된 상황인 '그들의 예상대로 제대로 속아 준 셈이었다.'라는 상황과 '택시 한 대가 급하게 골목길을 빠져나왔고, 아까 그 청년 기사가 황급히 차에서 내렸다.'라는 상황을 제시하여 글쓴이의 깨달음을 부각하고 있으므로 적절하다.

④ '의기양양하게', '순간 나는 갈등했다.', '난 무조건 그가 고마웠다.' 등의 표현에서 자신의 심리를 직접 제시하여 사실감을 높이고 있으므로 적절하다.

2 글쓴이의 의도 파악

㉠은 사람들의 부류가 '어수룩하든 똑똑하든, 속고 속이고 빚지고 빚 갚으며' 등과 같이 다양하지만 '서로서로 사슬 되어 사는 세상'이라는 표현에서 관계를 맺으며 살아가는 공동체라는 의미로 볼 수 있으므로 적절하다.

오답 피하기 |

② 서로가 사슬이 되는 세상이라는 표현에서 영향을 주고받는 것은 알 수 있지만, 그것이 계층에 따라 각각 다르게 주고받는지는 알 수 없으므로 적절하지 않다.

③ 서로가 사슬이 되는 세상이라는 표현에서 관계를 맺는다는 것은 알 수 있지만, 그 관계가 어떻든 상관없다고 인식하고 있다. 따라서 맺는 관계를 고려하며 성장한다는 것은 알 수 없으므로 적절하지 않다.

④ 어수룩한 사람과 똑똑한 사람 등등 다양한 사람들이 서로에게 영향을 미치지만, 그러한 영향에 상관하지 않고 관계를 맺으며 살아간다는 것을 알 수 있다. 따라서 다른 사람에게 미칠 영향을 고려해야 한다는 것은 알 수 없으므로 적절하지 않다.

⑤ 서로가 사슬이 되는 세상이라는 표현에서 관계를 맺는다는 것은 알 수 있다. 하지만 공동의 목적을 위해 맺어야 한다는 것은 알 수 없으므로 적절하지 않다.

3 외적 준거에 따른 작품 감상

'날씨는 어찌나 추운지 온몸이 얼어붙는 듯'한 '나'의 모습은 추운 계절에 따라 자신이 처한 상황에 대한 설명이므로 이러한 모습에서 책임감을 지니고 있음을 짐작할 수 있다는 설명은 적절하지 않다.

오답 피하기 |

② '목발을 짚고 서 있는 모습' 때문에 골탕을 먹게 되었다고 생각하는 것은 온전하지 못한 외적인 모습으로 인해 자괴감을 느꼈다고 짐작할 수 있으므로 적절하다.

③ 이번에도 자신이 속임의 대상이 되어서 중요한 약속임에도 불구하고 '만사가 귀찮'아진 것이므로 누군가에게 속임을 당하는 것에 대한 부정적 인식을 짐작할 수 있으므로 적절하다.

④ 손님들을 모셔다 드리고 오겠다는 청년 기사가 빈 차로 다시 온 것은 자신의 말에 대해 책임을 지는 태도로 짐작할 수 있으므로 적절하다.

⑤ 청년 기사의 말을 듣고 고마움을 느꼈다는 것은 세상에 대한 신뢰를 회복한 것으로 짐작할 수 있으므로 적절하다.

12 형상화 방식과 작중 상황

교과서에서 길을 보다

본문 84~85쪽

유제 1 ⑤ 유제 2 ①
유제 3 ④

유제 1 갈래상 특징 파악

㉠은 재담을 시작하기 위해 주의를 집중하는 것이므로 관객의 참여를 유도한다고 보기 어렵고, ㉡은 춤을 추며 재담이 마무리되는 장면이므로 새로운 인물의 등장을 알린다고 보기 어려우므로 적절하지 않다.

오답 피하기 |

① ㉠은 '쉬이'라는 표현을 통해서 자신이 말할 재담이 시작되고 있음을 알 수 있고, ㉡은 재담이 모두 끝나고 함께 어우러지는 모습을 알 수 있으므로 적절하다.
② ㉠은 '(음악과 춤 멈춘다.)'라는 부분을 통해 춤과 대사의 경계가 나타나고 있음을 알 수 있고, ㉡은 바로 다음 대사가 ㉠으로 이어지며 재담의 장면을 구분하고 있음을 알 수 있으므로 적절하다.
③ ㉠을 하는 상황이 '(가운데쯤에 나와서)'라는 것과, '(음악과 춤 멈춘다.)'라는 것을 통해 주의를 환기하고 있음을 알 수 있고, ㉡은 '(합창)'을 하며 함께 어우러지는 장면이 여러 차례 반복되고 있으므로 갈등이 일시적으로 해소되었음을 알 수 있으므로 적절하다.
④ ㉠이 여러 차례 반복될 때마다 새로운 이야기와 사건이 시작되고 있음을 알 수 있고, ㉡은 '모두 춤을' 추는 동작을 통해 흥겨운 분위기가 조성되었음을 알 수 있으므로 적절하다.

유제 2 형상화 방식의 파악

[A]에서는 말뚝이가 '저 재령 나무리 거이 낚시 걸듯 죽 걸어 놓고 잡수시오.', '오음 육률 다 버리고 저 버드나무 홀뚜기 뽑아다 불고 바가지장단 좀 쳐 주오.'라며 양반들을 조롱하는 모습을 알 수 있다. 따라서 [A]의 재담에서 말뚝이가 양반들을 조롱하고 있음을 알 수 있으므로 적절하다.

오답 피하기 |

② 말뚝이가 양반이 나오기 때문에 담배와 휜화를 금하라는 것과 양반에게 어울리는 음악을 연주하라는 것은 앞서 양반들을 조롱한 것에 대한 변명으로 볼 수 있다. 따라서 양반들에게 원망하는 마음을 나타내는 모습은 찾아보기 어려우므로 적절하지 않다.
③ 양반들이 합창을 하며 '휜화를 금하였다네.', '건건드러지게 치라네.' 등의 표현을 통해 즐거워하고 있음을 알 수 있다. 따라서 양반들이 서로 원망하는 상황은 찾아보기 어려우므로 적절하지 않다.
④ 양반들이 '뭐야아!'라며 말뚝이에게 호통을 치는 모습은 찾아볼 수 있지만, 자신들을 책망하는 말뚝이에게 고마워하는 모습은 찾아보기 어려우므로 적절하지 않다.
⑤ 말뚝이가 '아, 이 양반들, 어찌 듣소.'라고 하며 변명하는 상황은 찾아볼 수 있지만, 자신의 잘못에 대해 용서를 구하는 모습은 찾아보기 어려우므로 적절하지 않다.

유제 3 외적 준거에 따른 작품 감상

취발이의 외양을 '대춧빛 같고, 울룩줄룩 배미 잔등 같은 놈'이라고 해학적으로 표현한 것은 확인할 수 있지만 이를 통해 기존의 사회 질서를 비판한다고 보기 어려우므로 적절하지 않다.

오답 피하기 |

① '아, 그것참, 어려운 잘세. 그것은 논임자가 아닌가?'라는 표현은 글자의 '자'와 동음이의어인 논임자의 '자'를 파자 놀이에서 활용하는 것이다. 이를 통해 양반들의 무식한 면모를 확인할 수 있으므로 적절하다.
② '개잘량이라는 '양' 자에 개다리소반이라는 '반' 자 쓰는 양반'이라는 언어유희를 통해 양반들을 희화화하고 있으므로 적절하다.
③ '면상을 부채로 때리며 방정맞게 군다.'라는 표현을 통해 우스꽝스러운 행동을 제시하여 웃음을 유발하고 있으므로 적절하다.
⑤ '시대가 금전이면 그만인데, 하필 이놈을 잡아다 죽이면 뭣하오? 돈이나 몇백 냥 내라고 하야 우리끼리 노나 쓰도록 하면, 샌님도 좋고 나도 돈냥이나 벌어 쓰지 않겠소.'라는 말뚝이의 대사에서 물질적 가치를 중시하는 사고방식이 드러나고 있으므로 적절하다.

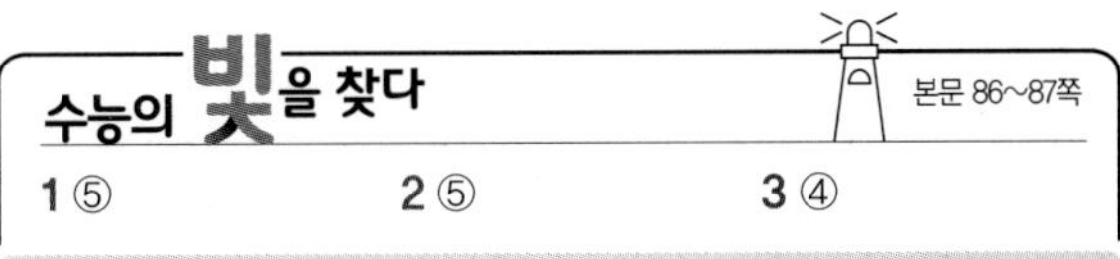

수능의 빛을 찾다

본문 86~87쪽

1 ⑤ 2 ⑤ 3 ④

이강백, 「결혼」

해제 | 이 작품은 전통적 기법을 벗어나 실험적 기법으로 창작된 단막극이다. 별다른 무대 장치도 없고 관객과 무대의 절대적인 구분도 없다. 또한 필요한 소품을 등장인물에게 빌려주는 방식으로 관객의

참여를 유도하기도 한다. 구성 또한 이야기책 속 사건을 극 중 현실로 바꾸어 상황을 관객에게 설명하는 독특한 방식을 취하고 있으며, 다양한 장치를 이용해 한정된 시간 안에 결혼을 해야 하는 남자의 성공담을 풀어 나가고 있다. 작가는 결혼이라는 소재를 통해 세상 모든 것이 본래 누군가에게 빌린 것에 지나지 않는다는 주제 의식을 전달하고 있다.

주제 | 소유의 본질과 진정한 사랑의 의미

전체 줄거리 |

가난한 남자가 한정된 시간 동안 부자의 집과 물건들을 빌려 쓸 수 있는 기회를 얻는다. 남자는 자신이 실제 부자인 것처럼 꾸며 결혼하기로 한다. 이에 잡지의 사교란에서 한 여자를 찾고, 초조한 기다림 끝에 여자가 남자를 만나러 온다. 그런데 남자가 빌린 물건을 돌려주어야 할 시간이 되자 하인이 물건을 하나씩 빼앗아 가기 시작한다. 빌린 물건을 거의 빼앗겼을 때, 여자는 남자가 원래 가난하다는 것을 알게 된다. 이에 여자는 남자를 떠나려 하고, 남자는 소유의 본질과 헌신적 사랑의 중요성을 이야기하며 여자를 설득한다. 결국 여자는 남자의 청혼을 받아들이게 된다.

1 인물의 심리 파악

'(멈칫 선다. 그러나 얼굴은 남자를 외면한다.)'라는 표현은 '여자'가 '남자'의 고백이 진심이지만 선택에 있어 고민하고 있음을 알 수 있으므로 적절하지 않다.

오답 피하기 |

① '(충격을 받는다.)'라는 지시문을 통해 알 수 있으므로 적절하다.

② '(악의적인 느낌이 없이) 당신은 사기꾼이에요.'라는 표현을 통해 알 수 있으므로 적절하다.

③ '아, 어쩌면 좋아?'라는 표현은 '남자'에 관한 결정을 놓고 고민하는 모습을 알 수 있으므로 적절하다.

④ '이해 못하실 걸요, 어머닌. (천천히 슬프고 낙담해서 사진들을 핸드백 속에 담는다.)'라는 표현을 통해 알 수 있으므로 적절하다.

2 작가의 의도 파악

'모두 빌린 것들뿐이었지요.', '그리고 어쩌면 여기 있는 나마저도'라는 표현은 자기 자신에 대해서도 빌린 것이라고 보는 것이므로 적절하지 않다.

오답 피하기 |

① '누구 하나 자신 있게 이건 내 것이다, 말할 수 있는가를. 아무도 없을 겁니다. 없다니까요. 모두들 덤으로 빌렸지요.'라는 표현을 통해 알 수 있으므로 적절하다.

② '저기 두둥실 떠 있는 달님도, 저 은빛의 구름도, 이 하늬바람도', '잠시 빌린 겁니다.' 등의 표현은 자연의 섭리도 빌린 것이라고 보는 것이므로 적절하다.

③ '내가 이 세상에서 덤 당신을 빌리는 동안에, 아끼고, 사랑하고'라는 표현을 통해 알 수 있으므로 적절하다.

④ '그랬다가 언젠가 그 시간이 되면 공손하게 되돌려 줄 테요.'라는 표현을 통해 알 수 있으므로 적절하다.

3 갈래상 특징 파악

'당신이 가진 건 뭡니까?'는 '남자'가 관객에게 던지는 질문이 아니라 '여자'에게 던지는 질문이므로 적절하지 않다.

오답 피하기 |

① '관객석을 투덕투덕 걸어 다니'는 모습을 통해 객석과의 구분이 없이 자유롭게 무대를 활용하고 있음을 알 수 있으므로 적절하다.

② '넥타이를 맨 남성 관객 앞에 앉는' 모습을 통해 관객에게 직접 다가갈 수 있다는 것을 알 수 있으므로 적절하다.

③ 관객에게 빌린 '넥타이를 빌려 착용'하는 모습을 통해 관객의 물건이 소품으로 활용되고 있음을 알 수 있으므로 적절하다.

⑤ 넥타이를 빌렸던 관객을 대상으로 '여기 증인이 있습니다.' 등의 표현을 통해 관객이 증인이라는 역할로 참여하고 있음을 알 수 있으므로 적절하다.

13 실전 문제

본문 88~95쪽

1 ③	2 ③	3 ③	4 ⑤
5 ⑤	6 ⑤	7 ③	8 ②
9 ②			

[1~3]

유치진, 「소」

해제 | 이 작품은 일제 강점기에 삶의 터전과 희망을 상실한 채 몰락해 가던 농민들의 삶을 형상화한 사실주의 희곡이다. 이 작품에서 발생하는 갈등은 모두 '소'라는 소재를 중심으로 빚어진다. 일제의 수탈 정책 때문에 몰락해 가는 농촌의 현실 속에서 국서는 자신의 분신과도 같은 '소'를 소중히 지키려 하지만, 두 아들은 저마다의 개인적인 이유로 소를 팔려고 한다. 그리고 이와 같은 가족 구성원 간의 갈등은 사음(마름)에게 소를 빼앗기게 되면서 국서 가족으로 대표되는 소작농과 지주 간의 계층적 갈등으로 확대된다. 이러한 사건의 이면에는 일제 강점기의 모순적 사회 구조의 문제가 내재해 있다고 할 수 있다.

주제 | 가난에 시달리는 일제 강점기 농촌의 현실

전체 줄거리 |
가난한 농촌의 소작농인 국서네 집에는 유일한 재산이며 자랑거리인 소가 있다. 어느 해 마을에는 몇 년 만에 풍년이 들었으나, 장남인 말똥이는 생활고로 인해 팔려 가게 된 이웃집 처녀 귀찬이와 결혼을 시켜 달라고 조르면서 일을 하지 않는다. 둘째 아들인 개똥이도 만주로 돈을 벌러 가겠다고 하며 소를 팔아 비용을 마련해 달라고 조른다. 결국 국서는 소를 팔아 말똥이와 귀찬이를 결혼시키기로 한다. 이에 개똥이는 소를 몰래 팔 궁리를 하다가 가족들에게 오해를 사 집안에 한바탕 난리가 난다. 그 와중에 사음이 나타나 그동안 흉년으로 인해 내지 못한 장리쌀을 대신해서 소를 강제로 빼앗아 간다. 이 때문에 귀찬이는 일본으로 팔려 가고, 좌절한 말똥이는 지주의 곳간에 불을 지르고 주재소에 잡혀 간다. 한편 개똥이는 타오르는 불길을 보며 고향을 등지고 떠날 것을 다짐한다.

1 소재의 기능 파악

'국서'는 '소'를 교환할 수 있는 가치로만 보는 것이 아니라 자식보다 귀한 존재로 생각하고 있으므로 정서적으로 애착의 마음을 갖는 대상이라는 설명은 적절하다.

오답 피하기 |

① '소'를 탐하고 있는 사람이 누구라는 것은 알 수 없다. '마름'은 '국서'와 '묵은 도지'로 인해 갈등하는 것이므로 적절하지 않다.

② '개똥이'는 '소'를 팔아서 만주로 갈 마음을 갖고 있다. '국서 아내'와의 대화를 통해 '개똥이'가 갈등을 겪고 있는 대상은 '국서'임을 알 수 있으므로 적절하지 않다.

④ '국진'은 '소'보다 '자식'이 소중하다는 말을 하고 있다. 따라서 '소'를 가장 중요하게 여기지 않음을 알 수 있으므로 적절하지 않다.

⑤ '국서 아내'는 '개똥이'의 말을 듣고 만주로 가는 것을 긍정적으로 생각하기도 하지만, 이는 '소' 때문이 아니라 금전적인 이유이므로 적절하지 않다.

2 말하기 방식에 대한 이해

'국진'이 '국서'에게 했던 과거의 제안이 무엇인지는 언급되지 않았으므로 적절하지 않다.

오답 피하기 |

① 묵은 도지 때문에 마름이 화가 나서 간 상황을 듣고, 이러한 마름에게 걸려 큰일 났다며 '국서'의 상황을 강조하고 있다. 그리고 자신의 말대로 맘을 뚝 잘라 버리라는 표현을 통해 자신의 주장대로 결단하기를 촉구하고 있으므로 적절하다.

② 도지를 갚지 못해서 딸을 팔려고 했던 주변 사람들의 사례를 통해서 '국서'도 도지를 갚지 못하는 것보다 소를 파는 것이 좋을 것이라는 자신의 주장을 뒷받침하고 있으므로 적절하다.

④ 소를 팔게 되었을 때 살 만한 사람이 있을지에 대한 물음을 듣자마자 '순돌이'를 통해 알아봤다며 대안을 제시하여 설득하고 있으므로 적절하다.

⑤ '국서'가 돈을 꾸겠다고 하자, 돈을 꾸더라도 변리와 본전으로 인해 결국에는 소를 팔아야 할 고비가 올 것이라는 부정적 결과를 언급하고 있으므로 적절하다.

3 외적 준거에 따른 작품 감상

'철없이 까불지 말구 바다에 가서 우다싯배나 타!'라는 말은 소를 팔 수 없다는 '말똥이'의 말이므로 세대 간에 겪고 있는 물질에 대한 갈등이라는 설명은 적절하지 않다.

오답 피하기 |

① '개똥이'가 '농사 같은 게 손아귀에 차야 해 먹지…….'라고 하는 것을 통해 젊은이들이 농사를 포기하고 농촌을 떠나려는 부정적 인식을 엿볼 수 있으므로 적절하다.

② '만주 가서 돈벌이하기는 그야말로 자는 놈 뿔 자르기래. 참 벌잇거리가 많'다는 것을 통해 다른 일을 통해 물질적 풍요를 추구하는 모습을 그려 내고 있음을 알 수 있으므로 적절하다.

④ '아무리 저 소를 소중히' 여기더라도 '묵은 도지' 때문에 '이 판에는 하는 수 없'다는 상황을 통해 농민들이 소를 지키려다 생존의 기반을 잃을까 봐 걱정하는 모습을 엿볼 수 있으므로 적절하다.

⑤ '법령이 갈'리는 '좋은 핑계'를 이용해 '영리한 양반들이 우리 소를 제자리에 둬 두'지 않으려는 지주들의 모습을 통해 제도를 악용하려는 모습을 엿볼 수 있으므로 적절하다.

[4~6]

이양하, 「나무」

해제 | 이 작품은 나무에 대한 애정 어린 성찰을 담담하고 관조적인 어조로 형상화하고 있다. 글쓴이는 나무의 속성을 인간의 삶을 아름답게 하고 성숙시키는 덕성에 비유하고 있다. 결국 글쓴이 자신이 바라는 삶의 모습을 나무를 통해 드러내고 있다. 특히 담백한 문체와 생경한 어휘, 한자어 등을 통해 대상의 특성을 형상화하고 있는 표현상의 특징을 지니고 있다.

주제 | 나무에서 배우는 삶의 자세

전체 줄거리 |

나무가 한자리를 지키고 있는 모습을 통해 주어진 분수에 만족할 줄 아는 덕을 지니고 있고, 나무가 혼자 서 있는 모습을 통해 고독을 견디고 즐길 줄 안다. 또한 달, 바람, 새와 같은 친구들이 있으며 나무는 이 친구들을 모두 잘 가릴 줄 안다. 특별하게 후대하거나 박대하는 일 없이 다 같은 친구로 대하는 것이다. 그리고 가장 좋은 친구인 이웃 나무와 함께 열매를 맺는 일에 힘쓰고 항상 감사하는 삶을 살고 있다. 이러한 나무는 지나가는 사람들이 마음대로 자신을 상하게 하더라도 원망하지 않는다. 이처럼 훌륭한 성품을 지닌 나무를 닮아 가고자 한다.

4 사실 정보에 대한 이해

'나뭇잎이 우거진 숲을 찾는 사람이 거룩한 전당에 들어선 것처럼 엄숙하고 경건한 마음으로 자연 옷깃을 여미고 우렁찬 찬가에 귀를 기울이게' 된다고 하였으므로 적절하다.

오답 피하기 |

① '진달래는 소나무를 우러러보되 부러워하는 일이 없다.'라는 내용에서 부러워하는 것은 아님을 알 수 있으므로 적절하지 않다.

② '왜 여기에 놓이고 저기 놓이지 않았는가를 말하지 아니한다.'라는 내용에서 자신의 위치에 따라 불만을 갖지 않는다는 것을 알 수 있으므로 적절하지 않다.

③ '그러나 나무는 어디까지든지 고독에 견디고 고독을 이기고 또 고독을 즐긴다.'라는 내용에서 고독을 괴로워하는 것이 아니라 즐긴다는 것을 알 수 있으므로 적절하지 않다.

④ '자기 쓸 곳 닿는 대로 가지를 쳐 가고, 송두리째 베어 가곤 한다. 나무는 그래도 원망하지 않는다.'라는 내용에서 사람들이 자신을 해치더라도 원망하지 않고 있으므로 적절하지 않다.

5 소재 간의 관계 파악

'베어 간 재목이 혹 자기를 해칠 도낏자루가 되고 톱 손잡이가 된다 하더라도'라는 내용에서 '나무'가 사람들에게 베풀어 주고 있는 것이 있음을 알 수 있지만, '나무'와 사람들이 친밀한 소통을 나누고 있는 것은 알 수 없으므로 적절하지 않다.

오답 피하기 |

① '고독한 여름밤을 같이 지내고 가는 의리 있고 다정한 친구다. 웃을 뿐 말이 없으나, 이심전심 의사가 잘 소통되고 아주 비위에 맞는 친구다.'라는 내용을 통해 말은 별로 없지만 의리 있고 다정함을 알 수 있으므로 적절하다.

② '수다스럽고 믿지 못할 친구다.', '남의 팔다리에 생채기를 내놓고 달아난다.'라는 내용을 통해 말은 많지만 상처를 내기도 함을 알 수 있으므로 적절하다.

③ '믿지 못할 친구다.', '노래 들을 수 있는 것이 또한 기쁨이 되지 아니할 수 없다.'라는 내용을 통해 믿음을 주는 것은 아니지만 기쁨을 주기도 한다는 것을 알 수 있으므로 적절하다.

④ '나무는 서로 속속들이 이해하고 진심으로 동정하고 공감한다.', '나무는 친구끼리 서로 즐긴다느니보다는'이라는 내용을 통해 일생을 이웃하고 이해하며 공감하는 대상이라는 것을 알 수 있으므로 적절하다.

6 외적 준거에 따른 작품 감상

'진달래가 될까, 소나무가 될까'에 대해서는 '가리지 않으련다.'라는 내용에서 어떤 나무라도 좋다는 마음을 알 수 있다. 따라서 고민한다는 내용은 적절하지 않다.

오답 피하기 |

① '나무는 덕을 지녔다. 나무는 주어진 분수에 만족할 줄을 안다.'라는 내용에서 나무가 지닌 덕성을 알 수 있으므로 적절하다.

② '하늘을 우러러 항상 감사하고 찬송하고 묵도하는 것으로

일삼'는 나무의 모습을 보며 사람들이 '엄숙하고 경건한 마음'을 갖는 것이다. 따라서 나무에게 애정을 갖고 성찰하는 태도를 알 수 있으므로 적절하다.

③ '나무는 훌륭한 견인주의자요, 고독의 철인이요, 안분지족의 현인'이라는 내용에서 한자어를 통해 나무의 속성을 표현하고 있음을 알 수 있으므로 적절하다.

④ '나는 죽어서 나무가 되고 싶다.'라고 한 것을 통해 나무의 속성에 대해 예찬하고 동경하는 태도를 드러내고 있음을 알 수 있으므로 적절하다.

[7~9]

노희경, 「세상에서 가장 아름다운 이별」

해제 | 이 작품은 드라마 작가 노희경의 화제작으로 4부작 단막극 시나리오이다. 호된 시집살이를 시키다 치매에 걸린 시어머니, 집안일에는 관심 없는 무뚝뚝한 남편, 집에서 도망치듯 회사 일에만 몰두하는 딸, 대학 입시를 망치고 방황하는 아들 틈바구니에서 자궁암 말기 판정을 받은 어머니 이야기를 다뤘다. 작가 자신의 어머니가 암으로 사망하신 후 3년 뒤에 이 작품을 집필했다. 그만큼 글 속에는 어머니를 향한 애달픈 사랑과 가족들을 남겨 두고 긴 이별을 해야 하는 어머니의 슬픔이 오롯이 묻어 있다.

주제 | 가족과 일상의 행복, 그리고 소중함

전체 줄거리 |

망령 난 시어머니를 모시고 사는 인희는 맘 놓고 외출 한번 하기가 어렵다. 그런 인희가 어렵사리 시어머니를 간병인에게 맡기고 바깥나들이를 간다. 오줌소태가 영 낫지를 않아 약이라도 타 먹기 위해서 병원에 갔는데, 검사 결과는 자궁암 말기였고, 이미 다른 장기에까지 전이되어 수술도 어려운 상황이다. 그러나 인희는 물론 가족 누구도 이 사실을 알지 못한다. 같은 병원 의사인 남편 정철만이 감당하기 어려운 현실을 끌어안고 괴로워한다. 아프다는 아내의 말을 귓등으로 흘려들은 자신을 자책하며 수술을 고집하지만 온몸에 꽃처럼 퍼진 암세포를 확인하고 울면서 수술실을 나오고 만다. 인희는 돌아왔지만, 집은 예전의 온기를 잃었다. 텔레비전을 보며 청소를 하거나 빨래를 개던 엄마 인희의 모습, 가족을 위해 아침 식탁을 차리던 엄마 인희의 모습, 소소한 일로도 잔소리를 하던 엄마 인희의 그 모습이 이젠 없다. 인희가 거기에 그렇게 있을 때, 그것이 얼마나 따뜻하고 행복했던 것인지 가족들은 너무도 늦게 깨닫는다. 결국 인희는 가족들이 살기 위해 짓던 전원주택으로 옮겨 와서 남편 정철의 품 안에서 죽음을 맞이하게 된다.

7 장면의 특징 이해

'정수'에게 '정수야, 너…… 다 잊어버려도, 엄마 얼굴도 웃음도 다 잊어버려도…… 니가 이 엄마 배 속에서 나온 것은 잊으면 안 돼.'라고 말하는 내용을 통해 자신을 잊지 않았으면 하는 바람에서 반지를 주는 것이므로 경제적 도움을 주지 못한다는 설명은 적절하지 않다.

오답 피하기 |

① '싸우다 정든다고 나 어머니랑 정 많이 들었네.'라고 말하는 내용을 통해 '인희'가 시어머니에게 갖고 있는 애정을 확인할 수 있으므로 적절하다.

② '차 안'에서 '인희'가 자녀들과 이별하는 장면을 연출하여 몰입하게 하고 있으므로 적절하다.

④ '몽타주' 기법을 통해 죽음을 준비하며 '행복한 얼굴을 한 인희와 정철'의 모습 등을 보여 주고 있으므로 적절하다.

⑤ '침실 가득 밝은 햇살' 속에 '인희, 너무도 편안하게 깊이 잠들어 있다.'라는 대비적인 표현을 통해 슬픔을 극대화하고 있으므로 적절하다.

8 인물의 심리 파악

자신의 엄마를 화장했더니 어디에 뿌려졌는지 기억하기 어렵다는 말을 통해서 가족들이 자신을 쉽게 찾아왔으면 하는 바람에서 무덤을 만들어 달라고 하는 것임을 알 수 있으므로 적절하지 않다.

오답 피하기 |

① 무덤을 만들어 달라는 것은 자신이 죽은 후에 일어날 일에 대한 바람이 드러난다고 볼 수 있으므로 적절하다.

③ '당신하고 애들은 그러지 말라고.'라는 '인희'의 말에서 가족에 대한 배려심이 드러나므로 적절하다.

④ '여기다 뿌렸는지, 저기다 뿌렸는지 도통 기억에 없고.'라는 '인희'의 말에서 가족들이 자신을 잊지 않았으면 하는 바람이 드러나므로 적절하다.

⑤ '여기 가서 울다 저기 가서 울다, 꼭 미친 사람처럼.'이라는 '인희'의 말에서 자신이 겪은 경험을 가족들이 되풀이하지 않았으면 하는 바람이 드러나므로 적절하다.

9 상호 텍스트의 비교를 통한 감상

〈보기〉에서는 '아내를 기쁘게 해 주었더라면 지금처럼 마음이 헛헛하지는 않았을 것'이라는 내용을 통해 인물이 느끼는 감정을 직접적으로 서술하고 있음을 알 수 있지만, S# 70에서는 대화와 행동으로만 서술되어 있어 인물이 느끼는 감정이 직접적으로 서술되었다고 보기 어려우므로 적절하다.

오답 피하기 |

① 〈보기〉에서는 '정철은 곧 차를 끓여 거실로 가져왔다.'와 같은 서술을 통해 인물의 행동을 제시하고 있지만, S# 70에서는 '(차를 마시며)', '(웃으면서 바깥 전경을 보며)' 등과 같은 지시문을 통해 인물의 행동을 제시하고 있으므로 적절하지 않다.

③ S# 70에서는 '(웃으면서 바깥 전경을 보며)', 〈보기〉에서는 '미소 짓는' 등을 통해 S# 70과 〈보기〉 모두 인물의 표정을 묘사하고 있음을 알 수 있으므로 적절하지 않다.

④ S# 70에서는 인물의 내적 독백 장면이 드러나지 않지만, 〈보기〉에서는 '이름 모를 차 한 잔에도 저렇게 행복해하는 여자에게 그동안 왜 그렇게 못 해 줬던가.'라는 내용을 통해 인물의 내적 독백 장면이 드러나고 있으므로 적절하지 않다.

⑤ 〈보기〉와 S# 70은 모두 작품 외부의 서술자에 의해서 사건이 서술되고 있다. 따라서 작품 내부의 서술자에 의해 사건이 전개된다는 설명은 적절하지 않다.

단기 특강 문학

정답과 해설